公共基础课创新融合精品规划教材

“互联网＋”教育改革新理念教材

人际沟通

段　炜　王晓霞　主　编

孙红梅　孙　慧　白　冰　马秀华
刘秀梅　段玮玮　张　伟　副主编

中国商业出版社

图书在版编目(CIP)数据

人际沟通 / 段炜，王晓霞主编. -- 北京 ：中国商业出版社，2024. 5 -- ISBN 978-7-5208-2942-7

Ⅰ. C912. 11

中国国家版本馆 CIP 数据核字第 20241VY276 号

责任编辑：管明林

中国商业出版社出版发行

（www. zgsycb. com　100053　北京广安门内报国寺 1 号）

总编室：010-63180647　　编辑室：010-83114579

发行部：010-83120835/8286

新华书店经销

唐山唐文印刷有限公司印刷

*

880 毫米×1230 毫米　16 开　12.5 印张　292 千字

2024 年 5 月第 1 版　2024 年 5 月第 1 次印刷

定价：48.00 元

* * * *

（如有印装质量问题可更换）

前言

为贯彻落实《中共中央关于认真学习宣传贯彻党的二十大精神的决定》，根据国家教材委员会办公室《关于做好党的二十大精神进教材工作的通知》（国教材办〔2022〕3号）要求，推动党的二十大精神进教材、进课堂、进头脑，及时全面准确在学校教材中落实党的二十大精神。我们特组织编写了本书。

人际沟通能力是一个人生存和发展必不可少的条件，也是一个人获得幸福生活的基本要素。无论人类社会发展到什么样的时代，任何人都不可能脱离他人而孤立生存。人们为了正常的生活、工作和学习，就必须与他人沟通思想、交流感情、协调关系。事实证明，良好的人际关系，可以增强集体的凝聚力和战斗力，激发和调动人们的积极性与创造力，进而推动社会的进步。在和谐、融洽的人际沟通中，人的个性可以受到良好的熏陶，得到健康发展。

当前，在各类学生的能力结构中，人际沟通能力是最为薄弱的一环。现在的企业和社会不再钟情于那些只知道埋头读书的学生了，它们不仅要求学生要有扎实的专业知识与技能，而且要求他们有较强的人际沟通能力，能与各种性格的人结成工作团队。面对企业和社会对人才的能力要求，同学们必须学习人际沟通的基本知识，尽快地在生活实践中锻炼自己，全方位提升自己的人际沟通能力。

本书主要内容包括沟通基础、人际关系、言语沟通、非语言沟通、有效倾听、交谈艺术、职场沟通、团队沟通、交友沟通、交往沟通、化解沟通难题等。

由于编者水平有限，书中难免有不足之处，敬请各位同行和广大读者批评指正。

编　者

2023年12月

目　录

第一章
沟通基础

一个人事业上的成功，只有15%是由于他的专业技术，另外的85%要依赖人际关系、处世技巧。软与硬是相对而言的。专业的技术是硬本领，善于处理人际关系的交际本领则是软本领。

——戴尔·卡耐基

引入案例

1967 年 8 月 23 日，科马洛夫一个人驾驶“联盟一号”宇宙飞船，经过一天一夜的太空飞行之后，圆满地完成了任务，胜利返航。

此刻全国的电视观众都在收看宇宙飞船的返航实况，科马洛夫的母亲、妻子、女儿和几千名各界人士都在飞船着陆基地等待迎接这位航天勇士。但是，当宇宙飞船返回大气层后，需要打开降落伞以减慢飞船速度时，科马洛夫突然发现无论用什么办法也打不开降落伞了。面对这一突发事故，地面指挥中心的工作人员异常焦灼，他们采取了一切可能的救助措施，想帮助他排除故障，但都无济于事。

地面指挥中心马上向国家领导人请示，国家领导人研究后，同意向全国公民公布实况。当时最著名的播音员以沉重的语调宣布：“联盟一号”宇宙飞船由于无法排除故障，不能减速，两小时后将在着陆基地附近坠毁，我们将目睹民族英雄科马洛夫殉难。

举国上下都被这则消息震撼了，沉浸在巨大悲痛之中的亿万颗心，无不焦虑地关注着科马洛夫和他的亲人。指挥中心的工作人员更是珍惜这剩下的两小时。他们把科马洛夫的亲人请到指挥台，让他们在这最后的两小时和屏幕中的科马洛夫在一起。指挥中心首长与科马洛夫通话：“科马洛夫同志，看见你的亲人了吗？请和他们讲话。”科马洛夫看见了自己年迈的母亲，看见了妻子、女儿。他显得很激动，但他还是控制住自己的情绪并说道：“首长，属于我的时间不多了，我想先把这次飞行探险情况向您报告，这是比生命更重要的东西。”和科马洛夫通话的首长激动得热泪盈眶，他哽咽着说：“谢谢你，录音已经准备好了，请讲吧。”科马洛夫点点头开始了急促却坦然的讲述，因为他讲述的内容关系到国家机密，指挥中心暂时关掉了电视直播的录音传递，全国电视观众只能通过屏幕观看他的形象。

时间一分一秒地过去了，科马洛夫的生命也在分分秒秒中消逝。包括苏联最高领导人在内的几亿人的心，不由得加剧了跳动。而被举国关注的科马洛夫却目光镇静，就像坐在办公室里正常工作一样，神色是那样认真，态度是那样从容。科马洛夫汇报完了，声音开关被打开，国家领导人第一个接过话筒，他很想讲得快点，好把时间留给科马洛夫的亲人，可他嗓子里仿佛塞着一团东西，怎么也讲不快。他说：“尊敬的弗拉迪米尔·科马洛夫同志，我代表最高苏维埃向你宣布——你是苏联的英雄，人民的好儿子！人民永远怀念你，广袤的太空永远记住你！你是人民的骄傲！科马洛夫同志，你还有什么要求请告诉我，我会帮你的。”

科马洛夫眼含热泪说：“谢谢！谢谢最高苏维埃授予我这个光荣的称号！我是一名宇航员，为宇航事业献身是神圣的，我无怨无悔！”

领导人还能说什么，他把话筒默默地递给科马洛夫的母亲。世界上最残酷的事情莫过于母亲眼看着自己的儿子死去。此时科马洛夫满头白发的母亲，心像刀扎似的疼痛，说道：“儿子，我的好儿子，你……”她有太多的话要说，却不知先说什么好。科马洛夫脸上露出了笑容，并说道：“妈妈，您的图像我看得非常清楚，每一根白发都能看清，您能看清我吗?”母亲回答道:“能。看得很清,儿啊,妈妈一切都很好,你放心吧!”此时泪水已经蒙眬了她的双眼。老太太把话筒交给儿媳妇——科马洛夫的妻子。科马洛夫给妻子送了一个调皮而又深情的飞吻。妻子拿着话筒刚说:“亲爱的,我好想你!”就泪如雨下,再也说不出话来。

科马洛夫也很动情,他稳定了一下情绪,然后脱下宇航服,又拿出一支金笔对妻子说:“亲爱的,这支金笔随我飞入太空,是我珍贵的东西,我用宇航服把它包好,待会儿的大爆炸,不会对它造成损伤的。请你把它转赠给你未来的丈夫。我想我不会下地狱,我会在天堂里祝你们幸福。”如诉如泣的语调,包含了科马洛夫对妻子的爱,对生活的爱,屏幕前的人全落泪了。

科马洛夫的女儿接过话筒,说道:“爸爸!我的好爸爸!”已经泣不成声。看到12岁的女儿,科马洛夫的眼睛里骤然飘过一片阴云,说道:“女儿,你不要哭。”女儿说道:“我不哭,爸爸,你是苏联英雄。我只想告诉你,英雄的女儿,是会像英雄那样生活的!”

坚强的科马洛夫这时禁不住落泪了,说道:“好孩子,记住这一天,以后每年的这个日子,到坟前献一朵花,和爸爸谈谈学习情况。好女儿,爸爸就要走了,告诉爸爸你长大了想干什么?”

“像爸爸一样,当宇航员!”

科马洛夫又一次落泪了,说道:“你真好,可是我要告诉你,也告诉全国的小朋友,请你们学习时,认真对待每一个小数点,每一个标点符号。‘联盟一号’今天发生的一切,就因为在地面做检查时,忽略了一个小数点,这场悲剧,也可以叫作对一个小数点的疏忽。同学们记住它吧!”

科马洛夫讲到这里,看了看表还有7分钟。他毅然地和女儿挥挥手,面向全国的电视观众,说道:“同胞们,请允许我在这太空中与你们告别……再见了!”

“等一等!”一位青年发疯一般冲进指挥台,抢过了话筒:“科马洛夫同志,请让我与你说1分钟的话!科马洛夫,我是你的情敌,是你情人的丈夫。一小时前,我发誓要杀死你。现在我明白了,她为什么会爱你,你是最崇高、最伟大的男子汉!就让她爱你吧!我也爱你!全苏联人都爱你!全世界的人都爱你!”

科马洛夫这时太激动了,说道:“谢谢啦!全国全世界的同胞们,我也爱你们!正因为我们的生活充满了爱,上帝才这样爱我,让我从千万里的高空飞向大地,在火与光的歌声里获得新生。同胞们,请与我一起喊——人民万岁!科学万岁!”

科马洛夫向人们亲切地挥着手,继续说道:“我已经看见大地了,大地很美。如果上帝让我转世投胎,我还要当宇航员,我和女儿一起重上太空。因为太空很有意思,很好玩,真的,太空很好玩……”“轰隆”——一声爆炸,整个苏联一片寂静。人们纷纷走上街头,向着飞船坠毁的方向默默地哀悼,哀悼……

——选自《悲壮的两小时》

案例讨论:

分别找出科马洛夫与亲人诀别时沟通的语言和非语言的表现,体会沟通者的情感。

第一节 沟通的含义与类型

一、人际关系与沟通

人的社会性决定了人与人之间必须沟通和交流信息，从而达到生存、交往、合作和创造的目的，推动社会的不断进步和发展。沟通是形成人际关系的手段，但沟通不是与生俱来的一种本能，而是一种能力，是可以在学习与工作实践中通过培养和训练而不断提高的。在现代社会，人们每天都在进行信息沟通，沟通已成为人们社会生活中的一个重要组成部分。有效的沟通有助于人们保持和改善相互关系，有助于给人们带来事业的成功和生活的快乐。

沟通的研究始于美国 20 世纪 30—40 年代，70 年代末传入我国，最初沟通是指信息的传递和交流。在现代意义上，沟通是指信息发送者凭借一定的渠道（媒介），将信息发送给既定对象（接收者），以寻求反馈从而达到相互理解的过程。沟通的结果不但使双方相互影响，而且能使双方建立起一定的关系。

沟通有三种形式，即通信工具间的信息交流，人与机器间的信息交流以及人与人之间的信息交流。本书所指的沟通是人与人之间的信息交流，这是沟通中最重要的一种，它使观念、思想、情感和技能在个人或群体间传播，使人类在社会生活中能有效发挥作用，建立和维持工作生活中的相互关系。

（一）沟通是人类的一项基本活动

（1）人类是需要沟通的。沟通是形成人际关系的手段。人们通过沟通与周围的社会环境相联系，而社会又是由人们互相沟通所维持的关系组成的网。沟通就像血液流经人的心血管系统一样流过社会系统，为整个有机体服务。因此，沟通是一项自然而然的、必需的、无所不在的活动。

（2）沟通的主体是人。沟通不是人类所特有的现象，人类社会以外的自然界也存在沟通，在动物界中也存在信息沟通现象。

（二）沟通是一门科学

沟通与传播学相联系，是海外学者于 20 世纪 70 年代末 80 年代初引入中国的。

（1）沟通的渊源。作为传播学的核心概念，原译自英语 Communicate，又可译为传达、传染、通信、交换、交流、交通、交际、交往等。国内一般译为交流、沟通和传播。本书将以沟通作为学科的中心术语，同时以传播、交流、交际、交往作为表述的近义词语。

（2）沟通的学科定义。据不完全统计，沟通的定义迄今有 150 多个，具有代表性的大致有以下四种：

①共享说：强调沟通是传者与受者对信息的分享。美国传播学家施拉姆认为，我们在沟通的时候，是努力想同谁确立共同的东西，即我们努力想共享信息、思想或态度。

②交流说：强调沟通是有来有往的、双向的活动。美国学者霍本认为，沟通即用语言交流思想。

③影响（劝服）说：强调沟通是传者欲对受者（通过劝服）施加影响的行为。美国学者露西和彼得森认为，“沟通”这一概念包含人与人之间相互影响的全部过程。

④符号（信息）说：“强调沟通是符号（或信息）的流动。美国学者贝雷尔森认为，沟通是通过大众传播和人际沟通的主要媒介所进行的符号的传送。

二、沟通的基本要素

沟通过程主要由七种基本要素组成，包括信息背景、信息发送者、信息、信息接收者、渠道（媒介）、反馈和环境。

（一）信息背景

信息背景是指引发沟通的原因。一个信息的产生，常受信息发送者过去的体验、对当前环境的感受和对未来的预期等影响，这就是信息的背景因素。而这些背景可能是清晰的，也可能是模糊的，因此，在了解信息时应考虑背景因素，以帮助理解信息的表面和背景的完整含义。

（二）信息发送者

信息发送者是指沟通过程中发送信息的主体，包含个人和团体，这也是信息的来源。

（三）信息

信息是指信息发送者所要传达的观念、思想、意见、情感等具体内容。没有信息的材料不需要媒介去传达，也不需要信息接收者接收。因此，信息是沟通活动的最基本要素。所有的沟通信息都是由语言和非语言行为传递的内容。

（四）信息接收者

信息接收者是指接收信息的对象，可以是个人或团体，其接收信息后，必须解释信息的含义才能理解其意思。信息接收者的情绪、经历、知识水平、能力等背景的不同，对所接收的信息也会有不同的理解。信息发送者与接收者的理解或解释正好相同，说明沟通是成功的。

（五）渠道（媒介）

渠道是指完成信息传递的途径，是连接信息发送者和接收者的桥梁。不同的信息内容在不同的沟通形式中可能有不同的传递渠道。例如，在面对面的沟通中，信息传递渠道主要是五官的感觉（包括视觉、听觉、味觉、嗅觉、触觉等），如护士将手放在患者额头或手上，就是将关心、同情和安慰等信息通过触觉传递给患者。大众传播媒介则以电视、电影、网络、广播、书籍、报刊和电话等为渠道。一些非语言的信息还可以通过信息发送者的表情、手势、服饰、姿态等渠道传递。在沟通过程中，信息往往是由多种渠道传播的。

（六）反馈

反馈是指信息接收者将信息加工转化为结果，再将结果回传给信息发送者的过程，也可理解为信息接收者对信息发送者的反应。反馈使得沟通成为一个交互过程，它告诉信息发送者信息接收者接收和理解每个信息的状态与反应。沟通过程中信息发送者要随时注意反馈，并了解他人是否领会和理解每个信息传达的准确意义，根据反馈情况不断调整发出的信息，以达到有效的沟通效果。

在面对面的沟通环境下，反馈的发生更直接和迅速。在科技发达、沟通手段先进的当今社会，虽然电话（手机）、传真、互联网等越来越多地成为人们交流的方式，促进了沟通，但也相对减少了人们直接面对面沟通的环境，使反馈部分被削弱了。因此，我们不能忽视在工作生活中与人直接相处的沟通机会。

（七）环境

环境是指沟通发生的场所（如食堂、教室、寝室等）和环境条件。环境条件会对沟通产生重要影响。一般而言，正式的沟通只适合在正式的环境中进行，如礼堂适合于表演或演讲，但不适宜交谈，另外，当环境变化时沟通大多也应该发生改变。当周围的环境过于嘈杂、温度过高或过低、沟通双方的情绪不稳定或思想不集中、双方观念不同或带有偏见也会影响或干扰沟通的正常进行。

小贴士

美国护理专家罗杰斯 1986 年的研究表明，单纯听过的内容可记住 5%，见到的内容可记住 30%，讨论过的内容可记住 50%，动手做的事情可记住 75%，教别人做的事情可记住 90%。

启示：在人与人的沟通过程中，信息发送者应尽可能使用多种沟通渠道，使信息接收者能更多、更好、更快地接收和理解这些信息，从而促进有效的沟通。

三、沟通的类型

沟通的过程是动态的，且形式多样，可以根据不同的标准将沟通划分为以下五种不同的类型。

（一）语言沟通和非语言沟通

根据沟通所用的不同符号系统，沟通分为语言沟通和非语言沟通。

1. 语言沟通

语言沟通是指用语言符号实现的沟通。语言是人类社会中客观存在的现象，不仅是人际交流中最有效和最便捷的媒介，也是与他人共享文化经验的重要工具，它使人与人的沟通可以超越时空的限制。

语言有口语与文字两种形式。现代电子科技十分发达，越来越多的人选择电子媒介沟通。在语言沟通中，可以将工具信息传递的方式分为以下三种形式：

(1) 口头语言沟通：

第一，口头语言多属面对面的沟通，因情感最容易交流而让人感到比较亲切，且反馈及时、直接，若配合表情、服饰、姿态等非语言沟通方式则更有利于双向沟通。

第二，口头语言沟通相当于书面语言沟通，沟通更灵活、便捷，弹性更大，时间可长可短，内容可深可浅。

第三，在信息传达过程中，借助口头语言传达的意义损失最少。语言和它本身所包含的意义是联系在一起的，在说和听的传递过程中，接收者可及时完整地理解发送者的语言意义，但可能难以马上理解或只能部分理解，这说明语言本身的意义在沟通过程中的损失，这种损失是不可避免的，它与沟通双方的条件有关。但口头语言沟通有及时补充、当场纠正的机会，因此，语言本身意义的损失是最少的。

如果信息发送者预先备稿，信息接收者通过做笔记或进行录音可使信息可靠，并且还可作为法律或相关依据予以保留。

(2) 书面语言沟通：借助于书面文字或符号材料实现的沟通，它包括阅读和写作等一切传递、接收书面文字或符号的手段，如记录、书信、通知、布告、协议、专业文书等。书面语言沟通不受时空的限制，具有便于修改、有形展示、法律保护、长期保存等优点。把东西写下来，可以促使人们对自己要表达的东西更加认真地思考。因此，书面沟通显得更加严密，逻辑性强，条理清晰。书面语言在正式发表之前进行了反复修改，减少了情绪、他人的观点等因素对信息传达的影响，使作者欲表达的信息能够被充分理解，并按各自的需要将信息加以编码、储存和提取。

书面语言沟通也有不足，相对于口头语言沟通，其消耗时间较长，同等时间内，口头语言沟通比书面语言沟通所表达的信息要多许多。据统计，花 1 小时写出来的书面文字只需 15 分钟就可以说完。此外，书面语言沟通不能及时提供信息反馈，无法确保发送者所发出的信息是否收到，信息是否得以正确理解。

(3) 电子媒体沟通：通过电子媒介进行的沟通，它包括电话（手机）、电子邮件、网络沟通（QQ、微信）等。一般认为，此沟通方式既不算口头语言沟通，也不完全属于书面语言沟通，其中电话沟通偏向于后者，网络沟通则介于两种沟通方式之间。因为网络沟通可以化名或匿名，所以具有隐秘性，甚至可能具有不真实性。

2. 非语言沟通

非语言沟通是指借助非语言符号（如表情、手势、仪态、人体触摸、空间距离及非语言的声音等）实现的沟通。非语言沟通有三种方式：一是通过动态无声的目光、表情、手势等实现沟通；二是通过静态无声的身体姿势、空间距离及衣着等实现沟通，这两种非语言沟通统称身体语言沟通；三是通过声音，如重音、声调的变化和哭、笑、停顿等来实现的。在面对面的沟通过程中，约有65%的信息是靠非语言沟通来完成的。

人际沟通中的身体姿态、手势、面部表情、声音与语调等非语言的交流符号，可加强扩大语言性的信息，在特定的情境下可以具体表达语言之外的思想、情感或其他信息，其作用不容忽视。例如，学生干部在与同学的沟通中，如果他的仪表、身体姿势、眼神、面部表情、语调等运用得当，就能有效强化自身的特点，使对方产生亲切感、依赖感与安全感，能够积极配合其工作，从而达到预期的目的。因此，在人际沟通中应当重视语言沟通，但不可忽视非语言的积极作用。

（二）正式沟通和非正式沟通

根据沟通与组织系统的关系，沟通分为正式沟通和非正式沟通。

正式沟通是指在一定的组织系统中通过明文规定的渠道进行信息的传递与交流。例如，大学生在校期间参加的全体学生大会，工作后主管传达上级会议精神、职员向上级汇报工作、部门之间的工作往来等。正式沟通的特点是沟通渠道相对固定、信息传递准确，但传递速度相对较慢。在正式沟通中，常存在典型的“面具效应”，即人们的行为被掩饰，行为举止变得更加符合社会规范。

非正式沟通是指在正式组织系统以外进行的信息传递与交流，诸如人们私下交换意见、小群体私人聚会、议论某人某事、传播小道消息都属于非正式沟通。其特点是沟通形式灵活、信息传播速度快，但准确性不一定高。沟通者对于语言和非语言的信息使用比较随便，其思想、动机、情感、态度和目的也易在非正式沟通中展示出来，行为举止也要更接近本来面目。

（三）有意沟通与无意沟通

根据沟通的意识性是否明确，沟通分为有意沟通与无意沟通。

大多数情况下，沟通都具有一定的目的，这就是有意沟通。每一个沟通者对自己沟通的目的都会有所意识。谈话、打电话、写信、讲课甚至闲聊都是有意沟通。

无意沟通是在与人沟通时并未意识到沟通的发生。无意沟通常不易为人所意识，如考试期间，路过教室的教师下意识放慢脚步，降低说话声音。显然，这是教师与学生之间有了互相影响和信息沟通，而这种沟通是在无意识中发生的。

（四）单向沟通与双向沟通

根据沟通双方信息互动关系，沟通分为单向沟通和双向沟通。

单向沟通是指在信息沟通时，一方只发送信息，另一方只接收信息，接收者不再向发送者反馈信息。例如，作报告、演讲、下达指示等。

双向沟通是指在信息沟通时发送者不仅要发出信息，而且要听取接收者对信息的反馈，发送与反馈可多次进行，直到双方有了共同的理解为止。例如，护士和患者之间进行病史采集、健康指导等沟通过程。

（五）上行沟通、下行沟通和平行沟通

按信息流动的方向，沟通分为上行沟通、下行沟通和平行沟通。

上行沟通是指组织中职位较低者向职位较高者沟通。这种沟通有利于组织决策层了解组织内部运行情况及组织成员的意见，从而做出正确决策。

下行沟通是指组织中职位较高的成员主动向职位较低的成员沟通。其包括上级把政策、工作目标、计划和任务等向下级传达的沟通。

平行沟通是组织或群体中的同级机构和成员间的横向沟通。这种沟通有利于调整组织成员间关系，并增进相互间的合作和友谊。例如，学生会各部门间的协作、志愿者的交接工作等。

在人们的实际工作生活中，为了实现有效沟通，应从沟通的具体条件出发，把沟通的有效实现作为衡量标准来选择不同的沟通类型。应扬长避短，把各种沟通类型巧妙地结合起来，共同发挥它们的积极作用。

四、沟通的过程

（一）沟通过程的规律描述

温德尔·约翰逊从心理学角度这样描述沟通过程：

“一个事件发生了……

这一事件刺激A先生的眼、耳朵或其他感觉器官，造成……

神经搏动到达A先生的大脑，又到他的肌肉和腺线，这样就产生了紧张，未有语言之前的‘感觉’等，然后……

A先生开始按照他惯用的语言表达方式把这些感觉变成字句，而且从‘他考虑到的’所有字句中……

他‘选择’或者抽象出某些字句，他以某种方式安排这些字句，然后……

通过声波和光波，A先生对B先生讲话。

B先生的眼和耳分别受到声波和光波的刺激，结果……

神经搏动到达B先生的大脑，又从大脑到他的肌肉和腺线，产生紧张（张力）、未讲话之前的‘感觉’等。

B先生开始按照他惯用的语言表达方式把这些感觉变成字句，并且从“他考虑过的”所有字句中……

他‘选择’，或抽象出某些词，他以某种方式安排这些字词，然后B先生相应地讲话，或做出行动，从而刺激了A先生或其他某人这样，传播过程就继续进行下去……”

约翰逊美妙、简单地说明，目的在于描绘两个人在一起讲话时所发生的情况，包括两人小组、一个演讲会或一个讨论会，沟通的过程都是相同的。

（二）沟通过程图示

为了便于理解，参照如图1-1所示的沟通过程。

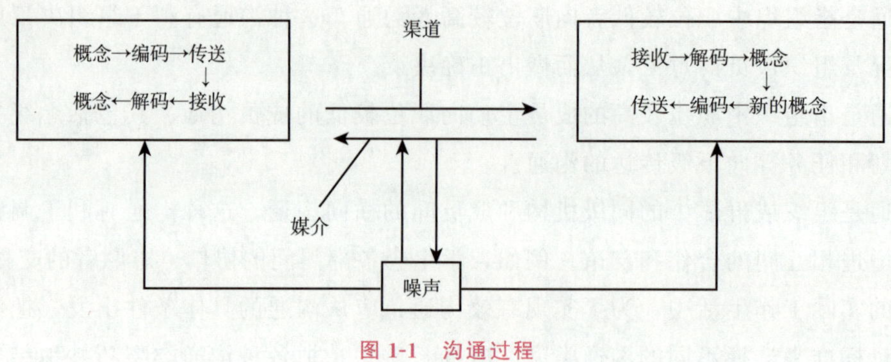

图 1-1 沟通过程

五、沟通的模式

在传播学中，沟通的基本模式有多种，但没有一个是被普遍认同的。

（一）拉斯韦尔沟通模式

1. 基本内容

最早的模式是美国政治学家拉斯韦尔提出的“5W”模式（见图 1-2）：“描述沟通行为的一个方便的方法，是回答下列五个问题：谁，说了什么，通过什么渠道，对谁，取得了什么效果？”

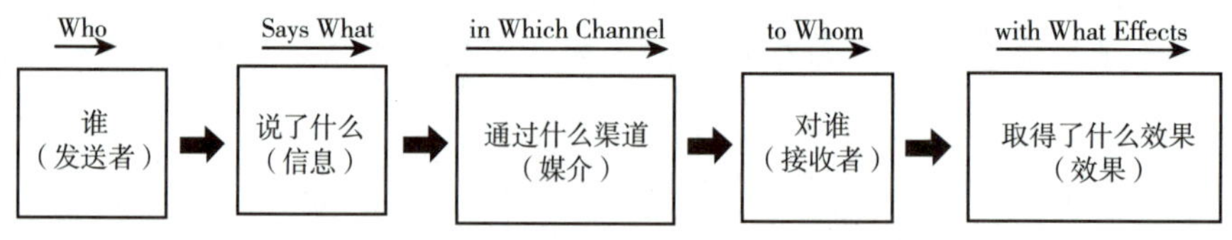

图 1-2 拉斯韦尔沟通模式

相应的研究领域包括控制研究、内容分析、媒介分析、受众分析和效果分析。

2. 特点

该模式注重沟通效果，尽管简单，但至今仍是指导人们沟通过程的方便的综合性方法，也是一种线性沟通模式。

（二）申农-韦弗模式

1. 基本内容

数学家申农及助手韦弗于 1949 年提出了申农-韦弗模式（见图 1-3）。

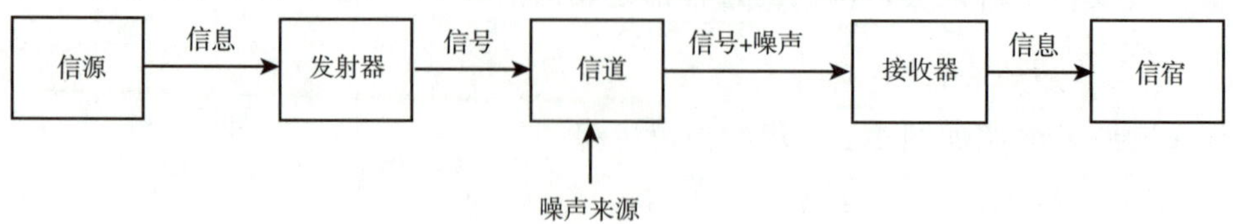

图 1-3 申农-韦弗模式（通信系统模型）

2. 特点

该模式提出了噪声概念，表明发出的信息和接收者收到的信息并不总是相同的。

（三）施拉姆沟通模式

1. 基本内容

较为流行的人际沟通模式是奥斯古德·施拉姆提出的环形模式（见图 1-4）。发送者和接收者在编码、阐释、解码、传递、接收时，形成一种环形的、相互影响和不断反馈的过程。施拉姆提出了编码、解码、反馈概念；参加交流的人既是信息发送者又是信息接收者的双重角色，对信息的编码、解码构成了人们的交流。该模式更注意交流的过程，而不是交流的效果。

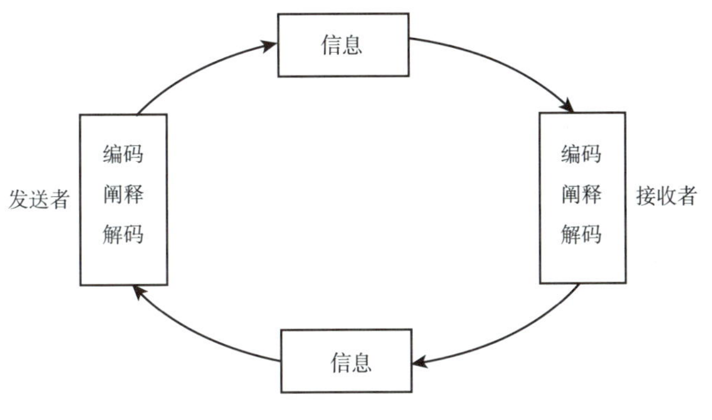

图 1-4 施拉姆沟通模式

2. 特点

这一沟通模式对人际沟通的情境更具有概括性和适应性，是一个易于分析的人际沟通模式。

总之，这些代表性模式都有助于人们理解普通意义上的沟通，从中可以寻找出沟通的基本因素。

六、沟通的能力与培养

（一）沟通能力及其必要性

沟通能力是一个人生存与发展的必备能力，也是决定一个人成功的必要条件。

1. 沟通能力的含义

一般来说，沟通能力是指沟通者所具备的能胜任沟通工作的优良主观条件，包含思维能力、表达能力、争辩能力、倾听能力和设计能力（形象设计、动作设计、环境设计），是一个人的知识、能力和品德等综合素质的体现。

2. 沟通能力的必要性

（1）职业工作需要沟通能力。各行各业，无论是会计、社会工作者、工程师，还是医生、护士、教师、推销员，沟通的技能非常重要。许多职业不但需要专业知识和技能，而且越来越需要与他人沟通的能力。

（2）社会活动需要沟通能力。人们在生活中每时每刻都离不开实践活动，总不免要与他人沟通。但是，沟通本身也不是一件非常容易的事。例如：要向他人表达一个意思，始终说不清楚；要为他人办一件好事，但有可能弄巧成拙；本来想与他人解除原有的隔阂，但可能弄得更僵。所以现实的实践活动需要有一定的沟通能力。

（3）沟通也是个人身心健康的保证。与家人沟通，能使你享受天伦之乐；与恋人沟通，能使你品尝到爱情的甘甜；在孤独时，沟通会使你得到安慰；在忧愁时，沟通会使你得到快乐。英国著名文学家、哲学家培根有句名言："如果你把快乐告诉朋友，你将获得两个快乐；如果你把忧愁向朋友倾吐，你将被分担一半忧愁。"

（二）沟通能力的培养

1. 沟通缺陷的成因

青少年缺乏沟通实践，对沟通的惧怕、忧虑和不适应，会形成沟通缺陷的恶性循环（见图 1-5）。害怕沟通是心理现象，有可能是生理反应，但更主要的是自身缺乏沟通能力导致的；不愿意沟通是一种观念，可能是生活中的挫折等因素导致的，但害怕沟通是它存在的一个主要原因；很少沟通属于一种实践活动，主要受人们不愿意沟通的观念支配。很少沟通的结果必然是沟通能力低。因此，实践活动是最基本、最关键的因素，它不仅明显地影响着人们的沟通心理和沟通认识，而且直接制约着人们的沟通能力。

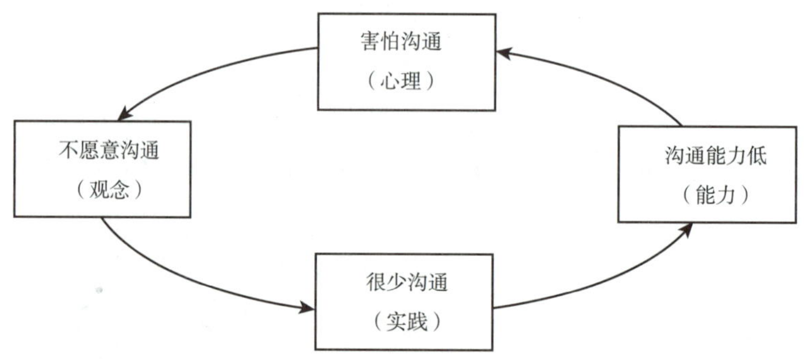

图 1-5　沟通缺陷的恶性循环

2. 提高沟通能力的途径

沟通能力不足不是某些人所独有的，良好的沟通能力也不是可望而不可即的，只要勇于实践、积极沟通，沟通能力就必然会提高。沟通能力的提高没有捷径，记住它，一分钟；理解它，一学期；实践它，一辈子。因为"听过、看过、做过，会理解得最好"！

第二节 人际沟通的概念与特征

人们在社会交往活动中，彼此需要传递思想、提供信息、说明需要、表达情感、传授知识和传播观点，需要倡导一定的思想、规范来帮助和鼓励对方做出某种决定，接受或转变某种行为，促使对方完成其所充当的社会角色和所承担的社会责任等，也就是说需要人与人之间的沟通。沟通是一种社会行为，也是人与人之间的复杂的联系过程，是人与人之间通过相互交往、相互作用和相互影响而建立人际关系的社会活动。有了这种沟通，人际关系才得以形成和发展。

一、人际沟通的概念

沟通可以是通信工具的信息交流，也可以是人与机器的信息交流，还可以是人与人之间的信息交流。人际沟通是指人与人之间的信息交流和传递。人与人之间的信息交流和传递是在社会生活中人与人之间的联系过程，在这一过程中沟通双方不仅是单纯的信息交流，彼此间还传递着观念、思想、情感、态度和意见等，从而建立起一定的人际关系。

我们把人的观念、思想、情感态度等看作信息，把人与人之间的沟通看作信息交流的过程。一般而言，要实现人际沟通，必须具备以下三个条件。

（一）沟通双方或多方对交流信息理解的一致性

当他们的共同点或相似点越多时，彼此对信息的理解越有可能趋于一致；否则，信息的失真度就会增加。

（二）沟通的信息要适当，通道要畅通

要保证沟通的效果，应根据信息的性质选择最适当的信息通道。只有信息通道和信息构成恰当的搭配，才能取得相得益彰的效果。同时，沟通过程不能受主客观因素的干扰，否则同样难以保证信息的真实可靠。

（三）沟通双方或多方要有一定的沟通能力与技巧

人与人之间的沟通，除工作之需外，还有愉悦心智、获取精神安慰等心理功能。根据不同需要采取不同的沟通方式，可达到不同的沟通效果。

在现实生活中，许多误会和冲突通常源于缺乏人际沟通。良好的人际沟通能促进人们之间的相互了解，协调人们的社会生活，使人们在社会中有效发挥作用。

二、人际沟通的特征

（一）双向沟通

沟通双方相互依赖，如演讲者离不开听众，听众又离不开演讲者。沟通者既不是完全的单方依赖，也不是完全的独立，而是沟通双方参与相互间的沟通行为所构成的有机整体，是双向的互动过程。即在一个完全的沟通过程中，沟通参与者几乎同时充当着沟通者和接收者的双重角色，犹如乒乓运动。

（二）双重手段

在面对面的沟通中，不但使用语言而且使用非语言，甚至非语言可能是人际沟通最主要的方式，例如情侣间的眉目传情，政敌间的紧紧握手。因为人际沟通并不限于传递观念、思想和情感的某一方面，而可能同时涉及这三个方面。即人际沟通不仅传递观念和思想，同时还传递情感。当你毕业参加工作后，告诉客户方案要延期一周出来时，对方恳求你，希望你尽早完成方案。他表达的内容可能还不止这些：他的语调强调了内容的重要，他的手势、与你的距离、姿势和表情都是他发出的信息的一部分。因此，人际沟通具有双重手段的特点。图 1-6 为沟通的分类。

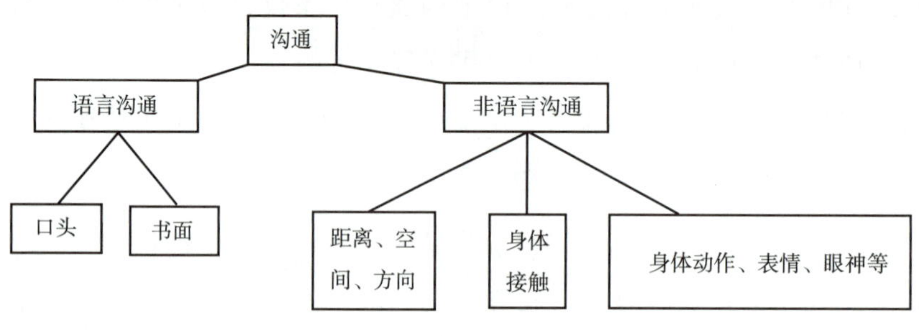

图 1-6　沟通的分类

（三）互动性

互动性是人际沟通的一个重要特征，沟通双方参与相互间的信息交流处于不断的相互作用和相互影响中，从而构成一个有机整体，是双向的互动理解和反馈过程。

（四）情境性

人们总是根据时间、地点、双方关系等情形来选择不同的话题进行适当的沟通，另外，沟通者的性格、情绪、文化层次、宗教和信仰等也影响沟通行为，这就构成了人际沟通的情境。因此，在人际沟通时，应事先根据不同的情境来确定适当的沟通话题，以保证沟通的顺利进行并达到预期的效果。

● 能力测试

在学习本课程之前，不妨做一个测试，判断你的沟通能力水平。

按照下列要求，对沟通水平进行自我测试，判定自己是否善于沟通。

下面20个问题，你能迅速判定并做出反应吗？按照你的实际情况，在五个等级中选择相应的分值："总是"1分，"经常"2分，"不确定"3分，"偶尔"4分，"从不"5分，填入括号内。

(1) 能自如地用语言表达情感。…………………………………………………………（　）

(2) 能自如地用非语言表达情感。………………………………………………………（　）

(3) 在表达情感时，能选择准确恰当的词汇。…………………………………………（　）

(4) 他人能准确地理解自己使用语言和非语言所要表达的意思。……………………（　）

(5) 能很好地识别他人的情感。…………………………………………………………（　）

(6) 能在一位封闭的朋友面前轻松自如地谈论自己的情况。…………………………（　）

(7) 对他人寄予深厚的情感。……………………………………………………………（　）

(8) 他人对自己寄予深厚的情感。………………………………………………………（　）

(9) 不会盲目地暴露自己的秘密。………………………………………………………（　）

(10) 能与自己观念不同的人沟通情感。………………………………………………（　）

(11) 持有不同观念的人愿意与自己沟通情感。………………………………………（　）

(12) 他人乐于向自己诉说不幸。………………………………………………………（　）

(13) 轻易评价他人。……………………………………………………………………（　）

(14) 明白自己在沟通中的不良习惯。…………………………………………………（　）

(15) 与人讨论，善于倾听他人的意见，且不强加于人。……………………………（　）

(16) 与人争执，但能克制自己。………………………………………………………（　）

(17) 能通过工作排遣自己的心烦意乱。………………………………………………（　）

(18) 面对他人请教问题，能告诉他该做什么。………………………………………（　）

(19) 对某件事持异议，能说出这件事的后果。………………………………………（　）

(20) 乐于公开自己的新观念、新技术。………………………………………………（　）

说明：得分越低，说明沟通能力越强；得分越高，沟通能力越弱。总得分在25分以下，说明沟通能力强。

第二章
人际关系

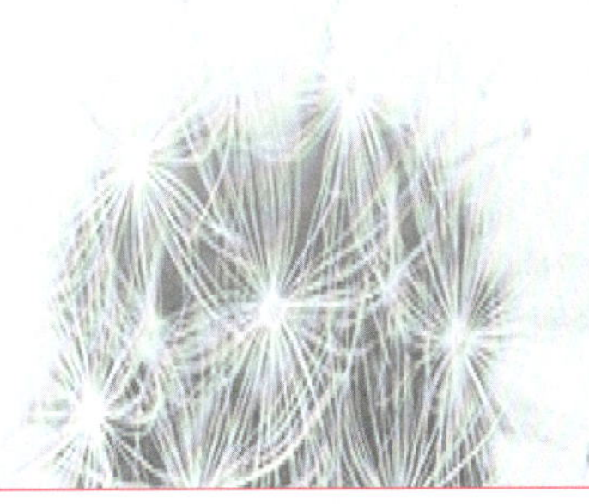

人的烦恼来自人际关系，人的幸福也来自人际关系。

——德勒

一个人必须知道该说什么，一个人必须知道什么时候该说，一个人必须知道该对谁说，一个人必须知道该怎么说。

——德鲁克

引入案例

地球上只留我一个人多好

一个小伙子惧怕人际交往，于是异想天开：这个地球上如果只留我一个人那该多好！再也没有与别人打交道的烦恼了，多么自由自在！

有好事者问："没有老婆不寂寞吗？"

"那就留一个女人做老婆——比翼双飞多快乐！"小伙子美滋滋地说。

"快乐不会太久的，没人给你烤面包！"好事者冷冷地说。

"那再留一个面包师。"小伙子拖腔应答。

"没人给面包师提供面粉，他烤不了面包！"好事者友情提醒。

"再留一个农夫！"小伙子不耐烦地说道。

"没人给他打农具！"好事者不紧不慢地说。

"留铁匠!!！"小伙子吼道。

"没炭！"

……

"好了！好了！别说了！"

"——全留下吧！真没办法！"

美梦终究不成，不与人打交道不行。

案例讨论：

你认为在现实生活中鲁滨孙能够生存吗？

第一节 人际关系的性质

一、人际关系的含义与因素

（一）人际关系的含义

人与人之间的关系是一个较为复杂的社会现象，不同的学科对人际关系的理解是不相同的。社会学认为，人际关系是指在社会关系总体中人们的直接交往关系；社会心理学认为，人际关系是指人与人之间的心理上的关系，表示的是心理距离的远近；行为科学认为，人际关系是指人与人之间的行为关系，体现的是人们社会交往和联系的状况。

（二）人际关系因素

任何人际关系都离不开认知、情感和行为三个因素。具备了这三个因素的任何一种心理倾向就是态度。从人际沟通角度看，这也是交际态度的三个因素。交际态度对于人际关系有着极其重要的意义。

1. 认知是人际关系的前提条件

人际关系是在人与人的交往过程中通过彼此相互感知、识别、理解而建立的关系。人际关系总是从对人的认知开始的，彼此根本不认识、毫无所知，就不可能建立人际关系。人际关系的调节也是与认知过程分不开的。

2. 情感是人际关系的主要调节因素

人际关系在心理上总是以彼此满意或不满意、喜爱或厌恶等情感状态为特征的。假如没有情感因素的参与调节，其关系是不可想象的。情感因素是指与人的需要相联系的体验，对满足需要的事物产生积极的情绪体验，而对阻碍满足需要的事物则产生消极的情绪体验。

3. 行为是人际关系的沟通手段

在人际关系中，不论是认知因素还是情感因素都要通过行为表现出来。行为是指言语、举止、作风、表情、手势等一切表现个性的外部动作，它是建立和发展人际关系的沟通手段。一般来说，由于人际关系的不同，对人的认识和理解、情绪体验以及各种外显行为等都可能会有所不同，而这种不同又会影响彼此的人际关系。

人际关系的三种因素是相互联系的，不是割裂开来而孤立存在的。认知水平的高低和正确与否决定情感的健康与否，并确定行为的导向。

二、人际关系的特点

在人际关系这个复杂系统中，不能把人际关系简单理解为一种静态的关系，而应该理解为动态的人际沟通过程。

（一）互动性

人际关系不是一种虚无的关系，它存在于人与人之间的现实沟通中，它是人际沟通的实质，表现为人们之间的思想和行为的互动过程。

（二）情意性

人是有情感和意志的，因此人际关系是现实生活中有情感、有意志的人之间所形成的一种沟通关系，即人际关系中包含着情感和意志等因素。

（三）社会性

人是社会的产物，人本身不能离开社会而生存，社会性是人的本质属性。人际关系也具有社会性，它是社会交往的联结点。总之，人际关系就是人们在社会生活中的交往关系。

（四）层次性

人际关系的建立需要一个认识过程。许多研究者和专家指出，人际关系的发展需要经过一系列相当有规律的阶段或顺序。如果一个关系没有按照预料的顺序发展，这种关系就会引起当事人的惶恐不安。如果初次同某人见面就想求爱结婚，对方显然不会做出积极的反应。同样地，如果某种关系突然结束了，而且没有出现任何征兆表明这种关系是不同常情的，这时双方一定会感到震惊，莫名其妙。

（五）变动性

人际关系并不是一成不变的，它同人类发展的过程是相类似的。一个人从出生起，要经过少年、青年、成年等阶段。在此期间，无论是人还是人际关系都不会是停滞不前的；相反地，人在变，他们之间的关系也在变，他们的环境也在变。此外，人际关系还是不可逆转和不可重复的。既不能倒转某个关系，也不能否认它的存在。

（六）复杂性

一方面，人际关系是与多方面因素联系起来的，且这些因素均处于不断变化的过程中；另一方面，人际关系具有高度个性化和以心理活动为基础的特点。因此，在人际交往过程中，由于人们交往的准则和目的不同，交往的结果可出现心理距离的拉近或疏远、情绪状态的积极或消极、交往过程的冲突或和谐、评价态度的满意或不满意等复杂现象。人际关系之所以复杂，部分是关系的多面性所致，而且每个方面又都处于变化之中。

第二节 人际关系与人际沟通

一、人际关系与人际沟通的辩证关系

（一）手段与目的的关系

人际关系是在人际沟通的过程中形成和发展起来的，离开了人际的沟通行为，人际关系就不能建立和发展。事实上，任何性质、任何类型的人际关系的形成都是人与人之间相互沟通的结果，人际关系的发展与恶化也同样是相互交往的结果。人际沟通是一切人际关系赖以建立和发展的前提，是形成发展人际关系的根本途径。

（二）内容与形式的关系

人际关系的状况是由人际沟通的状况决定的。如果人们在思想感情上存在着广泛而持久的沟通联系，就标志着他们之间已经建立起了较为密切的人际关系。如果两个人在感情上对立、行为上疏远，平时缺乏沟通，就表明他们之间心理不相容，彼此间的关系紧张。

（三）研究重点各异

人际沟通研究的重点是人与人之间联系的形式和程序，人际关系研究的重点则是在人与人沟通基础上形成的心理关系。

小贴士

职业沟通水平的自我测试

要检查自己的职业社会技巧，可以问自己两组问题。对这两组问题都要尽可能坦率、客观地回答，即使这个回答不令人满意，也不要感到内疚，这些问题只是帮助自我反省。

第一组与同他人相处的一般能力有关。

(1) 我在交往上是成功的吗？这里一个有用的标准：人们通常是否很高兴见到我，或者说是否有人是我一直力图回避的或有人一直力图回避我。

(2) 我与哪种人相处得好？我与大多数人相处得很好，还是只与特定的几种人相处得好？我与同我相像的人相处得最好，还是与同我不相像的人相处得最好？与自己平级的人相处得最好，还是与上级或下级相处得最好？不论男女，都处得好，还是只与某一种性别的人处得好？

(3) 我与哪种人相处得不好？是否有某一种类的人总是与我闹别扭？他们的什么特点使事情难办？这是他们的消极特征吗？或者说是他们以某种方式使我感到不适吗？

(4) 是什么阻止我与某些人良好相处？我是努力去与自己不喜欢的人相处，还是宁愿不去伤脑筋？

(5) 有人特别不喜欢我吗？如果有，他们是谁？委托人？下级？同事？他们为什么不喜欢我？他们是持之有据还是神经过敏？他们的反感让我伤脑筋吗？

(6) 在我的生活中有真正理解我的人吗？理解我生活的目标及其原因吗？像理解我的优点一样理解我的缺点吗？

(7) 在我的生活中有真正接纳我的人吗？如果他们不能接纳我，那是为什么？

(8) 我有什么特别的行为或怪癖使别人不喜欢吗？如果有，这些东西对我有多重要？值得为此而使别人不喜欢吗？我能改变它们吗？

(9) 我喜怒无常吗？人们是否觉得我不可预测或反复无常？我是否把私人生活中的问题带入职业生活，或是把职业生活中的问题带入私人生活？

(10) 我在生活中有真正亲密的人吗？我只和家里人亲密吗？我有私人朋友吗？我有职业朋友吗？如果我跟谁都不亲密，那是为什么？

(11) 我准备向他人学习吗？我是否觉得我通常是正确的，或者我可以客观地看待问题？当我错了的时候，我能够承认吗？我能够接受人们告诉我一些自己令人讨厌的地方吗？我能够妥协吗？

(12) 我能原谅别人吗？如果不能，那是为什么？我是否暗自欣赏自己的愤怒或惩罚别人时的那种感觉？

(13) 我容易跟别人发脾气吗？生气有时是有理由的，可是生气是否一定要发作呢？发脾气对我有帮助吗？过后我感觉如何？

(14) 我是否总想寻求别人行为背后隐藏的动机？我是先入为主还是力求客观？

(15) 如果我必须选择一个最好的朋友，我会选择我自己吗？

第二组与职业生活特别有关。

(1) 我对自己的下属是否公平？我愿意在自己的手下工作吗？如果不是那样，我是不是对他人期望太多？我是不是因为使他人的生活变得困难而暗自高兴？

(2) 我是否觉得经常遭到同事的排挤？我觉得其他人在职业上受到优先照顾吗？令我不解地得到提升吗？如果别人这样责备我，我能接受吗？

(3) 我第一次与委托人或上级见面时感到紧张吗？如果是这样，那么我怕的是什么？我对自己的职业能力缺乏信心吗？

(4) 如果我在职业上经历着失败或困惑，我会跟同事和朋友商谈吗？我避免讨论这些是因为感到难为情，还是因为谈论这些使得我自感不足，或是因为没有自己相信的人？

(5) 如果与委托人或同事发生分歧，我是当时就力图解决，还是选择尽可能地逃避冲突？

(6) 当委托人或同事要我在义务之外给他们匀出点儿时间时，我通常是尽力而为，还是找个借口，或是订个我可能不会兑现的约定？

(7) 如果我在职业生活中与某人发生纠纷，事后是否便对他冷若冰霜或尽可能回避他？

(8) 我对其他人的问题真正感兴趣吗？或者我听人谈论他们的问题只是因为那是我的工作？

(9) 如果我有什么不愉快的事情必须跟委托人或同事谈，我是尽快说出来，还是尽可能地拖下去？

(10) 我认为工作效率最重要，还是认为人缘好最重要，或是认为息事宁人最重要？

注意事项：①如果你从这些问题中看出自己不太出色，也不要着急。其他许多对自己的做法认真审视的人也有相同的感觉。②上述的问题并非要让你感觉沮丧，而是帮助你更清楚地确定在你的职业关系中什么地方会出错以及为什么。

二、人际关系与人际行为模式

人类世界的关系建构，其基本运动是朝建立关系的方向，而非朝分裂关系的方向。人际行为可分成两种：一种是有助于关系发展的；另一种会引起关系的恶化。人们通过对许多不同类型的人际关系进行研究，总结出了人际行为反应的八种基本模式，具体如下：

（1）管理、指导、教育等行为导致对方尊敬和服从等反应。

（2）帮助、支持、同情等行为导致对方信任和接受等反应。

（3）赞同、合作、友谊等行为导致对方协助和友好等反应。

（4）尊敬、赞扬、求助等行为导致对方劝导和帮助等反应。

（5）怯懦、礼貌、服从等行为导致对方骄傲和控制等反应。

（6）反抗、怀疑、厌倦、服从等行为，导致对方惩罚和拒绝等反应。

（7）攻击、惩罚、责骂等行为导致对方仇恨和反抗等反应。

（8）夸张、拒绝、自炫等行为导致对方不信任和自卑等反应。

如果熟悉和掌握上述人际行为反应的基本模式，就能在与他人的沟通中预测他人的反应，并采取相应的措施，改善相互间的人际关系。

三、控制程度与人际吸引规律

（一）控制程度

控制程度是指一个人在人际关系中对引导和确定该关系的愿望，包括互补性、对称性和平行性。

1. 互补性

互补性即一人处于支配地位，另一人处于顺从地位。例如，在中国传统的家庭关系中，男人常拥有控制权，女人则被要求事事服从。即俗称“一个萝卜一个坑”“一个愿打一个愿挨”。如恋人间对白：“我听你的！我就是你的！我是你的唯一！”这就是热恋中“无矛盾”的原因。

2. 对称性

对称性即参与者平均分享控制权，双方差别不大，有时控制权在谁手里并不很明确，导致双方对控制或顺从以竞争为特征。例如，现代家庭中，夫妻之间明显地表现为“你能，我也能”。形象地比喻为“针尖对麦芒”，表现为“一山容不得二虎”。两个主角上演的这出戏必然以一方妥协或失败而告终。在这个过程中没有掌声，没有喝彩；永远是两人的独白，永远是争吵。

3. 平行性

平行性即介于互补性和对称性之间，具有灵活性，不易产生不良的相互作用。双方控制地位可视情况而定，而不争夺控制权。表现为理性地对待，“谁有理，听谁的”。但是，在双方既是运动员又是裁判员的情况下，双方都有“吹黑哨”的可能。

（二）人际吸引规律

人际吸引是人际关系中彼此相互欣赏、接纳的亲密倾向。

1. 相近吸引

相近吸引是指时间及空间上的接近而产生的吸引。

2. 相似吸引

以人们彼此之间的某些相似或一致性为特征，如态度、信念、价值观念、兴趣爱好为基础的吸引。

3. 相补吸引

当交往的双方需要以及对对方的期望成为互补关系时，就会产生强烈的吸引力。

4. 相悦吸引

相悦吸引是指在人际关系中能够使人感受到精神及心理上的愉快及满足的感觉而产生的吸引。

5. 仪表吸引

仪表在一定程度上反映了个体的内心世界。仪表包含先天和后天的获得性素质，如身材和容貌属于先天性素质，而衣着、打扮、风度、气质则与后天的教养、文化及知识层次有关。

6. 敬仰吸引

这种吸引关系一般是单方面的对某人的某种特征的敬慕而产生的吸引。

第三节 人际关系成功之道

在人际关系中，如果处境不佳，就应该设法改善。例如，产生于老师、同学、同事、邻居、朋友等人际关系中的各种纠葛不停地困扰着人们，使人们精神紧张、意志消沉，甚至心理失控。在这种情况下，应该做什么、怎么做？重要的是发现和扩展那些建立各种有效关系的积极行为，学会那些能帮助我们以积极的方式为人处世的技巧，与对自己重要的人们发展各种有效的关系。

一、改善人际关系的三种心态

改善人际关系有三种心态，或者说，打开“人际关系问题”这把锁的最合适的钥匙只有三把：改变情势、改变他人和改变自己。关键在于你的决定：哪一种选择最适合你。

（一）改变情势

改变情势是改变环境来适应自己，这必须三思而行。例如：在单位你怎么也得不到领导的赏识，你要改变情势，于是，你辞职了；妻子对你不体贴、不温柔，惹你火冒三丈，于是，你们马上跑到法院离婚了。又如：你与老师和同学交往水火不容，于是，你逃学；或者，你与父母互不信任，经常争吵，于是，你离家出走。在这样的情况下，采取躲避的方式好像不失为最佳的解决策略。可是，你必须三思而行：由此会产生怎样的后果，造成什么样的影响呢？辞职、离婚、逃学、离家出走，确实是最省力的方法，却不是最高明的做法。

（二）改变他人

几乎所有人都期待改变他人。理由很简单，他人有着明显的有待改变的这样或那样的缺点，况且，作为他的亲朋好友，有义务帮助他改变，何况这也是为他好。他人的缺点改没了，他就是一个完美的人了。有些人还出于本能，或由于冲动，希望通过他人的改变来解决自己的问题。但是，人是反抗性动物，反抗是人的自然反应。人们反抗改变，反抗要改变自己的思想、言谈举止、喜怒哀乐、人际交往方式以及生活模式等的任何力量。请回想：你有哪些试图改变他人的言辞和行为？产生的效果如何？改变他人的阻力就是他人反抗的力量。这种反抗可能把友爱变成仇恨，把朋友变成路人，把伙伴变成敌人，把协调和信赖变成分离和猜忌。

改变别人来适应自己，其结果常常会徒劳无功，甚至导致众叛亲离。家庭的妻离子散、孩子的离家出走等一幕幕人间悲剧，往往是妄图改变他人导致的。

（三）改变自己

为什么要改变自己呢？“欲要改变世界，请先改变自己。”因为古希腊哲学家苏格拉底曾说：Let him that would move the world first move himself. 圣雄甘地曾说：If you want to change the world，start with yourself. 请相信：对这句话，年纪越大，经历越多，理解越深。

改变世界和改变自己的难度是显而易见的。改变世界不容易，改变自己也艰难，古人云“江山易改，本性难移”。改变世界需要从改变自己入手，因为自己也是世界的一部分，改变自己是理所应当的。改变自己就是要磨炼自己，让自己拥有改变世界的能力。我们通过改变自己来改变身边的世界，如果将自己和身边的事物改变得足够完美，就有可能影响世界或者改变世界。

一个人在多大程度上改变自己，最终在多大程度上能改变世界呢？基本前提就是正确认识自己和正确认识世界。认识自己，只需三问：我是谁？我从哪里来？要到哪里去？《西游记》里的唐僧，见到谁都说“贫僧唐三藏，自东土大唐而来，前往西天拜佛求经”。自己的过去没法重来，父母给你的 DNA 不能重写，先天缺陷无法纠正，丑陋无法变貌美。唯一可以改变的是心态，接受不可以改变的一切，改变可以改变的一切。加拿大作家克雷格·柯伯格和马克·柯伯格所著的《改变自己，改变世界》的核心要义就是：我们都是这个“地球村”的一分子，都对地球和人类的未来负有责任。我们只要改变自己，就能对这个世界的未来做出自己的贡献。全书既有对改变自己、改变世界理念的生动阐述，又有具体的行动指南和建议，鼓励读者“从我做起”“完善自己，奉献自己”。

要想改变世界，必须从改变自己开始；要想撬起世界，必须把支点选在自己的心灵上。不要要求别人为你改变，因为你没有资格要求别人，你所能做的就是改变自己！改变自己不是为了取悦他人，而是为了自己。大多数人想要改变这个世界，却很少有人想改变自己。改变自己是“自救”，影响别人是“救人”。

你改变不了环境，但可以改变自己；你改变不了事实，但可以改变态度；你改变不了过去，但可以改变现在；你不能控制他人，但可以掌握自己；你不能预知明天，但可以把握今天；你不可以样样顺利，但可以事事尽心；你不能延长生命的长度，但可以决定生命的宽度。

小贴士

无名氏墓碑

在闻名世界的威斯敏斯特大教堂地下室的墓碑林中，有一块无名氏墓碑，却成为名扬全球的著名墓碑。每一个到过威斯敏斯特大教堂的人，他们可以不去拜谒曾经显赫一世的英国前国王们，可以不去拜谒狄更斯、达尔文等世界名人，但是没有一人不会拜谒这一块普通的墓碑，他们被这块墓碑上的碑文深深地吸引并震撼着：

当我年轻的时候，我的想象力从没有受到过限制，我梦想改变这个世界。

当我成熟以后，我发现我不能改变这个世界，我将目光缩短了些，决定只改变我的国家。

当我进入暮年后，我发现我不能改变我的国家，我的最后愿望仅仅是改变一下我的家庭。但是，这也不可能。

当我躺在床上，行将就木时，我突然意识到：如果一开始我仅仅去改变我自己，然后作为一个榜样，我可能改变我的家庭；

在家人的帮助和鼓励下，我可能为国家做一些事情。

然后谁知道呢？我甚至可能改变这个世界。

世界政要和名人看到这块碑文都感慨不已。年轻的曼德拉看到这篇碑文，顿然有醍醐灌顶之感，声称自己找到了改变南非甚至整个世界的金钥匙。他从改变自己及其家庭和亲朋好友着手，通过几十年的努力，终于改变了他的国家。

二、因应人际关系的三种心态

（一）自我辩解的含义

自我辩解是指在真诚而坦率地表达自己的感情、信仰、意愿的同时，也让别人表达他自己的感情、信仰和意愿，其目的是通过沟通来表示自我尊重，也表示对他人的尊重，也叫申辩。

例如，希望上司改变强迫下属接受的行为，妻子希望对丈夫说明自己的想法，约会迟到的小伙子想对女朋友做出合情合理的解释，同室居住的同学希望向室友说明自己的作息习惯。此时此刻，只要是双方的需要、愿望、想法或意见有所分歧，人际关系就会呈现紧张状况。和谐的人际关系，必须注重选择恰当的处理人际关系的态度和行为。心态决定行为。三种心态，三种反应。

（二）自我辩解的三种心态与行为

自我辩解是维护自己主张的行为，维护行为的极端形式一个是侵略，另一个是服从或无力自我辩解，而维护行为正处于中间位置，如图 2-1 所示。自我辩解是智慧和社会技巧，是根据具体情况而定的，涉及语言的和非语言的沟通，是进行冒险，有时会产生期望之外的结果。

图 2-1　三种心态 三种行为

1. 侵略

一般认为，侵略行为是无缘无故的攻击、争吵的渴望、威胁。具有侵略性的人往往企图制服别人。具有侵略行为的人自认为自己的需要、思想和权力至高无上，别人的都无关紧要，甚至根本不存在。但是，争吵是一种愚人的游戏，而且是奇怪的游戏，因为没有任何一方曾经赢过。

2. 服从

服从行为与侵略行为形成鲜明对比，它认为别人的需要、思想和权力至高无上，而自己的却并不重要或无关紧要。实际上，这种行为可能是不诚实的，有时用来避免冲突，实为一种非维护行为。

3. 维护

维护是一种“双赢”策略，这种行为风格常被认为是在侵略和服从两个极端之间的中间道路，也正避开了这两个极端行为的偏颇。维护行为涉及：①表达个人的需要和愿望，但不施加过度的压力；②知晓自己的权力，但不取消或忽视别人的权力；③以坦诚、直率的方式表达自我，但表达的方式与听众和情形恰相适应。

三、和谐人际关系的三种角色

加拿大和美国科学家经过大量实践分析，发现了一种简单实用的人际相互作用心理分析框架，每个人都有三种本性或三种意识，即父母(Parent)角色、成人(Adult)角色、儿童（Child）角色（PAC）。

1. 父母角色

处于父母角色状态，以权威和优越感为特征。具有积极和消极的两个方面作用。其行为表现为凭主观印象，独断独行，滥用权威。特有言语："你应该……""你不能……""你必须……"

2. 成人角色

处于成人角色状态，以客观和理智的行为为特征。既不会感情用事，也不至于以长者姿态主观地省事度人。其行为表现为待人接物冷静，慎思明断，尊重他人，知道行为的结果。特有言语："我的想法是……""这可能是……"

3. 儿童角色

处于儿童角色状态，特征是像婴儿式的冲动。其行为表现为无主见，遇事畏缩，感情用事，易激动愤怒。特有言语："我猜想……""我不知道……""我高兴……"

第四节 人际关系理论

一、马斯洛交往需求论

把人的各种需求归纳为五大类，并按其重要性和先后次序排列成一个需求的等级，其中包括"社交需求"，这就是马斯洛的"需求层次论"。马斯洛在他的需求层次论中提出了交往需求论，阐述了交往需求在人的所有基本需求中的地位和作用，从宏观上说明了人际关系中的心理要素。如果说马克思是从社会历史观角度阐述了人际沟通的社会历史根源，那么马斯洛则是从心理学的角度表述了人际沟通的心理机制。

（一）人的需求层次

马斯洛认为，人的需求是多个方面的，但是它们不是混乱的，是有规律可循的。他把人的基本需求归纳为五大类，并且认为这五类需求有从低级到高级的层次之分，即生理需求、安全需求、社交需求、尊重需求和自我实现需求。

马斯洛认为，如果一个人的生理需求和安全需求获得了相对满足，就会产生一种社交需求，又称爱与归属的需求。在现实生活中，每个人都希望得到友谊、爱情、配偶和孩子，还希望为团体所接纳，有良好的人际关系。人们渴望有所归属，成为群体的一员，这就是人的归属需求。反之，如果一个人被别人抛弃或被拒绝于团体门外，便会产生一种孤独感。所以，社交需求是人类生存和发展的基本需求。

（二）人的社交需求

马斯洛从心理学角度分析和研究了人的需求的相对强度与人的心理发展之间的关系。

1. 交往是人的一种最基本的需求

人的需求是纷繁复杂的，但在这些众多的需求中有的是根本性需求，有的是非根本性需求。一般来说，根本性需求引导着人们行动的方向，是人们行动的主要动力、基础，因此也是人类生存和发展的基本需求。在马斯洛看来，交往就是人们的基本需求之一。人是群体动物，因此人有归属感，渴望成为群体的一员，渴望的同时也离不开与他人交往。人又是有感情、有理性的高级动物，因此人的基本需求不仅包括物质需求，还包括精神生活需求，希望和同事保持友谊，希望得到信任和友爱。否则，人们在交往中受到压抑，其交往需求得不到满足，就会在生理和心理上造成极大的伤害，甚至造成非正常的死亡。例如，很多青年人因失恋而自杀，因不与他人交往而心理扭曲，因与外界隔绝而感到孤独和可怕，等等。事实上，人之所以成为人，就因为他们不是孤立的个体，而是社会中的一员。每个人的存在都离不开他人的存在，离不开与他人的交往，所以，交往是人类生存的一个基本前提，交往需求也就成了人的一种基本需求。

2. 社交需求的重要地位

马斯洛把“社交需求”看作需求总体层次里的中间环节，突出了“社交需求”的重要地位。人的需求有从低级到高级的层次，但每一层次的需求都有其特定的地位和作用。在马斯洛的五个层次的需求中，“社交需求”处于第三层次，即五个层次的中间层次。从马斯洛关于需求层次的论述中可以看出，“社交需求”在需求的总体层次里处于中间环节的地位，起着中介作用。具体来讲，社交需求是生理需求与安全需求发展和满足后产生的结果，社交需求的发展和满足又是尊重需求与自我实现需求的前提。因此，社交需求直接或间接地渗透在生理需求、安全需求、尊重需求、自我实现需求之中，它把这些需求有机地联系起来形成了一个有层次的需求整体。它又进一步使各种需求之间相互作用、相互转化。在现实生活中，人们的生理需求和安全需求正是以社交需求的相对满足为中介，进而发展和转化为尊重需求和自我实现需求。因为人的需求都是社会性需求，在社会中就离不开与他人交往，所以人的各种需求和满足都相互影响、转化，都不能脱离开人际沟通。

二、米德象征性符号互动理论

米德是形象社会学理论之始祖，是形象互动论的主要代表人物。形象是形象互动论即象征性符号互动理论的中心概念。形象包括语言、手势、文字以及符号等。米德以及后来的形象互动论者认为形象无所不在。语言文字是形象，因为它们代表某些东西，代表某种意义。它们是交往者用来代表物体、观念、思想、价值和情感的工具。语言文字所代表的意义是社会赋予的，是用来沟通的。例如，在十字路口我们看到红灯时必然联想到要停下车来。为什么？因为红灯代表“停”的意义。这一关联也是社会赋予的。同样地，个人的动作实际上也是一种形象。因为当我们做某一个动作时，总是为了要把自己的意思表达出来与别人沟通。诸如拥抱、接吻、握手等动作不仅是体态，而且具有形象的意义。

“形象互动论”主要研究人与人之间的互动（交往），以此来揭示人际关系。人际关系既需要从人际沟通的社会和心理根源上进行宏观研究，也需要从人际沟通的具体过程中进行微观揭示。米德的象征性符号互动理论就是从微观上研究人际沟通的具体过程。

（一）人际沟通是形象的互动

米德认为，社会只不过是由一群互动中的个人组成，同时个人的一切活动也与社会分不开，必然带有社会意义。也就是说，人们生活在社会情境中。因此，每个人的每一个动作或行为都有其特定的意义，并且在不同情境中的行为具有不同的意义。他认为，在人际沟通中，行为本身在交往中不重要，重要的是行为的意义。人们的交往是在对交往行为的意义的理解和分析基础上进行的互动，而行为的意义本身具有象征性、符号性，即通过形象来反映，所以把米德这种在对行为意义的解释、分析和反应基础上的人际沟通理论称为象征性符号互动理论。例如，当某个人突然拍你肩膀，通常你会首先想这个人是谁，拍你肩膀是好意还是恶意，是友还是敌，然后你才加以反应。这个过程就是形象互动论所谓的解释、分析、反应现象。

正因为人际沟通是一个对对方行为进行解释、分析、反应的过程，而交往本身又是双向的，即双方的互动，所以米德认为人际沟通过程中需要两个基本要素：一是要对自己的行为进行定义，即把自己准备做出的行为的意义传达给别人。意义从哪里来？就是从符号的象征性得来。二是要有个解释过程，即理解别人行为的意义。所以，人际的互动就是充满着解释和定义的过程，即“解释一定义一解释一定义……”

由于人们所处的环境和态度有所不同，人们对行为的定义和理解也有所不同。也就是说，人际沟通是通过交往双方对自己行为的定义和对他人行为意义的理解的交互作用来进行的。但是，在某一种情境里，个人对行为本身的定义是某一种情况，在另一种情境里可能是另一种情况，人们对行为的理解也是如此。在这样复杂的情况下，人们的互动必将是一个复杂的过程，但是每个人在互动过程中都会不断地修正自己的观点以适应当时情境的需要。因为在与人互动的过程中，个人不仅应该注意自己的观点，而且需要注意他人的观点，以不断地修正、补充、重新解释其观点以符合当时之情境。只有人们的解释符合当时的情境，双方的交往才能顺利进行。

因此，米德等学者认为，人们日常生活的每一部分都牵涉到形象的运用。如果没有形象，人们就无法沟通。人们的思想、观点、行动等皆由形象来表达。形象互动论者认为，人际关系就是通过形象的作用形成的，形象互动是整个社会化过程中最重要的步骤。语言文字是所有形象中最基本、最重要的一种。社会不仅依赖形象而生存，而且靠形象延续下去。

（二）交往中的“自我”

在米德的互动理论中，另一个重要内容是交往中的“自我”和“自我互动”。米德认为，人们在交往过程中不仅存在着与他人的互动，而且存在着“自我互动”。他把“自我”分为“主体我”（I）和“客体我”（me）。“主体我”，就是自己先对自己下定义，又称“主观的我”。“客体我”，就是受他人影响或他人理解的我，又称“社会的我”。每个人要了解“客体我”，就要扮演别人，考虑别人对“我”的理解。所以，“主体我”与“客体我”的统一就是一个人既扮演自己又扮演别人。人们通常在扮演了自己和扮演了别人之后，才进行自我互动。

人们在自我互动中为什么要建立“客体我”呢？米德认为，在“自我”形成的过程中起决定性作用的是交往，即自我是社会的产品。人们对自己的看法实际上是他人对自己的看法。如果没有他人的看法，根本无法知道自己是怎样的一个人。某个人常觉得自己很笨，这是因为他周围的人都说他笨。一个小孩怎么知道自己的名字呢？只是因为别人都这样称呼他，他从别人对自己的称呼中知道了自己的名字。自我概念的产生就是经过这种过程而实现的。自我是在团体行为中形成的，正因如此，米德进一步认为，个人经由自我也可以了解他人、团体行为和社会。

这样，米德从社会互动中论述了“自我”，又阐述了“自我”在社会互动中的地位和作用，从而以交往中的“自我”学说丰富了他的形象互动理论。

三、主体—环境相互作用论

地位、职业、风俗、群体、性格、魅力，这些人际沟通的条件，综合形成了人际沟通的环境。凡是人际沟通，总是在特定的环境中进行并受其制约的。但是，人又是能动的主体，人能发挥自己的主观能动性去积极地改变环境。环境决定人，人又可以改变环境，这就是人际沟通中的主体－环境相互作用论。

（一）主体—环境相互作用

在人际沟通中，主体和环境的相互作用表面看来只是对立的两极，而实际上是一个由诸多环节所组成的链条。人们都希望自己在人际沟通中获得成功，感到愉快。这就需要人们掌握主体与环境相互作用链条上的各个环节，并合理地调适主体与环境之间的关系，才能驾驭沟通环境，获得良好的人际关系。

人际沟通中主体和环境相互作用的链条是由主观环节和客观环节所组成的整体系统。在这里，条件是客观环节，它由社会条件（地位、职业、风俗、群体等）和主体条件（性格、魅力等）组成。凡是人际沟通，总要先从这些条件出发，总是根据这些条件的不同状况进行沟通的思考和选择。同学之间的沟通大多围绕着学习进行，同事之间的沟通大多围绕着工作进行，而夫妻之间的沟通大多围绕着生活进行。这些都是由不同的条件决定的。一般来说，条件是人际沟通的前提，也是人际沟通中的主体－环境相互作用链条上的起点。

1. 利益→目的

它是客观环节向主观环节的过渡。人们的沟通受现实的条件如职业、地位、风俗等影响，但同样条件下的人际沟通并非都是相同的。这是因为条件在向主观环节（如沟通目的、沟通需要等）转化的过程中存在着利益环节。利益在客观条件向主观目的的转化过程中起着向导作用。一般来说，只有那些与人的利益直接相适应的条件才能对人的沟通目的构成直接的决定作用。例如，风俗是制约人与人之间沟通的重要条件，人们在交往中都要入乡随俗，从沟通的方式到沟通的内容都应按照当地的风俗习惯进行；但是，如果当地的风俗与人们的利益相矛盾，人们就会破除原有风俗，按照适合人们利益的新的方式进行，形成与人们的利益相适应的新的沟通目的。用马克思的话来说："人们奋斗所争取的一切，都同他们的利益有关。"人们在相互沟通中既从现实的条件出发，又同时受各自的不同利益影响。人们不是为了沟通而沟通，而是为了一定的利益而沟通。由于人们的利益各不相同，在相同条件下人们常存在着不同的沟通目的。

2. 目的→行动

它是主体自身能动的环节。人们在现实条件和利益的基础上形成了一定的沟通目的。沟通目的的实施构成了沟通行动。现实的人际沟通活动就是人们的沟通目的和沟通行动的结合。例如，人际沟通方式中的澄清、反映、沉默等，都是人们沟通目的与沟通行动结合的表现。

3. 行动→效果

它是主观环节向客观环节的转化。人们的沟通目的见诸行动，必然形成一定的沟通效果，如沟通成功、失败等。这种沟通效果反馈到主体，又构成了新的沟通条件。人们在新的沟通条件的基础上又开始了新的沟通。一般情况下，如果一个人的沟通效果是成功的，他就会进一步增进沟通动机；如果其沟通效果是失败的，他就会减弱沟通动机。同时，人们也会在失败中吃一堑、长一智，发挥主观能动性，变不利条件为有利条件，从而变被动为主动、变消极为积极、变失败为成功。

（二）主体—环境相互作用的特点

条件→利益→目的，这是从客观环节向主观环节的转化；目的→行动→效果，这是从主观环节向客观环节的转化。效果进一步转化为新的条件，又重新开始了进一步的主客体之间的相互转化。在这一相互转化的过程中，充满了主体和环境之间的相互作用。

（1）人要受客观条件、利益和效果所制约。处于不同地位、职业、风俗和群体的人，他们的沟通目的和行动由于受不同条件制约必然有所区别；具有不同性格和魅力的人，他们的沟通状况也必然有所差异。

（2）人可以通过自己实际的沟通去改变那些不利于自身发展的条件和效果。人们可以改变旧的风俗习惯，改变自己呆板的性格，改变自己的地位，进而改变原先不理想的沟通效果，实现协调人际关系的目的。这里，客观条件对人的沟通目的和行动的制约，是客观环节向主观环节的转化；人对客观条件等的改变，是主观环节向客观环节的转化。人际沟通中主体和环境相互作用的链条，就是人际沟通中主观环节和客观环节相互影响、相互作用和相互转化的过程。

（三）主体—环境相互作用的意义

一般来说，一个人的人际关系的好坏，关键因素之一是能否合理地调适主体与环境之间的关系。当一个人在现实环境中不能自由活动时，就会产生苦恼。例如，有的青少年不适应家庭生活环境而离家出走，有的青少年因不能忍受舆论的压力而自杀，等等。当一个人在现实环境中能自由灵活地沟通时，就会感到快乐。例如：工作在团结友好的团体中，人们就会感到心情舒畅；生活在和睦的家庭中，人们就会感到幸福和愉快。显然，这里的苦恼和快乐的主要原因就在于是否达到主体与环境之间的调适。苦恼是不能驾驭环境的结果，快乐是合理地利用和支配环境的表现。因此，在主体和环境相互作用的过程中，对人际沟通来说更有意义的是如何合理地利用环境、支配环境和改造环境。

小贴士

十种沟通方法

1. 倾听，不要打断

静静地聆听，是对他人的尊重，也是内心谦虚的表现。你若爱他，就多聆听！

2. 说话，不要指责

不要养成指责他人的习惯，尤其是在尚未弄清事情原委之前。很多人做错事情后，更渴望得到接纳，而不是指责。就像你在犯过错误之后，所渴望的一样。你若爱他，就不要指责！

3. 给予，不要保留

面对别人的恳求，不要拒绝。能帮助别人的时候，不要迟疑。你今天帮了别人，明天别人也会帮你。

4. 祈祷，不要停止

爱一个人，不仅仅只是给他一点东西。爱与不爱，并不是做给外人看的，而是做给自己的心看。请你常常在心里为他祈祷，不要停止。因为你真的爱他，就会让他先住进你的心里。爱他，就时时为他祈祷！

5. 回答，不要争执

人与人的相处，在于和睦，而不在于争执。家庭里面的人们，常常为了证明自己有理，而不断地为自己辩护，当每个人都在想着证明自己是正确的时候，争吵就不可避免。到最后，争论并没有带来和睦，反而使隔阂越来越大。你若爱他，就不要争执！

6. 分享，不要假装

如果你真的在乎一个人，那么把最真实的自己与他分享。不要总是戴着虚假的面具，装出一副迎合他的样子。假装，并不会让对方对你的喜欢增加一分，反而会使他在时间的流逝中，慢慢失去对你的信任。做最真实的自己，坚守来自天主的真理。你若爱他，就不要假装！

7. 享受，不要抱怨

人在生活中，常常会陷入抱怨的旋涡。妻子抱怨丈夫，父母抱怨孩子，学生抱怨老师，老板抱怨下属。每一个人总觉得对方亏欠了自己，每一个人都觉得自己受尽了委屈。但很少有人会在抱怨的同时，扪心自问：我是否也会成为别人抱怨的对象？我是否也曾亏欠过别人，让别人受尽委屈？抱怨，并不能解决事情，只会让原本微小的事情越变越大。抱怨可以让你一时解气，但最终会使你的气量越变越小，自己把自己孤立出别人的世界。你若爱他，就停止抱怨！

8. 信任，不要动摇

很多时候，我们失去一个自己所爱的人，并不是谁把他夺走了，而是我们一步步将他推走了。推走，不是因为我们不珍惜，而是因为我们太珍惜。太珍惜，就总想把他抓在自己的手里。慢慢地，干涉多了，自由少了；专横多了，信任少了；隐藏多了，交流少了。爱，是信任中的责任，而不是猜疑中的束缚。

9. 原谅，不要惩罚

不是别人做错了事情，就一定要去惩罚。你是为了他的成长，而不是为了让他难堪。有时候宽恕的力量胜过惩罚，柔软的力量强过坚硬。当你年老时，牙齿已经掉落，舌头却依旧健康。不要把别人的犯错，化为自己内心报复的机会。爱他，就原谅，不要惩罚。

10. 承诺，不要忘记

说过的话，总不要忘记。做不到就不要轻易承诺，爱你的人，不在乎你给他什么东西，却在乎你兑现诺言这个行为。爱一个人，就不要让他对你的盼望落空，多次的等待看不到结果，会让他以为在你心里已经没有了位置。爱他，就承诺，不要忘记。

能力测试

人际关系测试

回答问题，在括号内填“是”或“否”。

(1) 关于你的烦恼有苦难言。(　　)

(2) 与生人见面时感觉不自然。(　　)

(3) 过分羡慕和妒忌别人。(　　)

(4) 与异性交往太少。(　　)

(5) 对连续不断的会谈感到困难。(　　)

(6) 在社交场合感到紧张。(　　)

(7) 时常伤害别人。(　　)

(8) 与异性来往感觉不自然。(　　)

(9) 与一大群朋友在一起常感到孤寂或失落。(　　)

(10) 极易受窘。(　　)

(11) 与别人不能和睦相处。(　　)

(12) 与异性相处不知道如何适可而止。(　　)

(13) 当不熟悉的人倾诉其生平以求同情时，你常感到不自在。(　　)

(14) 担心别人对你有什么坏印象。(　　)

(15) 总是尽力使别人欣赏你。(　　)

(16) 暗自思慕异性。(　　)

(17) 时常避免表达你的感受。(　　)

(18) 对你的仪表（容貌）缺乏信心。(　　)

(19) 讨厌某人或被某人讨厌。(　　)

(20) 瞧不起异性。(　　)

(21) 不能专注地倾听。(　　)

(22) 你的烦恼无人申诉。(　　)

(23) 被别人排斥与冷漠。(　　)

(24) 被异性瞧不起。(　　)

(25) 不能广泛地听取各种意见、看法。(　　)

(26) 你常因受伤害而暗自伤心。(　　)

(27) 常被别人谈论、愚弄。(　　)

(28) 与异性交往时不知如何更好地相处。(　　)

说明：对于每个问题，回答“是”得 1 分，回答“否”不得分。

(1) 如果总分在 0～8 分，说明你善于交谈，性格开朗，主动关心别人，对周围朋友很好，相处不错。

(2) 如果总分在 9～14 分，说明你与朋友相处有困扰，人缘一般；与朋友的关系时好时坏，处于经常起伏变动之中。

(3) 如果总分在 15～28 分，说明你在与朋友相处时存在严重困扰。分数超过 20 分，则说明你在人际关系行为中困扰程度很严重，而且在心理上出现较为明显的障碍：你既可能不善于交谈，也可能是一个性格孤僻、不开朗的人，或者有明显的自高自大、讨人嫌的行为。

第三章
言语沟通

对人类而言，语言是治疗苦恼的医师。

——佚名

一言之辩，重于九鼎之宝；三寸之舌，强于百万之师。

——《史记》

引入案例

有个人请客，看看时间过了，还有一大半的客人没来。主人心里很焦急，便说：“怎么搞的，该来的客人还不来？”一些敏感的客人听到了，心想：“该来的没来，那我们是不该来的喽？”于是便悄悄地走了。主人一看走掉好几位客人，越发着急了，便说：“怎么这些不该走的客人，反倒走了呢？”剩下的客人一听，又想：“走了的是不该走的，那我们这些没走的倒是该走的了！”最后走得只剩下一个跟主人较亲近的朋友，看到这种尴尬的场面，就劝他说：“你说话前应该先考虑一下，否则说错了，就不容易收回来了。”主人大叫冤枉，急忙解释说：“我并不是叫他们走哇！”朋友听了大为光火，说：“不是叫他们走，那就是叫我走了。”说完，头也不回地离开了。

案例讨论：

这段文字在带给我们笑料的同时，也带给我们深深的思考。好端端的请客吃饭，因为不会说话，弄得大家不欢而散。想一想，你曾经因说错话而把事情搞砸过吗？

第一节 言语沟通的性质

人际沟通的载体语言是符号系统。作为社会上约定俗成的符号系统，语言的基本功能是思维功能和沟通功能。因此，要了解人际沟通，就必须深入地分析言语沟通。

一、语言与言语的辩证关系

（一）语言与言语的定义

语言与言语在人们的日常生活中是经常通用的。但是在科学意义上，语言和言语是两个彼此不同而又密切联系的概念。

语言是人类用于交际和思维的最重要的符号系统。这个定义包含以下三个基本意思：

（1）语言是人类独有的。“动物语言”只是一个比喻的说法。

（2）语言的基本功能是用于交际和思维。

（3）语言是一个符号系统。

因此，语言不等于说话。说话是一种复合现象，它至少包含以下三个方面：

（1）张口说话的动作，称为“言语动作”。

（2）说话所使用的一套符号系统，这套符号系统就是“语言”。

（3）说出来的话语，称为“言语”或“言语作品”。

言语是人们运用语言材料和语言规则进行人际沟通的过程。它是人们对于语言这一符号系统的具体运用，包括说话或写作的行为及其结果。说话者有一种思想要表达，利用言语对它进行编码，表现为合乎语法的话语，把深层结构转化为表层结构；听话者则对话语进行译码，把表层结构按其理解还原为深层结构，并对此做出反应。这就是言语沟通的基本过程。

（二）语言和言语的区别

语言和言语是两个不同的概念。

语言是以词为基本单位、以语法为构造规则的符号系统，是人类最重要的交际工具。言语是人们利用某种语言来表达自己的思想或与其他人进行交往的过程。语言是代码，言语是信息。语言是一种社会现象，而言语是人的心理现象。因此，语言的存在依存于社会，言语的存在依存于个体。二者的关系，简单地说好似工具与使用工具的关系。语言是工具，言语是使用语言的活动过程。通俗地说，语言是建筑材料，言语是建筑的过程或结果。

（三）语言和言语的关系

语言和言语的关系如图 3-1 所示。

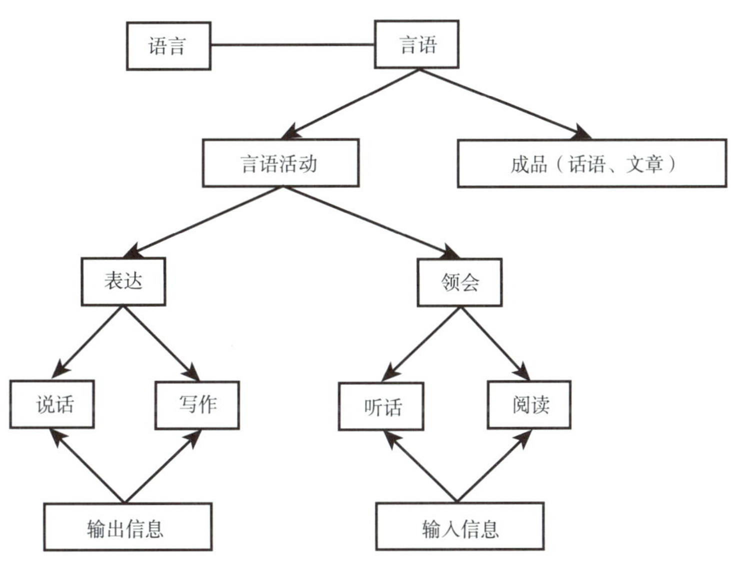

图 3-1 语言和言语的关系

1. 抽象和具体的统一

语言是抽象的，言语是具体的语言存在于言语中，言语是语言的存在形式。没有言语，也就没有语言。言语是运用语言的过程和结果，语言规则及词语均对言语形成制约，给予规范。语言规则及词语是言语活动的基础。

2. 一般和个别的统一

语言是一般的，言语是个人的。在作家及其文学作品中塑造人物要用个性化的语言，例如，朱自清的言语风格、冰心的言语风格，阿 Q 式语言、祥林嫂的语言。

3. 客观和主观的统一

语言是客观的，言语是主观的语言，是以语音或字形为物质外壳、以词汇为基本单位、以语法为构造规则的符号系统。言语是人们在各种交际和活动中应用语言的过程。言语活动离不开语言，言语离开语言就无法表达意思和意见，无法进行有效的交际活动；语言也离不开言语，语言离开言语就不能发挥交际工具的作用。

4. 稳定性和灵活性的统一

语言是稳定的，言语是灵活的语言，是以语音或字形为物质外壳、以词汇为建筑材料、以语法为结构规律而构成的体系，以其物质化的语音或字形的形式被人们感知。语言的反映标志着一定的事物；语言的语法规则反映思维的规律。

二、言语沟通的含义、类型和功能

（一）言语沟通的含义

言语沟通是指在沟通过程中人们运用语言来表达情意的活动，它是一种以交流信息为基本功能的沟通行为。言语沟通分为表达（说话和写作）和领会（听话和阅读）两个方面，是对语言符号系统最积极有效的运用。

如果语言学主要是对语言符号系统及其规律进行研究，那么沟通学则着重研究人类是如何运用语言符号来交流信息的，即着重研究言语沟通。

（二）言语沟通的类型

英国哲学家奥斯汀认为，人们运用语言的过程是完成一定类型的行为，这种言语沟通可以分为五类：第一类包括对事态做出判断（如估计、推断、评价）的言语沟通，基本上也就是对事物的真相或价值做出判断的那些言语沟通；第二类是行使权利、施加影响或运用权力的言语沟通，如任命、表决、命令、劝告或警告；第三类是说话者承担某种行动义务，如允诺、保证、宣布意图、表明信仰或信念；第四类主要与社会行为有关，如道歉、祝贺、慰问或挑战；第五类是表示对某事所持态度的言语沟通，如争论、答辩、让步、假设或推测。

（三）言语沟通的功能

与五类言语沟通相联系，言语沟通的功能表现如下：

（1）表态功能：表达说话人的感情和态度。

（2）指示功能：指示或影响他人的行为或态度。

（3）指称功能：认识事物并表达对其理解、推测或信仰。

（4）酬应功能：维持社会内部的联系。

（5）解说功能：规定语言规则，沟通双方都接受此规定。

第二节 言语沟通的基本原则

人类从诞生后能够使用语言开始，总以为说话是自然而然的事，谁也没有研究言语是什么，认为说话就能沟通思想。但是，突然在某一天冒出了这样的疑问：“为什么我的话不能被对方很好地理解呢?”这就得遵守言语沟通的基本原则，把以往的无意识说话提升到有意识说话。

一、目的性

言语沟通是有目的的。人与人之间之所以进行言语沟通，总是具有这样或那样的目的：或告诉别人一件事情，或请求别人帮忙，或命令对方去行动，或打听某方面的消息，或沟通双方的心灵，或改善双方的关系，或增进双方的友谊，等等。这些各种目的都是通过具体的话语来表达的。因此，在言语交流中，话语不过是充当信息交流的手段。说话人通过话语来传达自己的意图，听话人则透过话语来领悟其真实意图。例如，听话人烦恼的是自己的人生向何处去，没有明确指针。一天一天地过着相同的日子，想随大流，但是又想不出跟随谁更合适。为此，无法决定自己的意志，只好混一天算一天。说话人与之谈了下列话题：

在浓雾弥漫的时刻，他只能依赖前面车子的尾灯，驾驶汽车。他眯着眼睛，小心翼翼地探着路，把自己的一切都交给了前面开车子的人。突然，前面车子的红灯灭了，接着，他的车子“砰”地撞到前面的车子上了。他火了，骂道：“混账！你要停车，干吗不打信号灯！”前面开车子的人回敬道：“这儿是我的车库，为什么要打信号灯！”

这则故事说明：人类的生活就是这样，在迷雾中不知往何处去而前进着的时候，思考是十分必要的。听话人悟出了话语的意图。

二、情境性

情境是由人际沟通过程中时间、空间的沟通方式等因素构成的沟通环境。它对于言语沟通具有两个方面的作用：一是对言语沟通起着制约作用。即言语沟通必须根据沟通情境来选择话题和组合话语，使表达内容和表达形式与情境相适应，如不同场合（课堂、宿舍等）、错位身份（上下级、长幼）、异样氛围（教堂、灵堂）等。二是对言语沟通的表达起着补充作用。例如，“火”仅仅是一个词，但是，在《三国演义》中，赤壁之战前夕，诸葛亮和周瑜共商对策，各人仅在手掌上写一个“火”字就达成默契，言简意赅地表达了火攻的策略，这就是情境对于言语表达的补充作用。

三、正确性

言语沟通的正确性是指言语表达必须符合语言规则或规范，也就是要符合语法。言语的基本任务是根据语言符号系统的使用规则，把语言符号组合为“装载”了一定信息的言语形式。任何言语沟通只有遵守语言规范，才能准确无误地传达信息，才能为听者或读者所接受；倘若违背了语言规范，就会造成沟通障碍。

小案例

传说山东军阀韩复榘有一次到齐鲁大学演讲，一开头就说：“诸位，各位，在齐位：今天是什么天气？今天就是讲演的天气。来宾十分茂盛，敝人也实在是感冒。今天来的人不少咧，看样子大抵有五分之八啦！来到的不说，没来的举手吧。今天兄弟召集大家，来训一训，兄弟有说得不对的，大家应该互相原谅。……你们大家都是各国留学生，都会说七八国的英文，我不懂这些，今天真是鹤立鸡群了。”

思考：正确使用祖国的语言文字，我们还需要从哪些方面做出努力？

四、得体性

言语沟通的得体性是指特定的交际环境中话语对交际环境的适应程度问题，即同特定文化背景的协调性和对于交际心理的可接受性、合作与礼貌问题。言语沟通既在特定的人际关系中展开，又起着建立或发展人际关系的作用。如果不看受传者和自己的关系，人际沟通就可能出现障碍。

小案例

朱元璋做了皇帝，一个从前的穷朋友跑到朝廷去拜见他。见面的时候，朋友对朱元璋说：“我主万岁！当年微臣随驾扫荡庐州府，打破罐头城，汤元帅在逃，拿住豆将军，红孩儿当关，多亏蔡将军。”朱元璋听得高兴，也隐约记起他的话里包含了一些从前的事情，就立刻封他做了御林军总管。另一个当年的穷朋友得知这一消息，也跑去求见，见了面就对朱元璋说：“我主万岁！还记得吗？从前，你我都替人家看牛。有一天，我们在芦花荡里把偷来的豆子放在瓦罐里煮。还没等煮熟，大家都抢着吃，把罐子都打破了，撒下一地的豆子，汤都泼在泥地里。你只顾从地上满把地抓豆子吃，却不小心连红草叶子也送进嘴里。叶子哽在喉咙里，苦得你哭笑不得，还是我出的主意，叫你把青菜叶子放在手上一拍吞下去，才把红草叶子带下肚子里去了……”朱元璋还没听完，就命令：“推出去斩了！”

五、适应性

言语适应理论是以听话人或听众为中心，即说话人是根据听话人或听众的言语风格来选择自己的谈话方式。在人际沟通过程中，受传者此时此刻的心理状态对于信息的接收具有极大的制约性。言语沟通必须适应言语对象的处境心情，否则便事与愿违。

小贴士

说话的艺术

(1) 急事，慢慢地说。遇到急事，如果能沉下心思考，然后不急不躁地把事情说清楚，会给听者留下稳重、不冲动的印象，从而增加他人对你的信任度。

(2) 小事，幽默地说。尤其是一些善意的提醒，用句玩笑话讲出来，就不会让听者感觉生硬，他们不但会欣然接受你的提醒，还会增强彼此的亲密感。

(3) 没把握的事，谨慎地说。对没有把握的事情，如果你不说，别人会觉得你虚伪；如果你能措辞严谨地说出来，会让人感到你是一个值得信任的人。

(4) 没发生的事，不要胡说。人们最讨厌无事生非的人，如果你从来不随便臆测或胡说没有的事，会让人觉得你为人成熟、有修养，是一个做事认真、有责任感的人。

(5) 做不到的事，别乱说。俗话说“没有金刚钻，别揽瓷器活”。不轻易承诺自己做不到的事，会让听者觉得你是一个“言必信，行必果”的人，愿意相信你。

(6) 伤害人的事，不能说。不轻易用言语伤害别人，尤其在较为亲近的人之间，不说伤害人的话。这会让他们觉得你是一个善良的人，有助于维系和增进感情。

(7) 伤心的事，不要见人就说。人在伤心时，都有倾诉的欲望，但如果见人就说，很容易使听者心理压力增大，对你产生怀疑和疏远。同时，你还会给人留下不为他人着想，想把痛苦转嫁给他人的印象。

(8) 别人的事，小心地说。人与人之间都需要安全距离，不轻易评论和传播别人的事，会给人交往的安全感。

(9) 自己的事，听别人怎么说。自己的事情要多听听局外人的看法，一则可以给人以谦虚的印象，二则会让人觉得你是一个明事理的人。

(10) 尊长的事，多听少说。年长的人往往不喜欢年轻人对自己的事发表太多的评论，如果年轻人说得过多，他们就觉得你不是一个尊敬长辈、谦虚好学的人。

(11) 夫妻的事，商量着说。夫妻之间，最怕的就是遇到事情相互指责，而相互商量会产生“共情”的效果，能增强夫妻感情。

(12) 孩子们的事，开导着说。尤其是处于青春期的孩子，非常叛逆，采用温和又坚定的态度进行开导，可以既让孩子对你有好感，愿意和你成为朋友，又能起到说服的作用。

第三节 言语沟通艺术

孔子曰："言不顺，则事不成。"人际沟通效果大多取决于说话的方式，而非说话的内容。美国心理学家艾伯特·梅拉比安研究指出：沟通的主要成分＝7％的语言文字＋38％的声音＋55％的非语言。也就是说，在"对谁说""说什么""怎么说"中，"怎么说"尤为重要。正如美国著名语言学家弗里斯所说，"重要的不仅是你说的是什么，而是你怎么说"，因为听话人注意的是"究竟一句话是用带微笑的口气还是带冷笑的口气说的"。

言语沟通的艺术主要包括言语精确、吐字清晰、语速适中、适度停顿、语气得当、语调协调、言随旨遣、幽默有度。

一、言语精确

言语沟通的首要问题是言准意达，例如：介绍某一事物，要用唯一的名词；讲述某个动作，要用唯一的动词；说明某种性质，要用唯一的形容词。要避免使用似是而非、模棱两可的话。语言的精确，呈现出高尚的情感。例如，在鲁迅小说《药》中，华大妈关切儿子华小栓的三次对话：

(1)"吃下去罢，——病便好了。"

(2)"睡一会罢，——便好了。"

(3)"小栓，你好些么？——你仍旧只是肚饿？……"

第一次问话，"病便好了"，什么病却避而不谈；第二次问话，连"病"都隐去；第三次问话，"小栓，你好些么"，华大妈的言语中设法避开"病""痨病"之类的字眼，但又觉得问话太笼统，于是补充了"你仍旧只是肚饿"。肺结核在古代又称为"肺痨"，俗称"饿痨"，华大妈用肺痨的特征来代替其概念。

二、吐字清晰

言语交际，一定要吐字清晰，咬字真切。正如戏曲艺术界讲究的"吐字归音，字正腔圆"，所谓"咬紧字头归字尾，不难达到纯和清"。言语沟通还要防止"吃字"现象。"吃字"是指在情绪激动或急切时把某个音节的字漏了过去，或与其他字词混淆发生新的合并现象，例如："答案"——"蛋""关爱"——"怪"，把"只要你们努力"中的"只要"快说成"照你们努力"。这种情况容易造成吐字不清，影响沟通效果。

三、语速适中

一般认为，用最平常温和的语速，一分钟平均要说 250～300 个字。无论什么时候，言语交际都要保持心平气和，如果你说话的语速稍稍偏离平和，各种是非就滋生出来了。同样的道理，过快或极快的语速容易让人产生压迫感和强制感，或者是让人不知所云。反之，过慢的语速要么使人着急，要么让人昏昏欲睡。言语交际要求语速必须适中，这既有助于沟通者自身的意思表达，也有助于对方的信息理解和情感愉悦，更有助于拉近沟通者之间的心理距离。

四、适度停顿

停顿的最直接的表现形式就是沉默。在言语交际活动中，人们不仅需要借助有声语言，而且需要借无声语言表情达意。“此时无声胜有声”就是对无声语言作用十分恰当的描述。停顿就是一种无声语言。言语交际的停顿通常分为语法停顿、逻辑停顿和心理停顿。语法停顿是为了结构明确、层次清楚所做的停顿。逻辑停顿是为了强调某一特殊的意思或某种逻辑关系所做的停顿。心理停顿是说话人为了表达某种感情或达到某一目的而有意识安排的一种停顿，它常常取决于说话人的心理情绪。标点符号表示语法关系，也表示语音停顿。在有标点符号的地方，一般要有适当时间的停顿。停顿的长短要和标点符号表示的语法结构的层次相适应，停顿长短大致是句号＞分号＞冒号＞逗号＞顿号。

逻辑停顿要依句子的逻辑结构来进行，以使沟通内容得到准确的表达。比较这两处停顿处理：

我们的目的/一定要达到。

我们的目的一定/能够达到。

第二句在“一定”与“能够”之间多安排了一个停顿，强调突出了“能够”与上一句中“要”的区别。这是逻辑结构的需要。

心理停顿主要不是服从语意表达，而是服从沟通者心理情境的需要。它形式上是“外部语言的沉默”，实质上是“内部语言的活化”。在停顿的片刻，听众的思维情感异常活跃，或急切期待，或自由想象，或默默体验，这就是心理停顿的目的。心理停顿是有意识安排的，时间不定，但比语法停顿、逻辑停顿长。在这停顿的片刻，听众的思维、想象的情感“好像长了翅膀，异常活跃”。“没有一点声音，没有任何喝彩，只有那震耳欲聋的寂静……”这就是停顿所能达到的最佳传播效果。俄国早期的马克思主义者普列汉诺夫曾在日内瓦做题为《无产阶级和农民》的演讲，当时有人蓄意破坏，会场秩序混乱。普列汉诺夫沉着冷静，大声地说：“如果我们也想用这种武器同你们斗争的话，我们来时就会……”说到这里，他故意停顿下来，然后又接着说：“我们来时就会带着冷若冰霜的美女！”顿时，会场上出现了“轰动效应”，演讲也得以顺利进行。

适度停顿有助于掌握说话的主动权，可以使说话者赢得思考时间，从而增强语言表达的逻辑性，使表达更严谨，减少说话中的失误；将说话的机会让给对方，可从中获取更多的信息，同时也能避免自己将不该说的讲出去；可以造成对方的心理压力，从而使对方做出某些让步。

五、语气得当

语气是在言语交际中对信息所持的态度。语气有四种，分别为陈述、疑问、祈使和感叹。语气是思想感情运动状态支配下语句的声音形式，包含一定的思想感情以及一定的具体声音形式。“语”是指有声语言，通过声音表现出来的语句；“气”是指朗读时支撑有声语言的气息状态，具有声音和气息合成形式的语句流露出来的气韵。语气是以内心感情的色彩和分量为灵魂、为神韵的，是以具体的声音形式为躯体、为形制的，是存在于具体语境的语句当中的。据说，一位波兰女演员访问美国，在宴会上她用悲伤的语气发表“演讲”，大家虽然听不懂她说什么（波兰语），但都被感动得潸然泪下。其实，她念的是晚宴的菜单。

语气既有称为“神”的内在思想感情的色彩和分量，又有称为“形”的外在的快慢、高低、强弱、虚实的声音形式。所以语气是言语沟通中“神”与“形”的结合体，有什么样的感情，就会产生什么样的气息；有什么样的气息，就会有什么样的声音状态。因此，声音的气息状态和表露有极为重要的意义。

语气运用的一般规律如下：

（1）爱的感情：气徐声柔——漫和感。例如，我爱你中国。

（2）憎的感情：气足声硬——挤压感。例如，我恨你。

（3）悲的感情：气沉声缓——迟滞感。例如，唉！太惨了。

（4）喜的感情：气满声高——跳跃感。例如，中华人民共和国中央人民政府成立了！

（5）惧的感情：气提声抖——紧缩感。例如，我，我再也不敢了。

（6）急的感情：气短声促——紧迫感。例如，不好了！不好了！月亮掉到井里了。

（7）冷的感情：气少声淡——轻视感。例如，啊，我早就知道了。

（8）怒的感情：气粗声重——震动感。例如，你给我滚！

（9）疑的感情：气细声黏——踌躇感。例如，怎么能是这样？

六、语调协调

语调，就是说话时语流和语势的变化程度，也就是语音的停连、快慢、轻重、高低等配置的情况。语流就是说话的速度和流畅度，包括快慢和停连。语势就是说话时音高和音强的趋势，包括高低和轻重。语调有三类，即基本语调、特殊语调和综合语调。基本语调由最基本要素单独组成，这是由语音的音高、音强、音长和音色四要素决定的，因为单独的音色成不了语调，只有音长派生出停顿，音强派生出重音，音高派生出抑扬。语调总共有两类四种，即语流类的停顿和快慢，语势类的重音和抑扬。语调有平调、升调、曲调和降调，平调常用来表示严肃、平淡、压抑、悲痛，升调常用来表示疑问、反问、愤慨、呼唤，曲调常用来表示欢欣、惊讶、讽刺、暗示，降调常用来表示感叹、肯定、赞扬等。语调促使言语的内容清晰明确，起到润色言语效果的作用。研究表明，言语沟通的效果，肢体动作占55%，语调占38%，内容占7%。语调协调形成了抑扬顿挫，语调变换形成了“一句话百样说”的言语效果。例如：

这是一千万元？（啊！好惊人哟！）——吃惊

这是一千万元？（别吓人了吧！）——轻蔑

这是一千万元？（糟糕！）——后悔

这是一千万元？（好高兴哦）——喜悦

这是一千万元？（真稀奇）——好奇心

这是一千万元？（开玩笑）——疑问

语调设计由声音停顿、语气轻重、语速快慢和音量高低四个要素组合而成，要素的不同组合变化构成了艺术化语言表达的各种调式，可通过这些调式表达沟通者的观点、立场、态度和情感等。

根据句子的语气，句子的类别分为陈述句、疑问句、祈使句和感叹句。

（一）陈述句

叙述或说明事实的具有陈述语调的句子叫作陈述句。陈述句句末可以带上“的、了、呢、罢了”等语气词。“的—了”：“的”表示本来如此，“了”表示有了变化。“呢—罢了”：同样表示肯定，但“呢”稍带夸张和强调，而“罢了”却把事情往小里说。陈述句可用肯定形式，也可用否定形式。一个陈述句可以改成疑问句、反问句、双重否定句等多种形式，表达不同的内容。

（二）疑问句

具有疑问语调的句子叫作疑问句。其中，有疑而问的叫作询问句，无疑而问的叫作反问句。提问手段有疑问语调、疑问词、语气副词、语气词、疑问格式等，疑问语调不可或缺。

根据结构形式上的特点和语义情况，疑问句可分为是非问、特指问、选择问、正反问。

1. 是非问

是非问由陈述句加疑问语调或兼用语气词“吗、吧”等构成，一般是对整个命题的疑问，回答也是对整个命题的简单的肯定或否定。例如，你明天会来吗？这些句子可以用“是、对、嗯”或“不、没有”等作答，或用点头、摇头回答。

2. 特指问

特指问用疑问代词（如“谁、什么、怎样”等）和由它组成的短语（“为什么、什么事、做什么、怎么做”等）来表明疑问点，说话者希望对方就疑问点做出答复，句子往往用升调。例如，什么事不能好好商量的？

3. 选择问

选择问用两个或两个以上分句提出不止一种看法供对方选择，用“是、还是”连接分句。常用语气词“呢、啊”，不用“吗”。例如，喝水还是喝茶呢？

4. 正反问

正反问由谓语动词的肯定形式和否定形式并列构成。例如，昨天玩得高兴不高兴？

其中，还有一种反诘问句。例如：

（1）我不是已经跟你说过了吗？（=不用说了——是非问）

（2）十二点了，怎么还看电视？（=不要看电视了——特指问）

（3）你是来帮我呢，还是来拆台呢？（=老拆台——选择问）

（4）他们这么不讲理，你说对不对？（=不对——正反问）

（三）祈使句

要求对方做或不做某事的句子叫作祈使句，一般用降调。

1. 禁令类

禁令类表示命令、禁止，带有强制性，常不用主语、语气词，结构简单，语调急降而且很短促，否定句用“不准、不许、别”等。例如，禁止吸烟。

2. 商请类

商请类表示请求、劝阻，包括请求、敦促、商量、建议、劝阻等。例如，快说呀，为什么不说呢？说吧。注意：请求或敦促人家做事，总有商量余地，因此宜于使用重叠形式的动词，常用敬辞“请”。例如，您说说，您请坐，您帮帮忙吧，请喝茶。

（四）感叹句

带有浓厚感情的句子叫作感叹句。它表示快乐、惊讶、悲伤、愤怒、恐惧等浓厚的感情，一般用降调。例如，哇！这衣服真漂亮！天哪！这可怎么办啦！更多的感叹句里有“多、多么、好、真”等副词，句尾有语气词。例如，那该有多好哇！好热的天气呀！多么可爱的小孩呀！多好的想法呀！

小贴士

升调句调前低后高，整个句子的后半句明显升高，句末音节高亢，用于提出问题、等待回答、感情激动、情绪亢奋、句中顿歇、意犹未尽、发号施令、宣传鼓动、惊异呼唤、出乎意外等场合。

降调句调先高后低，但声音不是明显下降，只是逐渐降低，句末音节短而低。在言语交际中，降调的使用最为常见，它多用于情绪平稳的陈述句、感情强烈的感叹句和表达愿望的祈使句。

曲调句调由高转低再自低升高，或由低转高再降低，用于表达复杂的情绪或隐晦的感情，所以常用于语义双关、言外有意、嘲笑、意外惊奇、有意夸张等处。曲调能表达出幽默含蓄、讽刺的情绪。

平调句调变化不大，平稳、舒缓，多用于表达庄重严肃、冷淡漠然、思索回忆、踌躇不决等分量转重的句子。

七、言随旨遣

言随旨遣要求言语沟通必须目的明确，有效地选择和调整言语形式，做到形式和内容、动机和目的的有机统一。现代汉语有陈述句，例如《红楼梦》33回——贾宝玉听见贾政大喝道“不许动”便知道一定要挨打了，连忙对一个老妈妈说：“快去告诉：老爷要打我呢！快去！快去！要紧！要紧！”这个有些耳聋的老妈妈却将“要紧”理解为“跳井”，因为在贾府中丫鬟跳井是常有的事。贾宝玉在情急之中脱口而出的“要紧！要紧！”是言随旨遣，却被老妈妈曲解，误了宝玉的大事。

言随旨遣承载着语言的魔力，展现了人类的智慧。一天晚上12时，有一个想投机钻营的政客给林肯打电话说：“总统先生，我听说咱们的税务局局长刚刚去世，我可不可以代替他的位置？”林肯说：“如果殡仪馆同意的话，我没意见！”

八、幽默有度

幽默是一种智慧，是一种品位，是一种人生态度。幽默的好处多多，主要有：降低紧张，制造轻松、无负担的气氛；消除疲劳，使人顿觉轻松、愉快；使人际交往更加和谐；化危机为转机，突破困境、反败为胜。

（1）幽默是一种良好的修养，一种充满魅力的言语交际技能。具有幽默感的人能给人一个良好的印象，同时，幽默感是一种比较高尚的品质，是文明和睿智的体现。

在抗战胜利后，张大千从上海返回四川老家。临行前好友设宴为他饯行，并特邀梅兰芳等人作陪。宴会伊始，大家请张大千坐在首座。张大千说：“梅先生是君子，应坐首座，我是小人，应陪末座。”梅兰芳和众人都不解其意。于是，张大千解释说：“不是有句话‘君子动口，小人动手’吗？梅先生唱戏是动口，我作画是动手，我理应请梅先生坐首座。”满堂来宾为之大笑，并请他俩并排坐在首座。张大千自嘲为小人，看似自贬，然而“醉翁之意不在酒”，这既表现了张大千的豁达胸怀，又营造了轻松融洽的交谈氛围。

（2）幽默是一种积极的生活态度。你会发现，有幽默感的人往往能从平凡小事中发现有趣、光明的一面，或是在最坏的情况下得到最大的满足感；没有幽默感的人总是对人与事物无动于衷、后知后觉，并使自己或环境陷入“一潭死水，毫无生气，甚至枯燥到无以复加”的境地。

（3）幽默更是一种心智成熟的最佳表现。许多政治家、艺术家、教育家、谈判家都知道把“幽默感”的神奇力量注入潜意识里，使自己更富有人情味，更容易使人亲近。“幽默感”是一种润滑剂，可以消除人与人之间的疏离感，并且达到人我交融的美好境界。

（4）幽默是一种才华，也是一种力量。幽默和笑话是同根生的，哪里有幽默，哪里就有笑声，幽默是笑话取之不尽的源泉。幽默是一种艺术，它使我们的生活绚烂多彩；幽默是一种文明，它让我们用笑脸送走烦恼，让我们用笑声化黑暗为光明。

第四节 言语沟通的综合应用

言语沟通是一门表达和应答的艺术。在“说什么”“对谁说”“怎样说”的沟通过程中，“怎样说”显得尤为重要。“怎样说”主要涉及言语沟通的表达方式和言语沟通的应答艺术。

一、言语沟通的表达方式

（一）有话直说

有话直说指的是说话的方式。但不是单纯的直说，要求运用最准确简洁的语言表达，比起弯弯绕要好得多，也有效得多。如果试图去暗示或告诉第三方，希望最终能传话到对方耳朵里，那是很危险的，因为暗示常常会被误解或者被忽视。如果通过第三方传话就更危险，即使传话者没有忘记，也有可能歪曲你的本意。就算你的话没有被歪曲，也没有人愿意间接聆听你的愤怒和失望，除非是感谢。

（二）有话实说

有话实说指的是内容要真实。实话实说，即你心中怎么想的，就怎么说出来。但这并不意味着心中有啥说啥，只意味着你说的话是真实的。你心中有十个想法，你把其中三个说出来了，这就叫作实说。作为沟通者来说，你一定要保证自己说出的话是真实的，不能编造事实，但不是说你把所想的全部说出来。你要是不想说，你可以说：“我可以不回答你这个问题吗？”或者你可以把话题岔开，但不要编故事。如果一旦你撒了谎，必然会撒更大的谎才能来掩盖这个谎言。

（三）有话正面说

有话正面说既是言语沟通表达的出发点，也是言语沟通者素养的闪光点。作为一个有效沟通者，言语表达的目的是把你的信息准确传达出去，并且你的话语是对对方有好处的。言语表达的出发点必须是善的，必须是美的，必须是正面的，必须是建设性的。有话从正面说是最有效的沟通方法。中国有句俗话："好人长在嘴上，好马长在腿上。"如果我们的嘴不能说正面的话，"阴阳怪气""指桑骂槐""幸灾乐祸""落井下石"，那对听者是具有巨大的杀伤力的，就是"恶语伤人六月寒"。

（四）有话好好说

有话好好说指的是沟通态度。言语沟通，态度为先。沟通态度决定人际关系，决定对沟通内容的准确理解。同样的话，如果我们的态度不对，就达不到沟通的目的。你如果想把你的信息通过声音、表情、文字等准确地传达给对方，就必须采用对方能够接受的态度；否则，对方根本不可能认同你的关系及接受你的信息。有话好好说，就要求在言语沟通时注意该说些什么，哪些话是不能说的，该用什么样的方式说，该用什么样的口吻说，该用什么样的语调说，等等。有话好好说，就是正确认识自己与对方产生矛盾的原因，用建设性的方式避免与对方争吵，以包容的心态和理智的态度与对方平等交流。影片《有话好好说》中的人物有几个能够"有话好好说"的；"有话好好说"中国文明网发起的评论性对话专栏告诉人们，"有话好好说"才是一个沟通者顶级的言语表达修养。

（五）不该说时不说

有效沟通必须是双方进入一种可以接纳对方信息的状态。如果双方都在气愤、焦虑、恐惧等恶性情绪状态下时，或者双方的人际关系没有建立，那么在这个时候双方的沟通就根本没有意义。因为这时双方的沟通只是情绪的表达，而不是意思的传达。所以当一个说者有情绪时，听者只是听者，不必对说者的话认真。当听者有情绪时，无论你说什么，他都听不进去，所以说也是白说。只有双方进入了符合沟通条件的状态，才是一种有效沟通。

（六）不该说的不说

任何人看到的世界都是不完整的世界，从严格意义上讲，即使把你心中所有的东西都说出来了，也不意味着你就诚实。诚实的人只是把心中对你我有益的东西说出来，其他那些东西，我不想说的可以不说，我永远有保持沉默的权利。伤人的话，损人的话，永远都不能说。反思我们的言语沟通，越是亲人，越说伤害的话，"口无遮拦""哪壶不开提哪壶""下巴底下挂铃铛，响（想）到哪说到哪"，这些都是言语沟通表达的大忌。

二、言语沟通的应答艺术

（一）典型的主导式应答

当某人表露自己的问题时，人们对之所做出的典型的应答方式有六种，被称为典型的主导性应答。因为这些应答方式引起了主导谈话的效果，而不是倾听或理解对方讲话的内容。当对方开始谈及自己的问题时，上述应答便成了潜在的破坏语言交流的障碍。

1. 解答式应答

用逻辑的、争辩的、指令的和说教的方式来指导、劝告，提建议，提供解决方法，劝诫，从道德上解释、说明等，都属于解答式应答。例如：

“你应做的是……”

“我要是你的话，我将……”

“你对……做过尝试了吗？”

告诉某人如何解决问题，有可能使他体验不到通过自己的努力而找到问题的答案时的满足感。假如遇到麻烦的人对问题的理解程度要比你深刻，那么你所提供的解决方式可能会不如对方选择的方法。而且，对方很可能不好意思谢绝你所提供的解决方法，担心由此会伤害彼此之间的关系。换个角度说，倘若你所建议的解决方式被人采用了，其结果却不尽如人意，那么你或许会为此而遭到责备。有时候，首先表露的问题与真正的、实质性的问题只不过是间接的关系，你对表层问题所提供的解决方法，对实质性问题而言，或许是极为不相适宜的。

2. 强迫式应答

命令、居高临下的谈话、警告和威胁，均属于强迫式应答。例如：

“按我告诉你的那样去做。”

“如果你不能按我所说的去做，我将不得不……”

“如果……事情就会糟糕得不可收拾。”

这种应答所引起的问题，与解答式应答所引起的问题具有一致性，后者还会因为不允许陷入困境的人考虑自己的选择，并试图一味地强迫他做某件事情，而产生更多的问题。强烈的怨恨、抵触、防御、敌视或消极行为，都可能是强迫式应答所带来的恶果。

3. 查究式应答

要求陷入困境的人谈及某些他没有说出的事情，或是要求他详细地描述问题的某一侧面，就是查究式应答。例如：

“你做了些什么事才产生这个问题的？”

“你为什么会那样认为呢？”

“这是否属于首次发生？”

当某人在表露自己的问题时，以提问的方式做出应答是很普遍的，因为这表现出了提问者的兴趣，并使陷入困境的人将自己的问题谈得更深、更细。然而，“为什么”这种提问常使人感到一种挑战，促使其去保护自己的情感、思想和行动，或者证明它们的正确性；有时，会使身陷困境的人感到自己的隐私权受到了威胁；还常常使遇到麻烦的人不自觉地陷入一种应从的模式，机械地回答每一个问题，而不是采取主动的态度解决自己的问题。

4. 快慰式应答

消除疑虑、同情、安慰、支持、赞许、幽默、同意、满意等，都属于快慰式应答。例如：

“这件事你过去一直干得都很出色。”

“你应该看到事情光明的一面。”

快慰式应答的基本含义表现在三个方面：

“在我面前你应该高兴些才是。”

“我不把你看成一位心情抑郁的人。”

“我不想听你谈问题。”

这些应答会使陷入困境的人不能真实地看待自己的问题，使之不能深刻地谈及他所遇到的麻烦。

5. 躲避式应答

撤离、变换主题、转移和分散注意力，均是躲避式应答。例如：

“如果你认为遇到了问题，那么你应该听听我的。”

“那倒让我想起了一件事，我真想告诉你。”

躲避式应答所包含的基本含义为“你和你的问题对我来说都是无关紧要的”，暗示自己无意倾听对方的问题，对对方及其所遇到的问题漠不关心。它可能表明自己对对方缺乏兴趣，对对方所遇到的问题不重视；也可能是一种信号，说明倾听者爱莫能助，或感到灰心丧气，因为他确实不知道该怎么帮助对方解决问题。

6. 批评式应答

评判、谴责、奚落、为难、否定、解释和诊断等均为批评式应答。例如：

“得了，这真的全是你的过错，你要是不那么目光短浅，你就能明白自己的问题是如何产生的了。”

“你要是听我一句话，也就不会发生这种事了。”

“你怎么能这样做呢？”

批评式应答可表现在以下两个方面：

“我比你优越得多，在判断你和环境方面也比你强。”

“你一定是有什么毛病了。”

这些应答包含着优越感的意味，并使受批评的人显得位卑和浅薄。人们并不喜欢因自己的问题而招致批评或责备。批评式应答可能会阻断对问题的客观性交谈，会使被批评者垂头丧气，不能更好地暴露问题，这种应答也有可能妨碍彼此间的有效关系。

（二）聆听的应答

1. 聆听的应答特点

大多数心情抑郁者所需要的就是一位能给予理解的聆听者。在问题能为双方充分认识之前，倾听或许就是最有益的应答。倾听，可使身陷困境者摆脱沉重的心情，转而探索问题，甚至有可能找到解决问题的方法。即使是对方需要你帮助寻找解决问题的方法，你也只有在经过认真倾听，直至完全理解问题后，才能提供有益的帮助。当某人心情抑郁时，一般来说，最好

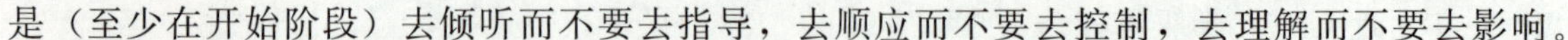

是（至少在开始阶段）去倾听而不要去指导，去顺应而不要去控制，去理解而不要去影响。

2. 接收信息

最重要的聆听应答包括注意力完全指向说话者，意识活动完全集中于说话者的言语，并从说话者的角度体验所谈论的问题。一个好的聆听者不仅要听谈话，而且要听出隐藏在谈话后面的情感。可通过说话者的声调、面部表情以及身体姿态所表达的内容来获悉信息。有效的聆听者，会将全部的注意力集中在对方传递的全部信息的理解上，而不去分析或评定问题。如果对所传递的信息的某些方面没有理解，可以询问。它与那种利用查究式应答控制交谈过程的提问有很大的差异。

良好的聆听者要避免下列这些典型的内部应答：

（1）当轮到该你说话的时候，要思考你要讲的话。

（2）分析说话者隐藏的动机。

（3）思考说话者如何解决自己的问题，或筹划着你将要提出的忠告。

（4）思考某种相似的经历，并筹划着如何或是否要告诉说话者有关你的经历。

（三）倾听性应答和反映性应答

1. 倾听性应答

倾听性应答是指聆听者在邀请对方进行谈话并能集中精力地吸收所传递的信息的情况下所做出的应答方式，它们包括：邀请他人进行交谈；表现出注意听讲的身体语言；沉默；发出一些表现注意听讲的声音；顺应地提出问题。

2. 反映性应答

反映性应答是可以观察的应答，其作用在于告知说话者自己对他的谈话内容的理解程度。没有这些应答，说话者无法知晓聆听者是否已准确地理解了说话者意欲交流的内容。正如某人所说："你相信自己已理解了你自以为我所说的内容。这点我很清楚，但我不清楚你是否意识到了你所听到的和我的本意相差甚远。"反映性应答包括反映出陷入困境的人所传递的情感，以及简述陷入困境的人所说的内容。

3. 倾听性应答和反映性应答的技巧

（1）邀请对方进行交谈。如果招致麻烦的人能毫不犹豫地表露自己的问题，你再邀请对方进行交谈就显得画蛇添足了。然而，时常有这种情况，某人要就某一问题进行交谈，但又担心你对此没有兴趣，或是担心你不愿花时间去听他谈。这时，说几句鼓励的话，就可以使身陷困境的人直言不讳地交谈了。例如：

"谈谈这件事好吗？"

"告诉我这件事吧。"

"如果你想谈的话，我乐意听。"

"如果你有什么事情要谈，对我来说，这时间真是再好不过了。"

谈话开始后，如果对方对是否继续交谈露出为难的表情，再向他发出继续谈话的邀请是很有益的。

（2）沉默。保持安静，以便听到和理解他人说话的内容。当他人不再谈话时，尽管缄默不语，但仍保持聚精会神的神态，也是很重要的。

（3）发出一些表示注意的声音。作为一名聆听者，做出一些简洁的表示，就会在没有搅乱谈话者思维的情况下，传递你对他的兴趣和注意。例如：

“是的。”

“我明白。”

“嗯。”

“哇！”

“嗯哼。”

声调以及这些表示注意的声音，还能表达你对说话者的同情心理。

（4）顺应地提出问题。“请你接着说。”“我还能知道得更多一点吗？”注意，这些邀请并没有对下面的谈话内容构成任何主导作用，只不过是请对方谈他所选择的任何事情，向对方表明聆听者乐意听将要谈论的任何事情。邀请对方进行交谈，还常常与选择舒适的环境和确保保密结合在一起。

（5）反映对方的情感。当某人被某事搅得心烦意乱时，其沉重的心情会使整个问题笼罩一层乌云，使得他难以客观地看清事实，难以就问题做出明智的决策。对陷入困境的人来说，让他意识到自己的情绪，接收和表现这些情绪，驱散心中的不快是有好处的。一旦这样做了，他就能更为客观、更为有效地处置问题。例如：

“那一定让你遭受挫折了。”

“你对此很担忧。”

“我能看出来这使你感到很窘迫。”

“那种想法让你感到恐惧。”

“你对他似乎很厌烦。”

这些句子绝对没有包含判断谈话者情感正确或恰当与否的意思。聆听者可以不满意谈话人的情绪，但应该承认这种情绪存在的事实。陷入困境的人一旦知道了你对他所传递的情绪有所理解时，他就会对你表示感激的。

（6）简述。某人与你谈论某一问题时，其用意显然是想要你理解这一问题。在尚未真正理解对方涉及的内容时，你可以使用前面所谈到的倾听应答和反映应答来加以应对。嘴上说你已理解，并不能表明你实际上已经理解。对对方来说，若想完全有把握地知道你的理解程度，最容易的方法就是听你说出你所理解的东西。简述你认为你所听到的东西，就能展现你的理解程度，对方就能纠正你对谈话内容的误解。准确地简述也能促使陷入困境的人倾听用不同的词汇对相同问题的描述，或许会促使他从另一个角度来看待自己的问题。

● 能力测试

1. 阅读下面一则《蝎子太守》的小故事，谈谈在正式的交际场合遇到尴尬时应如何应对。

雍正初年，有一名同知随着吏部官员谒见皇上，没想到他的帽子中藏着一只蝎子，一时间无法赶它出来，蜇得这位同知的头部非常疼痛，眼泪鼻涕都流了出来。雍正帝看到他这样子，十分惊异，便问他是怎么回事。该同知于是脱下帽子，叩着头撒谎说："我因为深感康熙帝六十一年的深仁厚德，一家两代都蒙受皇恩，所以不由自主地哭了起来。"雍正听了说："这人还算有良心。"随即记下了他的名字，后来任命其为知府，人们于是管他叫"蝎子太守"。

2. 阅读下面一则故事，分析纪晓岚幸免一死的原因。

相传，清朝进士纪晓岚很有才学，他以说话风趣、能言善辩而出名。有一次，他背后称乾隆皇帝为"老头子"，恰好被乾隆皇帝听到了，便生气地问："纪晓岚，你叫我老头子是何道理？知罪吗？"纪晓岚答道："皇上息怒，听臣解说。群臣称皇上为万岁，岂不为'老'？头为万物之首，皇上乃一国之首，岂不为'头'？皇上乃真龙天子，岂不为'子'？三字合称，乃'老头子'也！"乾隆皇帝听他这么一解说，气也就消了，当然也不会再给纪晓岚定罪了。

第四章
非语言沟通

微笑是通向世界的护照，是拨动心弦最美好的语言。

——佚名

学会适时闭嘴，是一种能力。

——佚名

● 引入案例

在这些时候，我可以附和着笑，掌柜是决不责备的。而且掌柜见了孔乙己，也每每这样问他，引人发笑。孔乙己自己知道不能和他们谈天，便只好和孩子说话。有一回孔乙己对我说道："你读过书么?"我略略点一点头。他说，"读过书，……我便考你一考。茴香豆的茴字，怎样写的?"我想，讨饭一样的人，也配考我么? 便回过脸去，不再理会。孔乙己等了许久，很恳切地说道："不能写罢? ……我教给你，记着！这些字应该记着。将来做掌柜的时候，写账要用。"我暗想我和掌柜的等级还很远呢，而且我们掌柜也从不将茴香豆上账。又好笑，又不耐烦，懒懒地答他道："谁要你教，不是草头底下一个来回的回字么?"孔乙己显出极高兴的样子，将两个指头的长指甲敲着柜台，点头说："对呀对呀！……回字有四样写法，你知道么?"我愈不耐烦了，努着嘴走远。孔乙己刚用指甲蘸了酒，想在柜上写字，见我毫不热心，便又叹一口气，显出极惋惜的样子。

——选自《孔乙己》

案例讨论：

说出文中的非语言因素及其交际功能。网络搜索《孔乙己》的相关影视片段，进一步体会非语言沟通。

第一节 非语言沟通的性质

一、非语言沟通的方式和含义

（一）非语言沟通的方式

专家将非语言沟通的方式分为标记语言、行动语言和物体语言三类。

1. 标记语言

标记语言是指用手势、代号等代替文字语言的特殊标记系统，如聋哑人的手语，旗语，交通警察的指挥手势，军队的电码，以及一般人惯用的一些表意形式。例如：食指和拇指围成一个圆圈，其他三指伸开的"OK"记号，表示"可以""不错"之意；第25届世界杯足球赛中，德国著名足球运动员埃劳伯格就是因为对观众做了一个不雅的手势而被教练福格茨驱逐出队的；有的小酒店店招上画了一只大高脚酒杯，还有些交通标志如火车、机动车的禁止通行、上坡转弯等（图 4-1），都采用概括性图案加以表现。也有许多相当抽象的视觉符号，如基督教的“十”字、美元的“$”符号以及许多现代企业的标志，由于长期而广泛的沟通，它们特指的含义广为知晓。

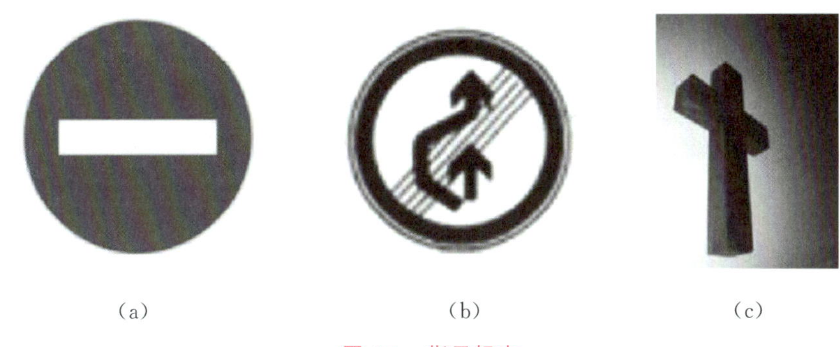

（a）　（b）　（c）

图 4-1　指示标志

2. 行动语言

行动语言包括那些不特别用于代表某种信号的所有身体运动，不但显示身体的移动或完成某种动作状态，而且泄露与此动作有关的其他信息，如吃喝、挥手、接吻、跺脚等，都具有功能上和沟通上的双重意义。例如，饭桌上的吃相能反映出一个人的修养；一位顾客在排队，他不停地把口袋里的硬币弄得叮当响，这清楚地表明他很着急。

3. 物体语言

人们有意无意地摆设的一些物体，其特定的形态也能十分准确地表达某种含义，如衣着打扮、环境布置、房间设计等，都具有表意作用。例如：总把办公物品摆放得很整齐的人，能看出他是一个干净利落、讲效率的人；而穿衣追求质地，不跟时尚跑的人，大多是有品位的人。

中医看病讲究“望、闻、问、切”，其中“望、闻、切”就利用了非语言沟通对患者进行观察；京剧演员强调“唱、念、做、打”，其中“唱、念”是言语艺术，“做、打”则是非语言表演艺术；公安人员抓扒手往往借助“一看表情，二看眼神，三看表现，四看动作”，“四条经验”无一不是与嫌疑对象的非语言表现有关。

（二）非语言沟通的含义

非语言沟通是人类在语言之外进行沟通时的所有符号。概括地说，非语言沟通是不使用语言的沟通，它包含的信息是通过身体运动、面部表情、利用空间、利用声音和触觉等产生的。

二、非语言沟通的类型

（一）非语言沟通的类型框架

非语言沟通是复杂的、多方面的现象，一般将其分为如图 4-2 所示的几种类型。

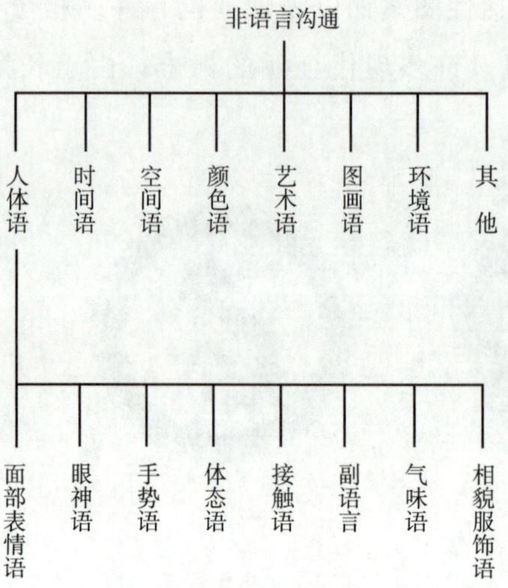

- 非语言沟通
  - 人体语
    - 面部表情语
    - 眼神语
    - 手势语
    - 体态语
    - 接触语
    - 副语言
    - 气味语
    - 相貌服饰语
  - 时间语
  - 空间语
  - 颜色语
  - 艺术语
  - 图画语
  - 环境语
  - 其他

图 4-2 非语言沟通的类型

（二）各类非语言沟通的含义

1. 人体语

用人体发送出的非语言信息符号称为人体语。人体语是非语言语中内容最丰富的一种，它又分为面部表情语、眼神语、手势语、体态语（站、立、走、蹲的姿势）、接触语、副语言、气味语、相貌服饰语。其中，副语言研究的是声调的高低、强弱、快慢、停顿等。

相貌服饰语是指人们的相貌、衣着、首饰、发式、化妆以及个人的用品发出的非语言信息。衣着饰物和人体的关系比较密切，所以把它归入人体语的范围。

2. 时间语

用时间表达出的信息符号称为时间语。它研究的是人们对准时、及时、延时、时间的早晚长短，以及过去、现在、将来等概念的理解。

3. 空间语

用空间表达出的信息符号称为空间语。它研究的是沟通者之间的距离、位置的安排等方面。

4. 颜色语

用颜色表达出的信息符号为颜色语。

5. 艺术语

音乐、舞蹈、雕塑、建筑等艺术形式也可以沟通信息。音乐可以沟通人们的思想感情，如钟子期和伯牙可以通过琴声成为知音。乐理学家、心理学家和物理学家对此都有研究。特别值得一提的是，音乐作为一种高度抽象化的复杂的听觉符号系统，由节奏、节拍、速度、力度、音区、音色、调色、调性等一系列要素组合而成的旋律作为其主要表意手段。在长期的有序化发展过程中，音乐符号的表意功能日益严格、系统，因而人们经常称之为“音乐语言”，表明它像语言一样，具有很强的表意功能。

6. 图画语

用图画表达出的信息符号为图画语。

7. 环境语

用环境表达出的信息符号为环境语。它研究的是场合、室内装饰、温度、光线等问题。

8. 其他

在自然界除了人之外，很多动物会进行沟通。动物发出的信号和声音没有复杂到人类语言的程度，是一种非语言语。一些动物学家为了理解这些动物群体的行为，而研究了动物的沟通方式。

三、非语言沟通的特点与作用

（一）非语言沟通的特点

1. 连续性

只要沟通双方在各自的视线范围内，非语言信息交流就不断地进行。在沟通过程中双方的语言沟通停止，非语言沟通却仍在进行，从而保证交流的连续进行。也就是说，在一个互动环境中，非语言总是不停地沟通着。只要参与者双方开始进行沟通，自始至终都有非语言沟通在自觉或不自觉地传递着信息。在沟通过程中，有意识的非语言在沟通，无意识的行为举止也在沟通。例如，某人安静地坐在房间角落读书，可传达诸如“他好学”“他性格文静”“他对其他人的活动不感兴趣”等丰富的信息。美国科学家经过实验总结出一个公式：信息的总效果＝7%的文字＋38%的音调＋55%的面部表情。这个公式表明，非语言符号具有非常重要的连续沟通作用。

2. 情境性

与语言沟通一样，非语言沟通也受制于特定的语境。情境决定着非语言符号的含义。即使相同的非语言符号，在不同的情境中也会有不同的意义。例如，一个人的微笑，在某一种语境中意味着欣喜，在另外一种语境中则有可能流露出的是讥讽的意味，也就是说，其信息含义的解读完全取决于沟通的具体语境。

小案例

《唐祝文周四杰传》中描述唐寅（唐伯虎）趁机向丫鬟秋香求婚时的情形，（秋香）当下笑着说道：“解元爷你要我面许终身，我有一个哑谜儿呢？我的灯谜不写在字条上，只向你做几个手势。你猜破以后，便知道我允许不允许。”唐寅道：“请教请教！”秋香伸着纤手，向上一指，向下一指，向自己心口一指，又把手儿摇这几摇，便道：“快猜快猜！”秋香的意思是上有天，下有地，这是邪心，不可不可。但唐寅见了这手势，便道："妙极了，向天一指，在天愿作比翼鸟，向地一指，在地愿作连理枝，向心一指，我和你心心相印，摇手儿便是长相知毋相忘。"秋香皱了皱眉头，暗想其所猜，竟完全和我的念头相反。

思考：对于同一非语言信息，唐寅和秋香的解读为什么出现如此反差？

3. 组合性

非语言沟通常以组合的方式出现。在非语言行为过程中，人们可以同时使用身体的各种器官来传情达意，因而在空间形态上具有整体性的特点。例如，一个人准备格斗时，通常两手紧握拳头，双臂交叉在胸前，两腿拉开一定的距离站立，两只眼睛狠狠地逼视着对方，全身肌肉紧张。这表明，人们的情绪几乎都是由整个身体表达的，如要身体的不同部位表达各不相同或矛盾的情绪非常困难。一个非语言符号通常与其他非语言符号相伴随，构成符号系统。

4. 真实性

在沟通过程中非语言符号基本上是自然地流露，具有无意识性，也叫作非自制性。心理学研究成果表明，人类心理活动的发生都伴有情感因素的参与，当情感变化时，会发生一系列生理反应，例如，人在暴怒时会伴有血压升高、心跳加快、燥热出汗等生理现象。这些机体内部变化体现出的外部表征，人的意志是无法控制的，正是这些外化的表情动作，能够真实地表露其内心秘密。当某人说他毫不畏惧的时候，他的手却在发抖，那么我们更相信他是在害怕。言语沟通所传达的信息大多经过理性的加工和过滤，往往不能直接暴露一个人的真实意愿。例如：一个人说爱你时，可能是发自内心的，也可能是为了达到某种目的而故意向你撒谎；一个人在奉承你时，心中很可能对你恨之入骨。因此，当语言信息与非语言信息不符或发生冲突时，我们就不愿相信语言信息，而宁愿接收非语言信息。

5. 隐喻性

按照美国人类学家霍尔的看法：无声语言所显示的含义要比有声语言多得多、深刻得多，因为有声语言往往把所要表达的意思的大部分甚至是绝大部分隐藏起来。弗洛伊德也表达了同样的意思：要了解说话人的深层心理，即无意识领域，单凭语言是不可靠的，因为人类语言传达的意思大多属于理性层面。经理性加工后表达出来的语言往往不能率直地表露一个人的真正意向，这就是所谓说出来的语言并不等于存在于心中的语言。同样是拍桌子，可能是"拍案而起"，表示怒不可遏；也可能是"拍案叫绝"，表示赞赏至极。同样是流眼泪，在不同的沟通情境中可以表达悲痛与幸福、生气与高兴、委屈与满足、仇恨与感激等完全对立的情感。只有联系具体的沟通情境，才能了解其确切的含义。这样，非语言表达同语言表达的明确性相比较便具有很大的隐喻性质。

6. 无意识性

正如弗洛伊德所说，没有人可以隐藏秘密，假如他的嘴唇不说话，则他会用指尖说话。一个人的非言语沟通更多的是一种对外界刺激的直接反应，基本是无意识的反应。例如：与自己不喜欢的人站在一起时，保持的距离比与自己喜欢的人要远些；有心事时，不自觉地就给人忧心忡忡的感觉。

（二）非语言沟通的作用

日本女子送别客人，双手搭膝，低首弯腰，说声“沙扬娜拉”（再见），眼神显得温顺而谦和。这样就很自然地形成了一种特别温柔、文雅、贤惠的神态和风韵，为其送别的言辞平添了无限的魅力，使人久久难以忘怀。为此，诗人徐志摩赞美此种神韵：

最是那一低头的温柔，
像一朵水莲花不胜凉风的娇羞。
道一声珍重，道一声珍重，
那一声珍重里有甜蜜的忧愁——沙扬娜拉！

1. 表达丰富情感

非语言沟通所能够表达的信息比语言沟通所表达的信息要多得多。有研究表明，有65%的“社会含义”是通过非语言传递的。非语言沟通既是沟通的发端，也是语言沟通的基础。现代实验证明，人类使用的非语言沟通极其丰富，据科学推测，单是人的脸部就能做出大约25万种表情。非语言沟通的首要功能是感情和情绪的表现，这个功能是通过情感表达实现的。情感表达可表现个人很多感情，如恼怒或快乐、软弱或坚强、振奋或压抑等。

2. 验证语言信息

只有当非语言传递的信息验证了语言信息时，才是最有效的沟通。相对于语言信息来说，非语言信息具有确定性和失控性的特点，决定较之语言信息更真实和更可靠。身体语言的确定性是指身体语言多数具有先天性或习惯性，在一般情况下是较难改变的。身体语言的失控性是指身体语言多数是在人们无意识或半意识状态下显示出来的，如瞳孔变化、心跳加快等往往不是意识可以控制的。也就是说，语言信息可能会“言不由衷”，非语言信息却是“真情流露”。如果沟通一方在表达出某种语言信息后，出现脸色发红、假笑、目光回避、掩嘴、频繁舔嘴唇、触摸鼻子等身体动作，则可能表明其语言表达的不真实性。

3. 辅助语言表达

人们运用言语来沟通思想、表达情感，往往有词不达意或词难尽意的感觉，因此需要同时使用非语言行为来进行帮助，或弥补言语的局限性，或对言辞的内容加以强调，使自己的意图得到更充分、更完善的表达。例如，当别人在街上向正在行走的你问路时，你一边告诉他怎么走，一边用手指点方向，帮助对方领会道路方向，达到有效的信息沟通。在演讲活动中，演讲者更是离不开非语言行为的辅助作用，演讲者总企图通过自己的穿着打扮、目光神情、声音变化和手势动作来强化表达效果。甚至在打电话的时候，发话人也总是不停地打着手势，以帮助自己更好地向对方通话。

4. 替代语言表达

经过人类的长期实践，非语言行为形成了部分替代言语沟通的独特功能。例如，将食指垂直放在唇前发出“嘘”的声音就是一种标记动作。同样地，摇头表示“不”，招手表示“来这儿”。另一个例子是伸出两个指头是和平的手势。重要的是，标记动作是语言的代用品，标记动作常在信息传递受阻时，如与聋哑人或不能说话的患者沟通时使用。非语言行为经过艺术化，就成为艺术表达的重要手段。哑剧演员、舞蹈演员在演出时，一句话也不说，完全凭借手、脚、体形、姿势、眼神、面部表情等非语言行为，就能够准确传神地表现剧情和舞蹈的情节内容。

5. 显示自我情况

非语言沟通帮助人们在他人面前恰如其分地表现自己的形象，也可帮助人们表现他们想在他人面前表现的形象。经验告诉我们，对于一个人的认识在很大程度上来自对其非语言行为的观察。如年龄、身份、地位、兴趣、爱好、情感、意志、态度、倾向等有关自我的信息，都可以从非语言行为中表现出来。中医看病讲究“望、闻、问、切”，其中前两项就是通过非语言行为对患者进行临床观察。

6. 调节人际互动

在两人谈话时，调节动作用于维持和调节沟通的有序进行。与情感表达一样，调节动作常包括眼、面部及头的运动；但是，手和臂的运动或体位的转换也可起到调节动作的作用。如谈话中向对方点头，可表示“说下去，说完你想说的一切”。如抬一下眉头，则可让对方知道“等你说完后，我可要对此加以评论了”。眼部运动也常作为调节动作。例如，看着谈话者意味着可继续谈话，而看别处则意味着谈话该结束了。简言之，调节动作可帮助交谈者控制沟通的进行。因此，非语言暗示，如点头、对视、皱眉、降低声音、改变体位、靠近对方或远离对方，这些都调节着信息的传递。

7. 表示人际关系

非语言沟通有确定关系的作用。非语言暗示反映人际关系状态。因为沟通发生在内容和关系两个方面，一个信息的意义是由它“说的什么”（内容）与“怎样说的”（关系）这两者结合的结果。“怎样说的”主要取决于伴随着信息的非语言暗示。非语言暗示向人们提供了有关人际关系的信息，人们将据此理解某一特殊信息的内容。例如：挥拳相向表示人际关系紧张甚至剑拔弩张的状态，而相互握手则表示着良好的人际关系的建立；父母摸摸小孩子的脑袋表示爱抚；夫妻、恋人、朋友间的拥抱表示相互的爱恋和亲密。在历史上，管宁通过“割席”这个无声行动拉开了和不专心学习的伙伴华歆之间的距离；汉文帝垂询贾谊时“夜半虚前席”，则缩小了君臣之间的距离。

小贴士

掌握非语言表达的技能，有一个学习的过程，这几乎和熟练地掌握一门外语同样困难。除了对自己的姿态及其表达的意义随时留意体验外，每天至少要有 10 分钟的时间注意洞察别人的姿态。任何人群聚集之处，都是锻炼我们洞察力的很好场合。在社交和讨价还价的交易过程中，人们的情绪和态度变化多端，尤其值得仔细观察，人们在这些场合容易兴奋，充分表露自己的神情。你在家里也可以进行这种研究，电视为非语言沟通的观察分析提供了丰富的场景，尤其是记者采访和辩论的节目。我们可以先试着只看画面来审情度势，然后每隔 5 分钟打开伴音，比较一下语言的表达和你根据表情所推敲出来的结果是否一致。在观察中，一定要注意表情姿态的一致性和连贯性。

第二节 主要非语言沟通的概述

一、部分人体语

人体语主要介绍仪表、姿态、手势、表情、目光和微笑。

（一）仪表

1. 仪表的含义

仪表即人的外表，是一个人精神面貌的外观体现，它一般包括人的仪容、仪态、服饰等具体因素。仪容，即人的相貌，它是一个人仪表的基础内容；仪态，即人的行为姿态，它是一个人仪表的动态因素；服饰，即人的穿戴打扮，它是一个人仪表的补充成分。像风度一样，一个人的仪表也是一个多元的整体。

2. 仪表的注意事项

仪表需要注意容貌、注意化妆、注意举止、注意表情；否则，损害你的形象，降低你的身份。

（二）姿态

姿态是一种非文字语言，包括人的体态姿势、动作和表情。古人主张，人的姿态要“站如松、行如风、坐如钟”，这是对姿态美的形象概括。

1. 坐姿的礼仪

落座后要保持上身正直，头部正向，向前看。在身后没有任何倚靠时，上身应正直并稍向前倾，头平正，两臂贴身自然下垂，两手放在自己的大腿上，两腿间距和肩宽大致相等，不要把腿分得太大，两脚自然着地。背后有依靠时，也不要把头紧紧后靠，显出懒散、傲慢的样子。落座后，绝不可两腿摇来晃去，或者一条腿搁在另一条腿上，也不可半躺半坐、跷二郎腿，这会显得放肆、没修养，耷拉肩膀、含胸驼背则给人以萎靡不振之感。前面有桌椅时，可把两臂屈曲放在桌上，或小臂平放在桌椅两侧的扶手上。

2. 站姿的礼仪

从正面看，身形应当正直，头、颈、身躯和双腿应与地面垂直，两肩相平，两臂和手在身体两侧自然下垂；从侧面看，下颌应稍稍收回，胸部稍挺，小腹微收，整个身体显得庄重、平稳，两腿间的距离不宜超过一脚。如站立时间过长，可以用一腿支撑，另一腿稍稍弯曲。站立时不要东倒西歪、耸肩勾背、倚这靠那，不要将手插在裤袋里或交叉放在胸前，不要双手或单手叉腰，不要下意识地摆弄一些小玩意儿，这样会显得懒散、疲倦、拘谨、胆怯、不稳重。

3. 走姿的礼仪

身体直立，两眼平视前方，两腿有节奏地相互交替着向前迈步，大致走在一条等宽的直线上。走时步履轻捷，两臂在身体两侧自然摆动，幅度要随着走路的速度自然增缩，但也不能过大或过小，妙在适度。走路时身体不可前俯后仰，也不可大摇大摆，或者两个脚尖同时向里侧或向外侧呈八字形走步，这是既不雅观又不文明的走相。

4. 蹲姿的礼仪

正确的方法应该弯下膝盖，两个膝盖应该并起来，不应该分开，臀部向下，上体保持直线，这样的蹲姿就典雅优美了。

（三）手势

1. 手势的含义

手势，即以手的动作态势示意。在人际沟通中，人们常常以手势语符号表情达意。使用汉语的人们一般以跷起大拇指表示赞叹，伸出小拇指则表示鄙视。手势语是通过手和手指语来传递信息的，包括握手、招手、摇手和手指动作等。手势作为信息传递方式，是先于有声语言的。所以，手势语在日常沟通中使用频率很高，范围也较广泛。人们一般以拍手捶腿表示高兴，频频捶胸以示悲痛，不停地搓手是为难的表现，拍拍脑门为悔恨的意思，等等。

2. 手势的要求

一般来说，手势的运用应该明确精练，自如和谐，体现个性。

3. 手势的作用

手势在人们的社会互动中可以起下列作用：

(1) 人们常常用手势来代替语言行为。比如：用手的晃动表示拦车；用手的左右摇摆表示否定或制止；有时可以代替说话，如聋哑人的交谈。

(2)用来强调某一问题，或通过这种非语言方式描述语言。在一些社会工作中，手势还是一种专门的语言。比如：在体育比赛中，裁判员用手势向运动员发指令和报告运动情况；在交通管理中，管理员用手势指挥车辆；在建筑工地上，调度员也拿着小旗子打手势；在舞蹈中，手势是一种十分重要的造型语言，如青年舞蹈家杨丽萍就深谙手势的艺术，表演出《雀之灵》《雨丝》《版纳三色》等作品。

(3)给说话者提供缓解紧张的机会。也就是说，手势象征着说话者的情绪状态。不同的手势可能传达一个人的焦虑、内心冲突和忧虑。小孩要恢复信心、鼓起勇气会吸吮大拇指，学生担心考试会咬指甲或咬笔，而成人遇到棘手的事可能会猛地拉头发。在面对面的交谈或辅导过程中，接收谈话的一方会双手紧绞在一起或反复摆动，加之身体坐立不安，往往表明其情绪紧张而难以接近。

4. 握手是一种常见的“见面礼”

与成功者握手表示祝贺，与失败者握手表示理解，与同盟者握手表示期待，与对立者握手表示和解，与悲伤者握手表示慰问，与欢送者握手表示告别。标准的握手姿势应该是平等式，即大方地伸出右手，用手掌和手指用一点力握住对方的手掌。

小贴士

握手的一般规则

(1)男女之间，一般是女性先伸手；倘若男性已是祖辈年龄，或女性在20岁以下，则男性先伸手也是适宜的。

(2)同性长幼之间，年长的应先伸手。

(3)职位高低之间，职位高的应先伸手。

(4)当别人忽略了握手的先后顺序已经伸出手时，都应该毫不迟疑地立即回握。

(5)握手时要以掌心相握，注视对方的眼睛，面带诚挚、亲切的笑容。

(6)老朋友握手时要紧紧相握，对尊敬的长者要双手拥握，对女性不可握得过紧。

小贴士

握手之忌

例如，在中国很多人以为与女性握手只能握她的手指，这是错误的！

(1)忌用力过大，给人粗鲁之感；忌用力过小，给人拘谨或傲慢之感。

(2)忌漫不经心、东张西望，给人无礼的感觉。

(3)忌左手握手。

(4)忌对女性伸手求握。

(5) 忌戴着手套握手。

(6) 忌坐着握手。

(四) 表情

德国哲学家斯科芬翰尔指出:“人们的脸直接地反映了他们的本质,假若我们被欺骗,未能从对方的脸上看穿别人的本质,被欺骗的原因是我们自己观察不够。”罗曼·罗兰说:“面部的表情是多少世纪培养成的语言,是比嘴里讲得复杂到千百倍的语言。”

1. 表情的含义

表情是指人们表现在面部的思想感情。它是凭借眼、眉、嘴以及颜面肌肉的变化等体现出丰富内容的。人们对现实环境和事物所产生的内心体验以及所采取的态度,这就是通常所说的感情,它经常有意无意地通过面部表情显示出来。

2. 表情的作用

面部表情的主要作用是辅助人们的语言交流,在交谈过程中加强情绪信息的传达。最典型的是 QQ 的表情包。

(1) 表情最能反映出一个人的特性,表现出喜悦、悲忧、愤怒、惊惧、爱慕、憎恶、欲望、嘲笑、哭泣等各种心态,表现出坚强与懦弱、直爽与深沉、安静与急躁等各种性格气质,以及肯定与否定的态度,给人以某种特定的刺激。

(2) 在所有非语言沟通中,人们认识最趋一致的就是面部表情,因为这是最显眼而且容易一目了然的神态。每个人都见到过诸如“暗送秋波”“白眼看人”“点头示意”,或者一副“随时奉陪”的模样。

(3) 表情在面对面的口语沟通过程中是心灵的屏幕,能够辅助有声语言传递信息,沟通人们的感情。这对于提高口语表达效果是很重要的。正如蔡特金的回忆中所说,列宁讲话时“不但每一个字都是从他心里发出来的,而且面部的表情更加强了那种感觉”。

3. 得体的表情

总的来说,言语过程中的面部表情应该是诚恳坦率、轻松友好的,而不应该摆出一副盛气凌人的嘴脸,也不应显出自负的面孔,那样就会在心理上把听话人拒之于千里之外。此外,表情还应该是落落大方、自然得体、由衷而发的,而不应该是矫揉造作、生硬僵滞的。

(五) 目光

人的眼睛是最富于表情的,“目光如炬”“贼眉鼠眼”以及 QQ 的目光表情包,都能充分说明。“眼睛是心灵的窗户”,从一个人的眼睛中,往往能看到其整个内心世界。一个人良好的交际形象,目光是坦然、亲切、和蔼、有神的。

1. 目光功能

研究证明,在各种器官对刺激的影响程度中,眼睛对刺激的反应最为强烈。各种器官各自所占比例分别为视觉 87%、听觉 7%、嗅觉 1%。可见,目光在人际沟通中具有极为重要的功能。

（1）爱憎功能。亲昵的视线沟通可以打破僵局，使谈话双方的目光长时间相接触。深切地注视，是崇敬的表示；眉来眼去、暗送秋波，是情人沟通感情的方式；横眉冷眼，是仇人相见的目光较量；若在公共汽车上对异性死死盯视，则可能伤害对方，引起不愉快。

（2）威吓功能。用视线长时间盯视对方还有一种威吓功能。警察对罪犯、父母对违反规矩的孩子，常常怒目而视，形成无声的压力。

（3）补偿功能。两个人面对面交谈，一般的规则是说者看着对方的次数要少于听者，这样便于说者将更多的注意力集中到要表达的思想内容上。一段时间后，如果说者的视线转向对方，这就是暗示对方可以讲话。

（4）显示地位功能。如果地位高的人与地位低的人谈话，那么地位高的人投予对方的视线往往多于对方投来的视线。

2. 目光的具体运用

眼睛的动作一向被认为是最明确的情感表现，这表明其具有反映深层心理活动的功能。一般来说，你越喜欢的人和物，你就越爱用眼睛来同他接触。它既可以表达和传递情感，也可以用目光显示个性的某些特征，并能影响他人的行为。目光接触可以帮助谈话双方的话语同步，思路保持一致。但目光相互接触时间长，则会形成凝视。凝视往往包含多种含义，有时带有敌意，有时也表示困苦。在社交活动中，应用眼睛看着对方的三角部位，这个三角是以两眼为上线，嘴为下顶角，也就是双眼和嘴之间。当你看着对方这个部位时，会营造出一种社交气氛，别人会感到你有诚意。

在目光的具体运用时，沟通者要增强自觉的控制能力，要使眼神的变化有一定的目的，表现一定的内容：热情诚恳的目光，亲切；平静坦诚的目光，稳重；闪耀俏皮的目光，幽默；冷淡虚伪的目光，不悦；咄咄逼人的目光，不寒而栗。

（六）微笑

1. 微笑含义

微笑，这是一种典型的会心的笑容。微笑是面部表情中最能感染人的一种方式，是最被人们欣赏和接受的笑的形式。

2. 微笑作用

微笑是人良好心境的表现，说明心境平和、心情愉快；微笑是善待人生、乐观处世的表现，说明心里充满了阳光；微笑是有自信心的表现，对自己的魅力和能力抱积极和肯定的态度；微笑是内心真诚友善的自然表露，说明心底的坦荡和善良；微笑还是对工作意义的正确认识，表现乐业敬业的精神。微笑可以表现出温馨、亲切的表情，能有效地缩短双方的距离，给对方留下美好的心理感受，从而形成融洽的交往氛围。你的微笑能使你在单位站稳脚跟，让你得到亲朋好友的爱护；你的微笑使你的人生其乐无穷！研究表明，愁眉苦脸的医生的医疗事故是面带微笑的医生的医疗事故的 2 倍。在少年犯的家长中，高达 80％的人平时脸色是阴沉着的。

3. 微笑要求

坦诚自然、发自内心、适度得体是微笑的基本要求。

(1) 坦诚自然。应该笑得真诚、适度、合时宜。想要笑得好很容易，只要你把对方想象成自己的朋友或兄弟姐妹，就可以自然大方、真实亲切地微笑了。这种微笑就是亲切、高雅、舒适的微笑。

(2) 发自内心。当一个人心情愉快、兴奋或遇到高兴的事情时，就会自然地流露出这种笑容。这是一种情绪的调节，是内心情感的自然流露，绝不是故作笑颜、故意奉承。发自内心的微笑既是一个人自信、真诚、友善、愉快的心态表露，又能制造明朗而富有人情味的生活气氛。真诚微笑应该笑到、口到、眼到、心到、意到、神到和情到。

(3) 适度得体。虽然微笑是人们交往中最有吸引力、最有价值的面部表情，但也不能随心所欲，随便乱笑，想怎么笑就怎么笑，不加节制。试想这样一个场景：在餐厅吃饭时，坐在你对面的是你的一位朋友，你对她微微一笑，可能她会觉得你非常欢迎她与你共同进餐。可当你面前坐的是一位陌生人，你吃一口饭对她笑笑；又吃一口饭，抬头看见她，又笑笑。这样一次两次还可以，如果次数多了，就会让对方心里发毛：这个人是不是有问题？她也许会以最快的速度换到别的位置上去。所以笑得得体、适度，才能充分表达友善、诚信、和蔼、融洽等美好的情感。

4. 微笑练习

在微笑的时候，首先要放松面部肌肉，然后使嘴角微微向上翘起，让嘴唇略呈弧形，最后，在不牵动鼻子、不发出笑声、不露出牙齿，尤其是不露出牙龈的前提下，轻轻一笑。

(1) 引导练习法：闭上眼睛，调动感情，并发挥想象力，或回忆美好的过去或展望美好的未来，使微笑源自内心，有感而发。

(2) 镜子练习法：力求使眉、眼、面部肌肉、口形在微笑时和谐统一。

(3) 当众练习法：按照要求，当众练习，使微笑规范、自然、大方，克服羞涩和胆怯的心理。也可以请观众评议后再对不足的地方进行纠正。

微笑必须注意整体配合。微笑虽然是一种简单的表情，但要真正地运用成功，除了要注意口形外，还须注意面部其他各部位的相互配合。一个人在微笑时，目光应当柔和发亮，双眼略微睁大；眉头自然舒展，眉心微微向上扬起。这就是人们通常所说的“眉开眼笑”。

二、时间控制与空间控制

人际沟通总是在一定的时间和空间内进行的，因此时间和空间也就成为沟通过程中不可分割的组成部分，而且人们也总是自觉地利用时空因素来沟通有关信息。

（一）时间控制

沟通时间的选择，交往间隔的长短，沟通次数的多少，以及赴约的迟早，往往透露出行为主体的品性和态度。一个学生上课经常迟到或早退，老师会认为他学习不认真；一位女性和异性约会时，可以让男方稍微等上一段时间，以便使对方感到她更加吸引人；上司可以故意推迟会见下属的时间，表示对下属的不满和惩罚；一般人可以运用及时答复朋友来信的方式，表示对于友谊的重视。

（二）空间控制

如果说时间的利用主要是传达行为主体自身方面的信息，那么空间的利用则主要显示着传达双方彼此间的关系。在人际沟通中，空间的利用除了作为沟通情境构成因素的环境以外，主要包括沟通者与受传者之间的距离和朝向。

1. 空间距离的类型

霍尔教授认为，人在文明社会中与他人交往而产生的关系，其远近亲疏是可以用空间领域的距离大小来衡量的。霍尔教授发现空间范围有亲密距离、私人距离、社交距离和公众距离四种（见图 4-3）。文明社会的绝大部分人就是在这四种空间范围里行动着。相应地，将空间距离分为亲密区、个人区、社会区和公众区四个区域。美国中层阶级的人处于亲密区时距离为 0～1.5 英尺（1 英尺≈0.305 米），相互之间的距离在 1.5～4 英尺时为个人空间；社会区在 4～12 英尺之间，这是一般熟人的空间；公众区是正式公开讲话的距离，一般为 12～15 英尺，如演讲者与听众的距离。空间距离为零就是身体接触，如握手、手挽手、抚摩、拥抱、接吻等，一般来说，在沟通活动中西方人比中国人有更多的身体接触，尤其是异性之间。

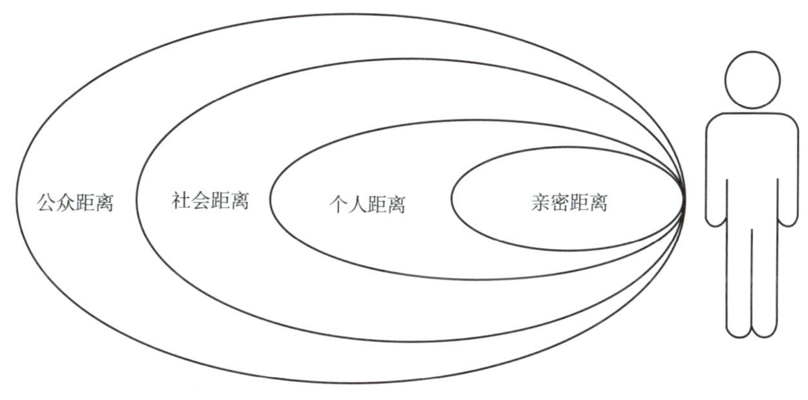

图 4-3 空间距离示意

2. 空间距离的必要性

一个人需要多少空间领域，情况千差万别，不能一概而论。但每个人在心理限定上的空间感觉，必然成为自己与他人之间的一种物理距离。即使再拥挤，也需要距离。界域观念是人类潜在的一种欲望，是人类出于“防卫”的潜在需要而产生的以自己的身体支配周围空间的欲望。大到国家的疆界，小到庭院的篱笆，具体到每个人对空间领域的本能需要。例如，在医院里，许多患者发现，随着物理空间的丧失，他们也失去了自己的隐私，这是他们必须承受的最大压力之一。唯一的答案是要尊重人们对物理隐私的需求，并且无论多么困难，都要想办法满足它。一些医院为了做到这一点，允许患者有时在周围拉上帘幕，即使他们并未进行治疗。

3. 空间距离是沟通手段

空间距离之所以成为一种沟通手段，就是因为不同的沟通距离、不同的空间方位不仅标志着人们不同的情感关系，而且影响着人们的情感表达。一般来说，交往双方在相当近的距离内，可以通过视觉密码、热量密码、嗅觉密码、嗓音密码传递信息，产生情感压力有助于情感的沟通。视觉密码是指面对面地直视，在目光接触中，双方能更清楚地看到对方的容貌、气色和表情，产生一种新的视觉感受。热量密码是指双方相距甚近时，能相互感受到对方身上散发的热量，给人一种强有力的情感刺激，产生新的触觉感受。嗅觉密码是指两人靠近时，相互之间可以嗅到对方身上的气味，产生嗅觉感受，有助于双方感情的同化。嗓音密码是指两人接近时，不但能听清语言而且能听到发音时的嗓音、呼吸声，产生微妙的听觉感受，有助于感受到语言的情感。

总之，在近距离内，人们相互之间能给予对方强烈的情感刺激，于是产生一种近体效应，越是身体接近，就越能激发情感、密切关系。当然，近体效应的产生要以一定的情感关系为基础，并且需要恰当的情境和其他条件。

三、副语言

副语言是指人体发音器发出的有声音而没有固定语意的类似语言的非语言符号，包括说话时的音调、音量、语速、声音补白等。

1. 音调

音调是指声音的高低。音调可以决定声音听起来是否悦耳。如果声音低的人演说，会被人认为是没有把握、害羞；如果声音高一点，并能够抑扬顿挫，则更能引起听众的注意。一般来说，音调提高表明强调、情绪激动、兴奋或愤怒；音调降低表示疲劳、心平气和，或者是怀疑、回避或涉及自己或他人敏感、痛苦、伤心的事情。尽管在平时对话中人们的音高不断变化，但是当他想表达某种强烈的感情时，这种变化就会达到极致。

2. 音量

声音强度增大表示强调、激动；强度减小表示失望、不快、软弱、心虚。从积极的方面来看，大声通常与热情和自信相联系，消极的含义则包括好斗、自我膨胀，或者对信息的重要性过分的夸张。地位高的人往往会大声地对着下属说话，以表明我是发号施令者，你得按照我说的去做。柔声细语听起来显得值得信赖、富有同情心和善解人意，它也可能暗示缺乏信心、自卑或者是所提供的信息并不重要。音量信息的含义会受到音量的影响，即说得响亮的程度。如果合乎于说话者的目的，且不是不分场合地任何时候都使用，声音响亮是美妙的。柔和的声音也有同样的效果。想要保持课堂安静，有经验的老师知道什么时候提高或降低音量。

3. 语速

语速指讲话节奏的快慢，可以反映情感和态度。语速加快表明激动、兴奋并可能具有表现力和说服力，但太快会使对方感到紧张，也可能意味着不可靠；语速变慢则表示悲伤、漠不关心、沮丧、冷漠和懒散；而中等语速给人以稳重、自信、可靠的感觉。

4. 声音补白

声音补白是在搜寻要用的词时，用于填充句子或做掩饰的声音。像“嗯、啊、呀”以及“你知道”这样的短语，都是表明暂时停顿以及搜寻正确词语的非语言方式。我们都使用声音补白，只是不停地使用或当它们分散听众注意力时，就会产生问题。

四、非语言沟通禁忌

头部的禁忌如下：

（1）盲目地摇头晃脑。

（2）经常性地挤眉弄眼。

（3）两眼死盯住别人不放或闭眼听人讲话。

（4）用眼睛四处搜寻别人的房间。

（5）板着面孔斜眼看人。

（6）冲人龇牙咧嘴，嗤鼻瞪眼。

（7）抽鼻子，吧嗒嘴，流鼻涕，流口水。

（8）未说话先咳嗽清嗓子，倒吸气，说话时向别人脸上溅唾沫星子。

（9）看书报时张着嘴或沾唾沫翻书页。

（10）冲着别人打哈欠、打喷嚏。

（11）无论对方心情如何都对别人傻笑。

（12）吸烟时吐烟圈或从鼻子向外喷烟。

● 能力测试

1. 指出文中的手势语，并说明其交际功能。

王夫人道：“放屁！什么药就这么贵?”宝玉道：“当真的呢！……太太不信，只问宝姐姐。”宝钗听说，笑着摇手儿道：“我不知道，也没听见，你别叫姨娘问我。”王夫人笑道：“到底是宝丫头好孩子，不撒谎。”宝玉站在当地，听见如此说，一回身把手一拍，说道：“我说的倒是真话呢！倒说我撒谎。”口里说着，忽一回身，只见黛玉坐在宝钗身后，抿着嘴笑，用手指头在脸上画着羞他。（《红楼梦》第二十八回）

2. 请结合下面的例子，回答问题。

空间距离在人际沟通中有着重要的作用，它会直接影响一个人的言行。例如，在家逞威风，到了外面瑟缩得像只小老鼠的孩子并不少见；有人在家中对妻子儿女颐指气使，摆尽大男人的架子，一到公司，摇身变成唯唯诺诺的“小媳妇”；而在自己科室里张牙舞爪、好不神气的科长，到了其他科室，立即收敛成谦恭有礼的好同事。

（1）人们为什么会在不同的环境下表现出不同的言行？

（2）在人际沟通中，为了广建人脉，我们应该如何准确而有效地利用空间距离？

3. 阅读下面一则故事，说说非语言沟通在人际沟通中的重要作用。

一个人走进饭店要了酒菜，吃罢，摸摸口袋发现忘了带钱，便对店老板说："店家，今日忘了带钱，改日送来。"店老板连声说："不碍事，不碍事。"并恭敬地把他送出了门。

这个过程被一个无赖看到了，他也进饭店要了酒菜，吃完后摸了一下口袋，对店老板说："店家，今日忘了带钱，改日送来。"

谁知店老板脸色一变，揪住他，非剥他的衣服不可。

无赖不服，问："为什么刚才那人可以赊账，我就不行？"

店家说："人家吃菜，筷子在桌子上找齐，酒一盅一盅地喝，斯斯文文，吃罢掏出手绢擦嘴，一看就是个有德行的人，岂能赖我几个钱。你呢？筷子往胸前找齐，狼吞虎咽，吃上瘾来，脚踏上条凳，端起酒壶直往嘴里灌，吃罢用袖子擦嘴，分明是个居无定所、食无定餐的无赖之徒，我岂能饶你！"

一席话说得无赖哑口无言，只得留下外衣，狼狈而去。

第五章
有效倾听

上天赐给每个人两只耳朵，而只有一张嘴巴，就是要求人们多听少说。

——苏格拉底

引入案例

无所不在的倾听

世界上最伟大的推销员乔·吉拉德对仔细聆听他人说话感触颇深，因为他从自己的顾客那里学到了这个道理，而且是从教训中得来的。

乔·吉拉德花了近1小时才让他的顾客下定决心买车，他所要做的仅仅是让顾客走进自己的办公室，然后把合约签好。当他们向乔·吉拉德的办公室走去时，那位顾客开始向乔提起了他的儿子。顾客十分自豪地说："乔，我儿子考进了普林斯顿大学，我儿子要当医生了。"

"那真是太棒了！"乔回答。两个人继续向前走时，乔却看着其他的顾客。

"乔，我的孩子很聪明吧，当他还是婴儿的时候，我就发现他非常聪明了。"

"成绩肯定很不错吧？"乔应付着，眼睛朝四处看着。

"是的，在他们班，他是最棒的！"

"那他高中毕业后打算做什么呢？"乔心不在焉。

"乔，我刚才告诉过你的呀，他要到大学去学医，将来做一名医生。"

"噢，那太好了！"乔说。

那位顾客看了看乔，感觉到乔太不重视自己所说的话了，于是，他说了一句"我该走了"，便走出了车行。乔·吉拉德呆呆地站在那里。

下班后，乔回到家回想今天一整天的工作，分析自己做成的交易和失去的交易，并开始分析失去客户的原因。

次日上午，乔一到办公室，就给昨天那位顾客打了一个电话，诚恳地询问道："我是乔·吉拉德，我希望您能来一趟，我想我有一辆好车可以推荐给您。"

"哦，世界上最伟大的推销员先生，"顾客说，"我想让你知道的是，我已经从别人那里买到车啦。"

"是吗？"

"是的，我从那个欣赏我的推销员那里买到的。乔，当我提到我对我儿子是多么骄傲时，他听得是多么认真！"顾客沉默了一会儿，接着说，"你知道吗？乔，你并没有听我说话，我儿子是否能当医生，对你来说并不重要。你真是个笨蛋！当别人跟你讲他的喜恶时，你应该听着，而且必须聚精会神地听。"

刹那间，乔·吉拉德明白了当初为什么会失去这位顾客了。原来，自己犯了如此大的错误。

从此以后，乔·吉拉德再也没有在顾客讲话时分心。而每位进到店里的顾客，乔都会问问他们，问他们家里人怎么样，做什么工作，有什么兴趣爱好，等等。然后，乔便开始认真地倾听他们讲的每句话。

大家都很喜欢这样，因为这样给了他们一种受重视的感觉，他们认为，乔是最会关心他们的人。

案例讨论：

倾听的作用有本例中所说的这样大吗？你自己是否曾非常专注于倾听别人讲话？当时有什么效果？

第一节 倾听概述

一、倾听的含义

人生来就爱听人讲话，不知道你是否注意到，一个正咿呀学语的婴儿会多么专心地听大人教他说话！但是随着年龄的增长，有些人开始厌倦听别人讲话，总喜欢让他人听自己滔滔不绝地讲。学会倾听对我们每个人的生活和工作来说都非常重要。对于任何一个公司来讲，都需要那些善于听取他人意见及解决问题的能手，而不需要那些夸夸其谈却眼高手低的人，因为这样的人往往说得多、做得少。一些职业专家的研究表明，大多数人只用了25％的潜能来听取和理解他人的谈话。他们建议，那些身居高位的经理，应该花60％～75％的时间来听取他人的意见，以获得更多有价值的信息。

一般来说，在沟通过程中最重要的是要做到洗耳恭听和能说会道。所谓洗耳恭听，就是在听对方讲话时要做到用耳朵去听、用头脑去思考、用心灵去感受，它强调的是沟通者的倾听能力；所谓能说会道，就是在沟通中要善于言辞、以理服人，它强调的是沟通者的语言表达能力。但人们在实践中往往重视语言表达能力的训练而忽视倾听能力的提升，结果是说得多、听得少。其实站起来发言需要勇气，而坐下来倾听也需要勇气，沟通的最大困难往往不是如何把沟通者自己的意见、观点说出来，而在于如何听出对方的心声。因此，相对于语言表达能力而言，倾听能力则更为关键。

有些人认为倾听能力是与生俱来的，不需要训练。所以，在谈到沟通时，人们往往想到的是如何说，而很少有人想到该如何倾听。其实恰恰相反，人们在沟通中产生的许多问题往往是不善于倾听导致的。也就是说，不善于倾听导致的失误要比不善于表达所产生的问题多得多。这也验证了俗话所说的“会说的不如会听的”。理论和实践告诉我们，是否善于倾听是衡量一个人沟通水平高低的重要标志。

说到倾听，许多人常把听与倾听混为一谈。事实上，听与倾听有着根本区别。听只是一个生理过程，它是听觉器官对声波的单纯感受，是一种无意识的行为，只要耳朵能够听到别人说话，就表明在听别人说话。而倾听虽然也以听到声音为前提，但更重要的是人们对声音必须有所反馈。也就是说，倾听不仅是生理意义上的听，也是一种积极的、有意识的心理活动。在倾听的过程中，沟通者必须思考、接收、理解说话者传递的信息，并做出必要的反馈。沟通者倾听的对象不仅局限于声音，还包括更广泛的内容，如语言和非语言信息等。可见，倾听不仅要接收、理解对方所说的话，而且要接收、理解对方的手势、体态和面部表情；不仅要从中得到有用的信息，而且要理解对方的思想和感情。

概括地讲，倾听就是用耳朵听，用眼睛观察，用嘴提问，用脑思考，用心灵感受。换句话说，倾听就是对信息进行积极主动搜寻的行为。

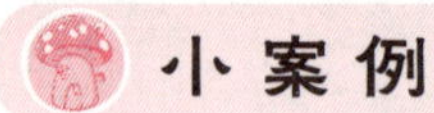

倾听的价值

古希腊哲学家阿那克西美尼晚年的时候声望很高，有上千名学生。一天，这位两鬓花白的老者蹒跚着走进课堂，手里捧着一摞厚厚的纸张。他对学生们说："这堂课你们不要忙着记笔记，凡是认真听讲的人，课后我都会发一份笔记。一定要认真听讲，这堂课很有价值!"

学生们听到这番话，立刻放下手中的笔，专心听讲。但没过多久就有人自作聪明：反正课后老师要发笔记，又何必浪费时间去听讲呢？于是便开起了小差。

课讲完了，阿那克西美尼将那摞纸一一发给每位学生。领到纸张后，学生们都惊叫起来：怎么是几张白纸呀？阿那克西美尼笑着说："是的，我的确说过要发笔记，但我还说过请大家一定要认真听讲。如果你们刚才认真听讲了，那么请将在课堂上所听到的内容全部写在纸上，这不就等于我送你们笔记了嘛。至于那些没有认真听讲的人，我并没有答应要送他们笔记，所以只能送白纸!"

学生们无言以对。有人懊悔刚才听讲心不在焉，面对白纸不知该写什么；也有人快速地将所记住的内容写在白纸上。后来，只有一位学生几乎一字不落地写下了老师所讲的全部内容，他就是阿那克西美尼最得意的学生，日后成为古希腊著名哲学家的毕达哥拉斯。阿那克西米尼满意地把毕达哥拉斯的笔记贴在墙上，大声说："现在，大家还怀疑这堂课的价值吗?"

阿那克西美尼一贯主张，人生最大的财富是倾听。只有乐于并善于倾听，才可能成为知识的富翁；而那些不愿意倾听的人，其实是在拒绝接受财富，终将沦为知识的穷人。

二、倾听的作用

倾听是通向心灵的道路，是人际沟通与交流的基石。倾听能够使人们与周围的人保持接触，失去倾听能力也就意味着失去与他人共同工作、生活、休闲的可能。一般来讲，人们很少只为消遣而倾听，多是为了以下目标而倾听：获得事实、数据或别人的想法，理解他人的思想、情感和信仰，对听到的信息进行选择，肯定说话人的价值。有人说："会倾听的人到处都受欢迎。"是的，在人际交往中，倾听有着十分重要的意义和作用。

（一）倾听可获得重要信息

倾听可以得到重要的信息。事实上，交谈中包含着很多有价值的信息，有时它们常常是说话人一时的灵感，而他自己又没意识到，对听者来说却是一种启发。"听君一席话，胜读十年书。"一个随时都在认真倾听他人讲话的人，在与别人的交谈中就可能成为一个信息的富翁。通过倾听，不仅可以了解对方要传达的信息，感受到对方的情感，还能够据此推断对方的性格、目的和诚恳程度。不仅如此，通过耐心的倾听，还可以降低对方的防范意识，得到对方的认同，甚至使对方产生找到同伴和知音的感觉，从而加深彼此之间的了解。在一些特殊的情境下，如当你对别人谈论的话题一无所知，或未曾考虑，或对别人提出的问题不便于直接回答时，最好的办法是认真倾听并保持沉默。另外，倾听还可以弥补自己的不足，当自己对某些问题了解不多或难以做出决定时，最好先听一下别人的意见和想法，并通过对别人意见的归纳和总结提出自己的看法。在倾听中，听者可以通过适时提问以澄清不明之处，或是启发对方提供更完整的资料。倾听可以训练我们以己推人的心态，锻炼我们的思考力、想象力和客观分析能力。

（二）倾听能够产生激励作用

倾听本身也是一种激励方式，能提升说话者的自信心和自尊心，加深说话者和听者彼此之间的理解和感情，因而也就激发了说话者的谈话热情与沟通诚意。在很多情况下，说话者的目的就是倾诉，即"一吐为快"，而并没有更多的要求，甚至有些时候，只要听者倾听了说话者的倾诉，他的问题也就解决了。日本、英国、美国一些企业的管理人员常常在工作之余与下属一起喝咖啡，其目的便是给下属一个自由倾诉的机会。

（三）倾听能够给人留下良好的印象

一般来说，人们都喜欢发表自己的意见，如果你愿意给他们一个机会，他们会觉得你和蔼可亲、值得信赖。戴尔·卡耐基曾举过一个例子：在一个宴会上，他坐在一位植物学家旁边，专注地听着植物学家跟他谈论各种有关植物的趣事，他自己几乎没有说什么话，分手时那位植物学家却对别人说，卡耐基先生是一个最有意思的谈话家。可见，学会倾听，实际上已踏上了成功之路。

（四）倾听能激发对方的谈话欲望

谈话是人与人之间沟通的重要方式，它能帮助人们解决问题，想出新点子，发现新方向，让人们觉得不再孤单，变得自信。因此，在谈话过程中，如一方能够主动倾听，让对方觉得自己的话有价值，就能激励他说出更多、更有用的信息。倾听不仅能够激发对方的谈话欲望，而且能够启迪对方产生更多或更深入的见解，从而使谈话双方受益匪浅。

（五）倾听是说服对方的关键

如果你沟通的目的是说服别人，交谈中多听他的意见会有助于你说服。因为，通过倾听你能从中发现他存在的问题和弱点，明白是什么让他坚持己见，这就为你说服对方提供了契机。同时，你又向他传递了一种信息，即你的意见已充分考虑了他的需要和诉求，这样他会更愿意接受。

（六）倾听可以掩盖自身的弱点和不足

俗话说“言多必失”，一个人不可能对所有事情都抱着客观的态度，也不可能对所有事情都十分了解。因此，你的观点不一定都是正确的。此时，沉默可以帮助你在若干问题上持保留态度。如果你对别人所谈的问题一无所知，或未曾考虑，保持沉默是最保险的方法。如果你喋喋不休，不仅会让人发现你的无知，更会让人觉得你刚愎自用与狂妄。

第二节 倾听障碍与策略

一、倾听障碍

人们似乎更倾向于彼此进行语言交流，而不是彼此去倾听。在倾听过程中，由于受到环境、听者、说话者等众多因素的影响，倾听往往难以达到应有的效果。

我们可能都做过列队传话的游戏：十来个人排成一列，由第一个人领来字条，记住上面的话，然后低声告诉第二个人，第二个人将听到的话再耳语给第三个人，如此重复，直至最后一个人，并让他将听到的话写出来，结果与开头纸条上的句子往往会有天壤之别。

事实表明，尽管倾听在沟通活动中所占时间比例最大，但遗憾的是许多人并不具备有效倾听的能力，其不良的倾听习惯往往会导致误解甚至曲解。一般来说，倾听障碍主要表现在以下几个方面。

（一）环境因素引起的障碍

任何沟通都是在一定的环境中进行的，环境因素是影响倾听效果最重要的因素之一。环境因素不仅包括客观环境因素（如谈话场所的选择、环境布置、噪声大小、光照强弱、温度高低、气候状况、座位安排等），而且包括主观环境因素（如交谈双方的心情、性格、衣着、话题等）。

环境因素主要从两个方面影响倾听的效果：一方面，干扰信息传递的过程，减损或歪曲信息；另一方面，影响沟通双方的心情。这正是人们在沟通时很注重选择环境的原因。例如，上级在会议厅里向下属征询建议，下属会十分认真地发言，但若是换在餐桌上，下属可能会随心所欲地谈自己的看法，甚至谈一些自认为不成熟的想法。这些差别是不同场合人们的心理压力和情绪以及创造的交谈氛围大不相同导致的。

另外，说话者和听者在人数上的差异也会影响倾听效果。在交谈中，是一个人说话一个人倾听，还是一个人说话多个人倾听，或者多个人说话多个人倾听，这种不同的对应关系也会产生不同的倾听效果。当一个人说话一个人倾听时，如两人促膝谈心，会使听者感到自己角色的重要性，注意力自然集中；当一个人讲话多个人倾听时，如听课、听报告，会使听者感到压力较小，所以思想经常开小差；而当听者只有一位，发言者为数众多时，如多家媒体的记者向新闻发言人提问，那么听者必将全神贯注，丝毫不敢懈怠。

此外，由于倾听是感知的一部分，它的效果受听觉器官、视觉器官的限制，如果听者在生理上有缺陷，必然也会影响倾听效果。

（二）听者引起的障碍

听者在整个交流过程中具有举足轻重的作用。不仅听者本人的知识水平、文化素质、职业特点、理解信息的能力会直接影响倾听效果，而且听者对说话者个人的态度会影响倾听效果。所以，在尽量创造适宜沟通的环境条件后，听者要以最好的态度和精神状态来面对发言者。一般来说，来自听者本身的障碍主要表现在以下几个方面。

1. 理解能力

听者的知识水平、文化素质、职业特点及生活阅历往往与他本人的理解能力和接受能力紧密联系在一起，具有不同理解能力的听者面对同样的讲话者必然会有不同的倾听效果。有效的沟通，要求听者与讲话者在沟通的内容方面有相通之处，否则就是“对牛弹琴”了。

2. 倾听习惯

在倾听过程中，不同的人有不同的倾听习惯，有些不良的倾听习惯会直接影响倾听效果。

（1）急于发言。人们都有喜欢发言的倾向，很容易在他人还没有把话说完的时候就迫不及待地打断对方，这样往往会使听者不能把对方的意思听懂、听全。于是，我们就经常会听到别人这样说：“你听我把话讲完，好不好？”这正说明急于发言不利于双方的沟通。其实，很多时候只要认真听完别人的讲话，心中的疑问即会随之消除，自然也就无须发言了。

（2）忙于记要点。有的听者觉得应记下说话者所说的每一个字，于是在听的时候忙于记笔记，不幸的是，在说话者说到第三点时，他才给第一点画上句号，以致忽略了完整的倾听。

（3）吹毛求疵。有的听者并不关注讲话者所讲的内容，而是专门挑剔讲话者的毛病，讲话者的口音、用字、主题、观点等都可能成为听者挑剔的对象。听者甚至会抓住某个细微错误而贬低说话者的风格和观点。这种个人的偏颇观念时常会导致双方敌对情绪的产生，从而影响倾听效果。

（4）缺乏耐心。有的听者过于心急，经常在说话者暂停时插话，帮助说话者结束句子，而往往忽略了说话者正要说的话题。

（5）以自我为中心。有的听者表现得过于看重自我，对说话者的每个话题他都有意无意地以自己生活中的事件予以回应。例如，他会说“那让我想起，我……”这往往会打断说话者的思路，甚至有时还会引开话题。

(6) 忙于私事。有的听者从（倾听）开始就没有停下手中的事情。他可能在谈话中发短信、接电话或玩游戏，见此情景，通常说话者都会尽快结束谈话并离开。

小贴士

倾听的三个层次

层次一：在这个层次上，听者完全没有注意说话者所说的话，假装在听，其实却在考虑其他毫无关联的事情，或内心想着如何辩驳。他更感兴趣的不是听，而是说。这种层次上的倾听，通常导致的是关系的破裂、冲突的出现和拙劣决策的制定。

层次二：人际沟通得以实现的关键是听者对字词意义的理解。在这个层次上，听者主要倾听的是字词和内容，但很多时候，却错过了讲话者通过语调、身体姿势、手势、面部表情和眼神所表达的意思。

层次三：处于这个层次的人表现出一个优秀倾听者的特征。这种倾听者在说话者的信息中寻找感兴趣的部分，他们认为这是获取新的有用信息的契机。高效率的倾听者清楚自己的个人喜好和态度，能够更好地避免对说话者做出武断的评价或是使说话者受过激言语的影响。好的倾听者不急于做出判断，而是急于去反思自己的观点。他们能够设身处地地看待事物，更多的是询问而非辩解。

3. 情感过滤

人人都爱听奉承话，好听的话即使说得言过其实，也不会引起听者的反感，难听的话即使说得恰如其分，也不会给听者以满足。每个人都是选择自己喜欢听的来听，当对方说到一些自己想听的话时，我们会“竖”起耳朵，接收所有的信息，不管是真理，还是谎言和谬误；相反地，当遇到自己不想听到的内容时，我们会本能地排斥，不管这些内容对自己是否有用。可以说，在倾听过程中情感起到了听觉过滤器的作用，有时它会导致盲目，而有时它则排除了所有倾听的障碍，如你会很满足地从别人口中证实自己的思想，并由此感到快乐。但要注意，过于感情用事，你可能就无法正确地倾听并理解说话者所讲内容的含义。

4. 心理定式

每个人都有自己的好恶，都有根深蒂固的心理定式和成见，所以我们在与自己不喜欢或不信任的人交流时很难以客观、冷静的态度接受说话者的信息。例如，当一个自己讨厌的人在台上讲得手舞足蹈时，你会认为他太虚伪，是乱吹一气，因此不屑于听他讲话，甚至会东张西望，或用手不停敲打桌面，向对方发出“你有完没完，我已经不想听了”的信号；又如，当一个平时比较啰唆的人要求与你谈话时，你会无心听他讲，因为你觉得他讲的大多是废话，实际上这样做也会让你错过一些有用的信息。

5. 心智时间差

正常人的大脑运转极快，每分钟能处理 500 个字以上，而普通人的说话速度是每分钟 150 个字左右，这便产生了听者的心智时间差问题。也就是说，人们思考的速度比说话的速度快许多。为了填补这一段时间的空白，在听的同时，你的思路很自然地会游走到其他想法上去，但是当你回过神来时会发现，这段时间你走神走得太远了，已经遗漏了许多重要的内容。应该说，这是正常心理反应的结果，但为了更好地倾听，这一过程还是要加以控制的。

（三）说话者引起的障碍

说话者引起的障碍主要包括语言障碍和身体语言障碍两种。

（1）语言障碍。语言层次，语言是说话者表达观点和想法所使用的基本工具。说话者使用不同的语言工具及其语言背景和习惯，都会影响倾听效果；声音层次，这是人们利用听觉器官接受说话者信息的层次，不同的音量、音调、语调等传递着不同的含义；语法层次，不同的语言结构方式、表达习惯会使同样的语言产生不同的表达效果，甚至意思完全相反；语意层次，说话者语意表达不明会给倾听带来障碍。

（2）身体语言障碍。身体语言是沟通的重要组成部分。恰当的身体语言有助于听者的理解，而身体语言运用不当则会给倾听带来障碍甚至让人误解。如有人说话不喜欢与人有目光接触，但缺乏目光接触将不可避免地降低听者对说话者的注意力和兴趣。

另外，口头语言与身体语言不相符也会给听者造成障碍。例如，当你说“3”时，却伸出了 5 个手指，如果听者注意到你的动作，必然会产生困惑。

二、倾听策略

倾听环境、听者、说话者这三个方面无疑是引发倾听障碍的主要因素，因此，克服倾听障碍也应该从这三个方面做起。

（一）创造良好的倾听环境

倾听环境对倾听的质量和效果具有重要的影响，交谈双方如果选择并营造出一个良好的倾听环境，就能够在很大程度上改善倾听效果。一般来说，良好的倾听环境包括以下几项内容。

1. 适宜的时间

如果有可能，可根据沟通的需要，慎重选择有助于倾听的时间。大多数人工作效率最高的时间是早晨，所以对于他们来说适合把重要的汇报安排在早晨；对多数人来说，一天当中心智最差的时间是在午餐后和下班前，因为人们在饱食后很容易疲倦，而人们在下班前通常会由于回家心切，难以集中精力做事。因此，应尽量避免在这些时间段安排重要的事情。另外，还要尽量避免时间不足的限制，如果你只有几分钟的时间，而这个谈话又很重要或很复杂，需要更多的时间，那么最好把它安排在另一个充裕的时间段。在这种情况下，你可以向对方解释，说明你需要足够的时间深入地与他进行探讨，对方一般会很乐意与你重新确定谈话的时间。

2. 适当的地点

谈话地点的选择也很重要，必须保证双方在交谈时不受干扰或打扰。要尽量排除所有使交谈双方分心的事。例如，告诉秘书代为接听电话，或者摘下电话听筒，或者在门上挂一块免打扰牌。另外，还要适当安排办公室的桌椅，其摆放的位置应不妨碍谈话，应能够使交谈双方直接看到对方的眼睛，这样不仅能够使交谈双方集中注意力，而且能使交谈双方彼此易于观察对方的非语言表现。

3. 平等的氛围

要根据交谈内容来营造交谈氛围。讨论工作上重要的事情时，应该营造一种严肃、庄重的氛围；而在联欢晚会上，则要尽力营造出轻松、愉快的气氛。要知道，同样的一句话在不同的氛围下传到听者耳朵里的效果是不同的。但不管哪种交谈氛围的营造，都要遵循平等、信任、协调的原则，这样才能使谈话的氛围成为有利的条件，而不至于变成沟通的障碍。

（二）听者提高自己的倾听技能

听者是倾听过程的主体，听者的知识水平、理解能力、倾听态度以及精神状态等会直接影响倾听效果。因此，克服倾听的障碍关键在于提高听者的倾听技能。提高倾听技能应该从以下几个方面入手。

1. 完整、准确地接收信息

在交谈中，听者聆听讲话内容是非常重要的，只有这样才能知道说话者在想什么。但是，好的听者不仅要接收讲话者说出来的信息，还要能够领会其言外之意。很多时候，人们的非语言行为会透露人们的真实意图，所以倾听时尤其要注意观察与语言表述相抵触的那些非语言行为，这样才能避免接收信息的偏颇和遗漏。为了完整、准确地接收信息，听者应该注意以下三点：

（1）精心准备。要求听者在谈话前列出自己关心的问题，以便在谈话过程中注意倾听对方对这些问题的回答。

（2）摘录要点。对谈话中涉及的一些关键问题要一一记下，可以适当重复对方的话来验证所获得的信息，也可以换个角度来说明对方的信息，这既可以帮助听者获得准确的事实，也是对说话者的一种反馈。

（3）会后确认。在会谈接近尾声时，听者应与对方核实自己对某些问题的理解是否正确，尤其是关于下一步的安排，这有利于按照对方的要求正确地采取下一步的行动。

2. 正确地理解信息

交谈双方文化水平、社会环境的差异常会造成双方对同一事件的理解不同。产生误解的一个重要原因就是思维习惯，一个人在对问题的理解上总是先调动自己以往的经验做出判断，但这种判断往往是错误的。因此，要防止误解的产生，听者要尽量做到以下三点：

（1）从对方角度出发，考虑他的背景和经历，想想他为什么要这么说，他希望自己听完之后有什么样的感受。听者要理解说话者的真正意图，而不是让说话者觉得谈话索然无味。

(2) 消除成见，克服思维定式，客观地理解信息。一个人总会被自己的好恶左右：喜欢某个人，只要那个人讲句话，不管对与错，都认为他讲的就是正确的；讨厌某个人，连见一面都觉得难受，更别说耐心听他讲话了。其实，这种倾听方式对双方的沟通会造成很大影响，容易使信息失真。

(3) 不要自作主张地将自己认为不重要的信息忽略，最好与讲话者核对一下，看看自己对信息的理解是否存在偏差。可以说，有相当多的沟通问题都是听者对信息随意理解而造成的。

3. 适时、适度地提问

尽管听者的主要任务是倾听他人所说，但是如果能以开放的方式询问所听到的事，成为谈话的主动参与者，就会增进彼此间的交流和理解。可以说，提问既是对说话者的一种鼓励（表明听者在认真倾听），也是控制和引导谈论话题的重要途径；提问既有利于听者把自己没有听到的或没有听清楚的事情彻底掌握，也有利于讲话人更加有重点地陈述、表达。但需要注意的是，提问必须做到适时和适度，要多听少问。如果听者满脑子考虑的都是如何问问题，或连珠炮似的问起来没完没了，这种提问就失去了应有的价值，甚至还会引起说话者的反感和不满。

4. 及时地给予反馈

说话者往往会根据听者的反馈做出适当的调整，这样会更加有利于听者的倾听。因此，在倾听时对说话者的信息做出反馈是十分必要的。反馈可以是语言的，也可以是非语言的，但要注意反馈应清晰，易于为对方所了解、接受。比如，通过问问题、查验信息或以其他的感觉和反应形式表达，都是较适当的反馈方式。当听者做出反馈时，说话者能根据听者的反应来检查自己行为的结果，从而知道自己所说的是否已被准确接受和正确理解，并由此决定接下来如何说和做。非语言反馈是通过身体姿态、动作、表情来传达的，当听者在站、坐、皱眉、微笑，或者看起来心事重重时，都是在给对方反馈某些信息。

5. 防止分散注意力

分散注意力是有效倾听的最大障碍之一。在倾听时能使人分散注意力的因素有很多，如一定的生理疲劳会使人们感到厌倦，而新鲜刺激则能将人们的注意力转移到其他人或事上。除了周围的噪声，说话者的口音和方言有可能让听者分心外，大家不感兴趣的主题或组织得不好的讲话也会让听者失去热情而将注意力分散到其他事情上。但是，好的倾听者会排除干扰，并努力倾听说话者信息中的要点。采用良好的坐姿，使自己处于积极思考中和兴奋状态，适当记笔记等都是保持注意力集中的好方法。

（三）说话者改善自己的说话技巧

一切沟通技巧从本质上来说只为两个目的服务：让别人听懂自己以及让自己听懂别人。如果一个人的谈话方式阻碍了其中任何一个目的的达到，他就步入了沟通雷区。讲话者常犯的毛病主要有以下四种：

（1）说话速度太快。高频率的长篇大论只会给人喋喋不休的感觉，听者没有时间完全理解讲话者要表达的内容。

（2）太注重细节。在说明一个问题的时候，总想把所有的细节都解释清楚，可是到最后往往连自己也不知道要讲的中心问题是什么。

（3）过于紧张。有些人觉得在很多人面前发言是一件很可怕的事情，并且因为紧张连发言也莫名其妙地颠三倒四。

（4）对人不对事。“每次和同事有争执的时候，我都会觉得脑袋里的血呼地一下就往上涌了，然后自己说出来的话就不那么理智，有点儿意气用事了。”这也是人们经常会遇到的问题。

讲话者这些毛病的存在会直接影响倾听的质量和效果。因此，作为谈话中的引导者，讲话者应该克服这些毛病，引起听者的兴趣，提高其倾听效果。

第三节 有效倾听的方法

一、有效倾听的技巧

有效倾听既是一种技巧，又是一种极富警觉性与极费心思的过程。在面对面沟通的场合里，倾听不仅要做到“耳到”，还要做到“眼到”“心到”与“脑到”。所谓“眼到”，就是听者用眼睛去观察说话者的表情、眼睛、手势、体态与穿着等，以判断他口头语言的真正含义。所谓“心到”，就是听者以换位思考的方式站在说话者的立场与角度，去体会他的处境与感受。所谓“脑到”，就是听者运用大脑去分析说话者的动机，以便了解他的口头语言是否话中有话。掌握倾听的一些方法和技巧，有助于培养和提高倾听的能力。

（一）努力培养倾听的兴趣

在倾听时，听者既要保持良好的精神状态，又要抱以开放的心胸和积极的态度，这样不仅能够听到谈话的主要内容和观点，还能够较容易地跟上说话者的节奏。即使听者对说话者所说的话感到失望，也要试着努力倾听正面的、有用的信息。一个有效的倾听者，常常会在倾听过程中思考以下四个问题：

（1）说话者谈论的主要内容和观点是什么？

（2）说话者采取了什么样的表达方式？

（3）哪些内容和观点对自己具有借鉴价值？

（4）自己从说话者身上能够学到什么？

这些问题不仅能够帮助听者培养倾听的兴趣，还能够让听者从倾听过程中学到很多东西，这即所谓的“从听中学”。但遗憾的是，人们在倾听时总是以自己的好恶进行取舍，只愿意听自己感兴趣的内容，而对自己不感兴趣的内容往往是充耳不闻。事实上，在交谈过程中，“没有无趣的主题，只有无趣的人”，关键在于自己能否培养出倾听的兴趣。

（二）保持目光交流

眼睛是心灵的窗户。细心、敏感的倾听者会适当注视说话者的眼睛，并保持与说话者的目光接触，而不是看窗外或天花板。如果直视他人的眼睛很困难的话，也可以用弥漫性的目光注视对方的眼睛周围，如发际、嘴、前额、颈部等。目光接触是一种非语言信息，表示“我在全神贯注听你讲话”。试想一下，如果你在说话时对方却不看你，你的感觉会如何？你很可能会认为对方冷漠或不感兴趣，即使有重要的话题也可能不愿意再继续讲下去了。

（三）了解对方的看法

听者在倾听时可以不同意对方的看法，但至少要认真倾听对方的讲话，也可以在对方讲话时点头，并说“原来如此”“我本来不知道”等话语，鼓励对方继续说下去。说不定最终会让自己发现原来对方说的是正确的，甚至从中获益。如果自己不认真听对方讲完，就可能不会知道对方的真实想法。

（四）采取开放的姿势

人的身体姿势会暗示出对谈话的态度和兴趣。自然开放的姿态代表着接受、容纳、尊重与信任。调查研究发现，攻击的、恳求的或不悦的声调，以及弯腰驼背、手臂交叠、跷脚、眼神不定等肢体语言，都代表并传递着负面的信息，并影响沟通的效果。所以，在倾听过程中，使用深感兴趣的、真诚的、高昂的声调会使人自信；恰当的肢体语言，如用手托着下巴等，也会显示出听者的态度诚恳，这些都能让说话者感受到听者的支持和信任。

（五）及时用动作和表情给予呼应

有效的倾听者不仅会对听到的信息表现出兴趣，而且会利用各种对方能理解的动作与表情及时给予呼应和反馈。例如：可以用赞许性的点头、恰当的面部表情与积极的目光接触相配合，向讲话者表明自己在认真倾听；也可以利用皱眉、迷惑不解等表情，给讲话者提供准确的反馈信息，以利于其及时调整讲话的内容。

（六）学会复述

复述是指用自己的话来重新表达说话者所说的内容。有效的倾听者常常使用“我听你说的是……”“你是否是这个意思……”“就像你刚才所说……”等来复述对方说过的话，既表示了对说话者的尊重，又能够用对方的观点来说出自己的想法。这样，倾听者不仅能够赢得说话者的信任，而且能够找到双方的共同语言，从而拉近彼此的距离。但需要注意的是，复述如果运用不当，往往被看作对说话人的一种不信任。可见，复述需要掌握一定的技巧，例如，运用表情、体态来说明自己并非怀疑对方讲话的内容，而只是想证实一下自己倾听到的内容与说话人所要表达的内容是否相符合。

（七）抑制争论的冲动

沟通中难免会出现不同的认识和看法，当自己的意见和看法与对方不一致的时候，听者一定要学会控制自己的情绪，尽量抑制内心争论的冲动，等着对方把话说完，再来表达自己的看法和见解。有效的倾听者绝不会随意打断对方的谈话，更不会轻易动怒或争论。要记住，倾听的关键是“多给别人耳朵，少给声音”，倾听的目的是了解而不是反对或争论。

小贴士

倾听的技巧

尼基·斯坦顿在《沟通圣经》一书中，指出了有效“倾听”技巧的10种做法，分别是做准备、感兴趣、心胸开阔、听重点、批判性去听、避免分心、做笔记、协助说话者、回应和不插话。该书从两个方面分析了“说”的技巧：一是个人特质，如逻辑清晰、同理心、真诚、放松、眼神接触、外表等，这些均是和说话内容与行为举止有关的特质；二是声音特质，如说话的音量、腔调、语速、停顿、语调等，了解这些特质可以帮助讲话者运用好自己的声音。

二、倾听的注意事项

倾听是一项最值得重视的沟通技巧，很多人却不愿意在如何实现有效倾听上下功夫。实际上，倾听能力是可以通过训练获得的。在倾听训练过程中，要注意以下六个问题。

（1）不要多说。大多数人乐于畅谈自己的想法而不是倾听他人说话。尽管说话可能更有乐趣，而沉默使人不舒服，但我们不可能同时做到听和说。一个好的倾听者，是能够做到多听少说的。

（2）不要中途打断说话者。打断别人说话，不仅是一种不礼貌的行为，而且不利于倾听。即使对方在反复说一件相同的事，听者还是要耐心倾听，这样做的收获会比插嘴说话的收获多得多。听者一定要让说话者讲完自己的想法，当他说完时你就会知道他说的是否真的有价值。

（3）不要轻易下结论。对说话者的肢体语言、面部表情或音调所传递的信息，如果自己心存疑惑，最好开口询问；如果不好意思问，也可以用非语言方式表达出自己的想法。不能凭借自己听到的只言片语轻易下结论，一定要把说话者的真正目的和意图了解清楚后再做出判断。

（4）不要心存偏见。人们在与别人沟通交流之前，总是以自己的主观印象或思维定式来推测对方的动机，“戴着”有色眼镜或带着偏见去看待别人，结果是对方还没有开口说话，自己就表现出了不想听、不耐烦或不感兴趣，从而可能会错过倾听一些有用的或重要的信息。因此，倾听时应诚实地面对讲话者，承认自己的偏见，并且倾听对方的观点，容忍对方的偏见。

(5) 避免分心的举动和手势。在倾听时，不要看表、心不在焉地翻阅文件、拿着笔乱写乱画等，这些活动会使说话者认为你很厌烦或不感兴趣。更重要的是，这也表明你并未集中精力听对方讲话，因而很可能会遗漏一些说话者想传递的重要信息。

(6) 不要臆测。臆测是指听者在倾听过程中凭着自己的主观臆断对说话者进行推测或猜想。臆测是沟通的障碍，它常常会使人产生曲解或误解。所以，听者要尽力避免对说话者进行臆测。

● 能力测试

你知道怎么与人交谈吗

这样的题目容易让人觉得不舒服：难道我不会与人交谈吗？很遗憾，我们都属于这样的人，只是程度不同而已。善谈的人，左右逢源，可以“舌战群儒”。不善辞令的人，则处处被动，举步维艰。你知道自己的交谈习惯吗？了解自己的交谈能力吗？

下面有10道题，每题有3种可供选择的答案，根据你的实际情况，选择一个你习惯的答案。

1. 你是否只会对那些经过慎重挑选的朋友才大胆地吐露自己的心事和秘密？

A. 强烈肯定　　B. 有时　　C. 绝对否定

2. 在与一群人交谈时，你是否经常发觉自己驾驭不住自己，在想些与交谈话题无关的事情？

A. 强烈肯定　　B. 有时　　C. 绝对否定

3. 别人告诉你一些复杂的事情，你是否会觉得“跟他多讲几句没什么意思”？

A. 强烈肯定　　B. 有时　　C. 绝对否定

4. 你是否觉得那些太过于表现自己感受的人是肤浅和不诚恳的？

A. 强烈肯定　　B. 有时　　C. 绝对否定

5. 你是否时常避免坦诚地表达自己的感受，因为你认为别人根本不会理解？

A. 强烈肯定　　B. 有时　　C. 绝对否定

6. 你是否觉得需要属于自己的空间和时间，一个人静静地才能保持清醒并整理好自己的思路？

A. 强烈肯定　　B. 有时　　C. 绝对否定

7. 与一大群人或朋友在一起时，你是否时常觉得有隔阂、孤独或者失落感？

A. 强烈肯定　　B. 有时　　C. 绝对否定

8. 当一些你不太熟悉的人对你倾诉他们的生平遭遇以求得同情时，你是否会觉得厌烦甚至不加掩饰这种情绪？

A. 强烈肯定　　B. 有时　　C. 绝对否定

9. 当有人与你交谈或对你讲一些事情时，你是否经常觉得没有兴趣，很难聚精会神地听下去？

A. 强烈肯定　　B. 有时　　C. 绝对否定

10. 当一群人在一起聊天时，你是否经常觉得与他们没有什么共同语言，随意就沉默寡言？

A. 强烈肯定　　B. 有时　　C. 绝对否定

说明：每题选 A 答案得 3 分，选 B 答案得 2 分，选 C 答案得 1 分。

如果你的得分为 25～30 分，表明你只有在非常需要的情况下才会与别人交谈，但你仍然不会以交谈来发展友情。除非对方愿意主动与你接触达成交谈，否则你便处于孤独的个人世界里。你的沟通存在很大问题。

如果你的得分为 18～24 分，你大概比较热衷于跟别人交谈，交朋友是你的爱好。如果你对对方不太熟悉，你开始会比较拘谨，但是时间一长，你会变得非常愿意交谈。

如果你的得分接近 24 分。说明总体上你有孤僻的倾向。你的沟通可能有一点问题。

如果你的得分为 12～17 分，表明你与人交谈不成问题，你非常懂得交际，跟任何人都可以随意进行沟通，在群体中能够创造一种轻松热烈的气氛，沟通没有问题。

第六章
交谈艺术

交谈是了解一个人最好的方法。

——狄摩西尼

● 引入案例

沟通的语言和技巧

球王贝利，人称“黑珍珠”，是人类足球史上享有盛誉的天才。在很小的时候，他就显示出了足球的天赋，并且取得了不俗的成绩。

有一次，小贝利参加了一场激烈的足球比赛。赛后，伙伴们都精疲力竭，有几位小球员点上了香烟，说是能解除疲劳。小贝利见状，也要了一支烟。他得意地抽着烟，看着淡淡的烟雾从嘴里喷出来，觉得自己很潇洒、很前卫。不巧的是，这一幕被前来看望他的父亲撞见。

晚上，贝利的父亲坐在椅子上问他：“你今天抽烟了？”

“抽了。”小贝利红着脸，低下了头，准备接受父亲的训斥。

但是，父亲并没有这样做。他从椅子上站起来，在屋子里来回地走了好半天，才开口说话：“孩子，你踢球有几分天赋，如果你勤学苦练，将来或许会有点儿出息。但是，你应该明白足球运动的前提是你具有良好的身体素质。可今天你抽烟了。也许你会说，我只是第一次，我只抽了一支，以后不再抽了。但你应该明白，有了第一次，便会有第二次、第三次……每次你都会想：仅仅一支，不会有什么关系的。但日积月累，你会渐渐上瘾，你的身体就会不如从前，而你最喜欢的足球可能因此渐渐地离你远去。”

父亲顿了顿，接着说：“作为父亲，我有责任教育你向好的方向努力，也有责任制止你的不良行为。但是，是向好的方向努力，还是向坏的方向滑去，主要还是取决于你自己。”

说到这里，父亲问贝利：“你是愿意在烟雾中损坏身体，还是愿意做个有出息的足球运动员呢？你已经懂事了，自己做出选择吧！”

说着，父亲从口袋里掏出一沓钞票，递给贝利，并说道：“如果不愿做个有出息的运动员，执意要抽烟的话，这些钱就作为你抽烟的费用吧！”说完，父亲走了出去。

小贝利望着父亲远去的背影，仔细回味着父亲那深沉而又恳切的话语，不由得掩面而泣，过了一会儿，他止住了哭泣，拿起钞票，来到父亲的面前。

“爸爸，我再也不抽烟了，我一定要做个有出息的运动员！”

从此，贝利训练更加刻苦。后来，他终于成为一代球王。他的成功跟他父亲的一番教导是分不开的。

案例讨论：

回忆你成长过程中的一次愉悦的谈话，分析成功交谈的必备因素。

第一节 交谈的性质

一、交谈的含义与特点

（一）交谈的含义

交谈是以两个人或几个人之间的谈话为基本形式，进行面对面的沟通信息的言语活动。它以对话为基本形态，包括交谈主体、交谈客体、交谈内容三个方面。

国外学者给出了沟通行为比例，分别是倾听40％、书写9％、阅读16％、交谈35％。与人际沟通过程一样，交谈是通过一套共同规则互通信息的过程。因此，交谈是一种特定的人际沟通方式，通常涉及提问和回答，并带有交换信息或满足个体需要的目的。

（二）交谈的特点

1. 特定的目的

交谈是有意识的，需要参加者将谈话的焦点保持在一个特定的话题上。例如，经济上谈生意，政治上谈判，情感上谈情说爱。

2. 通常涉及提问与回答

提出问题和回答问题在交谈过程中起着关键作用。交谈的中心是如何运用沟通技巧去提合适的问题，即问得巧妙，答得精彩。巧问要注重“三点”，即热点、焦点和难点。妙答要注重“三精”，即精当、精练和精彩。

3. 互动性

交谈一般发生于两个人面对面的互动中，并规律性地涉及语言和非语言的信息传递方式。

二、交谈的过程

交谈过程可分为准备与计划、开始交谈、引导交谈、结束交谈和做好记录五个阶段。

（一）准备与计划

要求：明确交谈的目的，即这次交谈完成哪些事；了解必要的历史背景，即对方是谁，为什么要进行这次交谈等；确定初步的问题，使交谈能集中在一个目标上，但要避免有先入为主的思想和固定的期望；提供合适的环境，选择恰当的时间进行交谈。

（二）开始交谈

交谈开始时应有礼貌地称呼对方并自我介绍，必要时向对方交代此次交谈的目的和大约需要的时间。也可以从一般性交谈开始，活跃气氛。

（三）引导交谈

可提出一些开放式和间接式问题，引导对方诚实、完全地回答。闭合式和直接式问题都容易使对方感到紧张和有威胁感。

（四）结束交谈

可利用小结和核实技巧作为结束，为下一次交谈做好准备。

（五）做好记录

把交谈的主要内容记录下来。

三、交谈的方式

人们的交谈是按照一定的顺序进行的，不是想说什么就说什么的，想什么时候说就什么时候说的。说话者和听话者双方只有互相配合，才能使交谈顺利进行下去。假设有 A、B、C 三个人在一起，理想的交谈方式应遵循下列模式：

（1）A 先开始讲话，他选择一个话题，围绕着它讲几句话。

（2）A 通过某些方法使 B 继续谈下去。

（3）B 接过话茬，顺着 A 选的话题讲几句话。

（4）B 选择 C 作为下一个谈话者。

（5）C 接过 B 的话茬，顺着话题讲几句话。

（6）C 选择 A 作为下一个谈话者。

（7）这个过程一直进行下去，直到大家感到有关这个话题已无话可说，或者时间用完了。在这个过程中，每个人都有大致相等的机会和时间来谈话，并且当一个人讲话时其他人只能听。

（8）最后一个人总结 A 选择的话题，这时候表明该话题已经结束，可以引出另一个话题。这种说者和听者互换位置的规则，就好像交通规则一样，即使没有警察指挥，大家也都会遵守红灯停、绿灯行的规则，否则便会造成交通堵塞。交谈的规则虽然没有交通规则那样明显，但也是被严格遵守着的。依据这些规则，参加谈话的人才能根据自己的需要决定加入交谈或者回避交谈。如果你想加入谈话，就必须等待说话的人讲完以后，在停顿时接过话茬。如果在这中间打断别人，就会被认为是不礼貌。如果你想把话题交给下一个人，就要出现停顿，暗示你已经讲完。

小贴士

克服交谈羞怯症的五种方法：

(1) 相同类比法：你可以这样想，我交谈的能力虽然差一些，但别人开始时何尝不是这样？万事开头难，开了头以后就容易了。这样想想，对于克服与陌生人交谈时的局促很有帮助。

(2) 不同比较法：有时遇到对方的谈吐、风度等很出色，不要盲目地将自己和他比较，总想他真棒，我自愧不如。而应当这样想：你确实不错，但尺有所短、寸有所长，你有你的优势，我有我的特长，我在这方面不如你，但你在其他方面也可能不如我，“梅须逊雪三分白，雪却输梅一段香”。这样想想，你就会自信起来。

(3) 感情接近法：这一方法对于克服与领导、长者、异性在一起时的拘谨有一定作用。你和他们在一起时，不要过多考虑他们的身份、年龄和性别，而可以这样考虑：假如他们是我的同事、长辈或好朋友。首先从感情上和他们接近，讲话就不会拘谨了。

(4) 难堪练习法：日本一些企业管理人员培训班，为了培养和锻炼学员的自控能力和社交能力，专门让学员站在大街上人多的地方大声唱歌或朗读报纸。这种使人难堪的举动对于克服腼腆、不善说话很有好处。你可以经常有意识地主动与陌生人交谈，锻炼自己的胆量，慢慢地就不会羞怯了。

(5) 条件训练法：即有意识地创造各种条件，反复进行交谈前的说话训练。如果你要参加一个座谈会，可以提前拟出发言提纲，自己练习掌握，再向亲友等试说。由于对自己的发言心中有数，就不会出现交谈羞怯的现象了。

四、交谈的态度与规范

（一）交谈的态度

1. 表情自然

表情指一个人面部神态、气色的变化和状态，它是个人心态、动机的无声反映。交谈时的表情应与谈话的内容、场合相适应，语气要和蔼亲切，表达要自然得体。

2. 举止得体

肢体语言通常是自身对谈话内容和谈话对象态度的真实反映。人们在交谈时往往会做出一些有意无意的动作举止。目光要注视对方，不要左顾右盼；不要有看手表、伸懒腰、打呵欠等漫不经心的动作。

3. 注意倾听

倾听是交谈过程中重要的一个环节。认真倾听对方的发言，并予以适当反馈，从而表示自己对对方发言的重视。切记不要轻易打断别人的谈话。自己讲话的时候，要给别人发表意见的机会，不要滔滔不绝、旁若无人，搞“一言堂”。

（二）交谈的规范

1. 言之有物

交谈的双方都想通过交谈获得知识，拓宽视野，增长见识，提高水平。因此，交谈要有观点、有内涵、有思想，而空洞无物、废话连篇的交谈是不会受人欢迎的。没有材料作根据，没有事实作依托，再动听的语言也是苍白的、乏味的。我们在交谈时，要明确地把话说出来，将所要传递的信息准确地输送到对方的大脑里，才能正确地反映客观事物，恰当地揭示客观事理，贴切地表达思想感情。

2. 言之有序

言之有序就是根据讲话的主题和中心设计讲话的次序，安排讲话的层次，即交谈要有逻辑性、科学性。“使众理虽繁，而无倒置之乖；群言虽多，而无棼丝之乱。”（刘勰《文心雕龙》）有些人讲话，一段话没有中心，语言支离破碎，想到哪儿就说到哪儿，东一榔头西一棒槌，给人的感觉是杂乱无章、言不及义、不知所云。所以，在交谈时，先讲什么、后讲什么，思路要清晰，内容要有条理，布局也要合理。

3. 言之有礼

交谈时要讲究礼节礼貌。知礼会为你的交谈创造一个和谐、愉快的环境。讲话者，态度要谦逊，语气要友好，内容要适宜，语言要文明；听者，要认真倾听，不要做其他事情。这样，就会形成一个信任、亲切、友善的交谈气氛，为获得交谈成功奠定基础。

五、交谈的作用

（一）交谈是艺术

交谈是一门艺术，而且是一门古老的艺术。“一人之辩重于九鼎之宝，三寸之舌强于百万之师。”在人类发展史上，交谈作为一种社会现象，是和人类劳动、生活、交际活动一起发展起来的。交谈的艺术性体现在尽管人人都会，效果却大不一样。“酒逢知己千杯少，话不投机半句多”，正说明了交谈的优劣直接决定着交谈的效果好坏。与人进行一次成功的谈话，不仅获得知识，而且感情上会得到很多补偿，是一种莫大的享受；而参与一场枯燥无味、死气沉沉的交谈，除了浪费时间之外，还会有一种备受折磨的感觉。

（二）交谈是友谊

交谈是建立良好人际关系的重要途径，是连接人与人之间思想感情的桥梁，也是增进友谊、加强团结的一种动力。“良言一句三冬暖，恶语伤人六月寒”，正说明了交谈在交往中的作用是举足轻重的。一个人善于交谈，就能广交朋友，给人带来友爱，为社会增添和谐，就能享受到社会特有的友情与温暖。在现实生活中，我们经常看到不少人因话不得体，伤害了亲友，得罪了同事，甚至有些人因言语失误，结怨结仇，操刀动斧，酿成生活悲剧。

（三）交谈是财富

交谈不仅是人们交流思想的重要手段，而且是学习知识、增长才干的重要途径。善于同有思想、有修养的人交谈，就能学到很多有用的知识，“与君一席谈，胜读十年书”，就是对交谈意义深刻的总结。英国文豪萧伯纳曾经说过：“你我是朋友，各拿一个苹果，彼此交换，交换后仍各有一个苹果；倘若你有一种思想，我也有一种思想，而朋友间相互交流思想，那么，我们每个人就有两种思想了。”可见，广泛地交谈可以交流信息、深化思想、增强认识，提高处理问题和解决问题的能力。

第二节 提问艺术

一、提问的作用

（一）获得全面信息

在倾听过程中，恰当地提出问题往往有助于相互沟通。沟通的目的是获得信息。提问的艺术对于形成判断、更好地了解与我们共事的人以及对于整体的职业关系都十分关键。护士和医生在了解医疗史的情境中接受提问的训练，教师在如何进行课堂提问方面接受训练，警察则接受取证方面的训练。但总的来说，提问通常是一件很随意的事。人们通过提问的内容可获得信息，也可从对方回答的内容、方式、态度、情绪等其他方面获得信息。

（二）和谐人际关系

如何提问比问什么更为重要。善于提问是交谈的基本功。有技巧性地提问可以使听者做出清楚、完整且诚实的回答。提问在人际沟通中具有十分重要的作用，它不仅是交谈者收集与核实信息的手段，而且可以引导交谈各方围绕主题顺利展开交流，促进人际关系的和谐发展。

（三）体现沟通能力

适时进行一些恰当的提问能够起到三个方面作用：一是促进、鼓励讲话人继续谈话，并更多地提供这一方面的信息；二是促进双方和谐关系的建立，因为这样的提问往往有尊重对方的意味；三是在不转移说话内容、主题的前提下获得更多相关的信息。

二、提问的类型

提问一般可分为开放性问题和封闭性问题两种类型。

（一）开放性问题

1. 开放性问题的含义

开放性问题是包括范围广阔、不要求有固定结构的回答的问题。回答问题的人可以做出许多同样正确的回答。例如，问对方“昨天你怎么样”，这就是一个开放式的问题。对方可以把昨天的情况详细地告诉我们，也可以由对方自己决定说什么或不说什么，什么事情说得详细，什么事情说得简单，可以自己选择谈话的重点。

2. 开放性问题的作用

开放性问题有助于对方开启心扉、发泄情绪，并支持他们表达被抑制的情感。下面是开放性问题的一些例子：

（1）你好像很不愉快，你现在有些什么感觉？

（2）请谈谈你认为将会发生什么事情。

（3）你认为这种饮食怎么样？

（4）你为什么不买房呢？

（二）封闭性问题

封闭性问题提供的答案是限制性的，有时问题本身就已隐含着答案。当然，问题的封闭程度有很大差异。最常见的封闭性问题只要求患者回答是或否。例如，医生会问偏头疼的患者，是左边疼，还是右边疼，两个答案中只能选择其一，这就是封闭式的提问。下面是封闭性问题的一些例子：

（1）你今天是开车过来的吗？

（2）你买房了吗？

（3）刚才的事情发生了吗？

（4）你最近愉快吗？

三、提问的方式与技巧

（一）提问的方式

提问的方式可以划分为五种：

（1）明确性提问：具有明确的方向，要求讲话人给予明确的解释。例如，你能把降压仪的使用方法说明一下吗？

（2）相关性提问：对事物间的联系性进行提问。例如，今天发生的几件事情对您的身心有何影响？

（3）激励性提问：提问的目的是激励对方或给予对方勇气。例如，其他三个科室都已表示能按时完成任务，你们认为怎样？

（4）征求意见性提问：询问对方对自己观点的意见、建议等。例如，你认为手术方案有无需要修改的地方？

(5)证实性提问：对讲话人的一些讲话内容进行有目的的提问，以证实其准确性、可靠性。

(二)提问的技巧

如果你希望和他人和睦相处，让他们做什么，或者请求他们帮助你，那你必须准确地掌握“提问”的方法，它是进行交流、理解、说服、协调的得力工具。注意以下三个常识性问题。

(1)对他人做了的事情，不要提问他为什么做了。人们有时对自己到底为什么要干这做那，连自己也不明白。有时，如果明白，就不会允许自己干了。听到这样具有责备口吻的提问，人们是不愉快的。例如，你为什么干了那样的事？

(2)不要借助提问，强迫别人同意。提问太过火、太生硬，对于听者来说是无视他们存在的行为。例如，我今天所说的，你不认为是正确的吗？

(3)不要提有关对方私生活和侮辱对方的问题。例如，你的体重多少千克呀？你结婚了吗？你有小孩了吗？

守口如瓶是一个人最大的修行

如果说明知不问是人格魅力，那么知而不言就是人格的顶级修养。

美国前总统罗斯福就职于海军时，一位朋友向他打听美国海军在加勒比海一座岛上建潜艇基地的事。罗斯福看了看四周，仿佛是害怕别人注意，然后轻声问他的朋友：“你能保守秘密吗？”

朋友回答道：“能，当然能！我会守口如瓶！”

罗斯福笑了笑，接着说道：“那么，我也能守口如瓶。”

不让杂念侵扰内心，不让言语随口而出，是为人处世一大戒律。守口如瓶，是交谈的道德品质，更是一种人生的修行。我们或许做不到防意如城，却应该警醒，真正的智者，守口如瓶。他人是非，不如不言；人云亦云，不如不言；言而不当，不如不言；旧事重提，不如不言；知而不行，不如不言。真正的智者，知而不言。守口即守心，舌乃心之苗，当人止语时，心是宁静的，安静的人，强大无比。

第三节 核实技巧

核实是接收信息和给予反馈信息的方法。核实的内容包括：仔细聆听；观察非语言行为；尝试去了解它的含义；通过询问以证实双方表达和理解是否一致。核实的方法有反映、重复、澄清、阐明、沉默。

一、反映与重复

（一）反映

反映是将对方的部分或全部沟通内容反述给他，使他通过你的反述而对自己的讲话和表现重新评估一下或进行必要的澄清。反映需要一定的技巧，除了仔细倾听和观察对方情感（非语言性表现）外，还要选择最能代表其含义的情感词句。例如，“烦恼”比说“恐惧”更易于接受。

（二）重复

重复包括对语言的意释和复述。一般来说，重复对对方来说犹如回音壁。

小贴士

反映与重复的区别

在反映中，交谈者宛如一面镜子，反映出对方已表达的或尚未表达的情绪和态度。重复的核心是对方所说的内容，而反映的焦点是对方表达的方式或情感，这将被交谈者以“言外之意，弦外之音”摆到桌面上来。反映帮助对方醒悟自己的真实情感，并进一步明确和描述这种情感。

二、澄清与阐明

（一）澄清

澄清是书面词汇，就是搞清楚的意思。我们所说的澄清包括两个方面的含义：一方面是搞清楚对方每句话的实际内容和说话的目的，这是有效沟通所必需的。有时候，说话的内容和目的是不一致的。例如，炎热的夏天，孩子跟妈妈说“我渴了”，渴是孩子的感受，但实际目的是让妈妈给他买汽水喝或买冰棍吃。“我渴了”是说话的内容，目的是为“我”解渴。另一方面是将一些模棱两可、含混不清、不够完整的陈述加以弄清楚，其中也包含试图得到更多的信息。在澄清时，常用“我不完全了解你所说的意思，能否告诉我……”“你的意思是不是……”。

（二）阐明

阐明是一种将互动焦点转移到说话者身上的技巧，是说话者对听者所表达的思虑进行解释的过程。目的是为听者提供一个新的观点或新的看待自己经历的方法，以帮助听者更好地认识和理解这一经历。

三、沉默

（一）沉默

沉默是金，沉默可以起到一种非常积极的作用；但有时沉默又是消极的，对有效的沟通起反作用。摆在交谈者面前的主要问题是何时运用沉默以及如何最有效地运用沉默。在日常交往中，沉默往往会给你带来益处。在某些场合，沉默不语可以避免失言。许多人在缺乏自信或极力表现得礼貌时，可能会不假思索地说出不恰当的话给自己带来麻烦。

（二）沉默传递的信息

沉默可以调节说话和听讲的节奏。沉默在谈话中的作用就相当于零在数学中的作用，尽管是零，却很关键。没有沉默，一切交流都无法进行。

（1）不感兴趣。如果倾听人长时间对讲话人的谈话没有反应，且目光游离不定，那么，给人的印象是他对谈话的内容毫无兴趣。

（2）支持和信任。当倾听人沉默不语，但保持良好的目光接触且不时点头或以微笑相回应时，讲话人的感觉是倾听者支持或者信任自己。

（3）被讲话人打动。当倾听人长时间沉默不语，但目光较长时间固定且面部表情与讲话人所要表达的情感相符合时，十有八九倾听者被打动了。

小贴士

交谈十忌嘴

（1）“闭嘴”，即一言不发，使交谈冷场。

（2）“插嘴”，即在他人讲话的中途，突然插上一句话，打断对方。

（3）“杂嘴”，即乱用方言、俚语、外语、术语，语言不标准、不规范。

（4）“脏嘴”，即用语不文明，满口“脏、乱、差”的黑话、脏话。

（5）“荤嘴”，即出口带色，时刻将性事、艳情、绯闻、下流话挂在嘴上。

（6）“油嘴”，即交谈时油腔滑调，胡乱幽默，取笑他人。

（7）“贫嘴”，即爱讲废话，爱饶舌，好犯贫，好起腻。

（8）“强嘴”，即爱与人争辩，好强词夺理，自以为一贯正确。

（9）“刀子嘴”，即讲话尖酸刻薄，肆无忌惮，恶语伤人。

（10）“电报嘴”，即爱传闲话，爱搬弄是非，爱打探小道消息。

● 能力测试

你善于与人交谈吗

1. 你是否时常觉得“跟他多讲几句话也没意思”？

A. 强烈肯定　　B. 有时　　C. 绝对否定

2. 你是否觉得那些太过于表现自己感受的人是肤浅和不诚恳的？

A. 强烈肯定　　B. 有时　　C. 绝对否定

3. 你与一大群人或朋友在一起时，是否时常觉得孤寂或失落？

A. 强烈肯定　　B. 有时　　C. 绝对否定

4. 你是否觉得需要有时间一个人静静地才能清醒一下和整理好思绪？

A. 强烈肯定　　B. 有时　　C. 绝对否定

5. 你是否只会对一些经过千挑百选的朋友才吐露心思？

A. 强烈肯定　　B. 有时　　C. 绝对否定

6. 在与一群人交谈时，你是否时常发觉自己在东想西想一些与交谈话题无关的事情？

A. 强烈肯定　　B. 有时　　C. 绝对否定

7. 你是否时常避免表达自己的感受，因为你认为别人不会理解？

A. 强烈肯定　　B. 有时　　C. 绝对否定

8. 当有人与你交谈或对你讲解一些事情时，你是否时常觉得很难聚精会神地听下去？

A. 强烈肯定　　B. 有时　　C. 绝对否定

9. 当一些你不太熟悉的人对你倾诉他生平遭遇以求同情时，你是否觉得不自在？

A. 强烈肯定　　B. 有时　　C. 绝对否定

评分规则：

每道题选 A 作答案可得 3 分，答 B 的可得 2 分，答 C 的可得 1 分。

如果你得分为 22～27 分，表示你只有在极需要的情况下才同别人交谈，除非对方愿意主动频频跟你接触，否则你便总处于孤独的个人世界里。

如果你得分为 15～21 分，表示你大概比较喜欢跟别人做朋友。如果你与对方不太熟识，开始会不大愿意跟对方交谈。但时间久了，你便乐意常常搭话。

如果你得分为 9～14 分，表示你与别人交谈不成问题。你非常懂得交际，较易营造一种热烈气氛，彼此十分投机。

第七章 职场沟通

君子上交不谄，下交不渎。

——《周易·系辞传下》

与人相处的学问在所有的学问中应该是排在最前面的，沟通能够带来其他知识所不能带来的力量，它就是成就一个人的顺风船。

——戴尔·卡耐基

● 引入案例

功劳是大家的

在某单位的一次公开竞聘中，左某战胜了其他几位竞争对手，当上了经理。许多同事对他表示祝贺，更有人当众夸他能力非凡。左某却谦虚地说："功劳是大家的，其实几位候选人各有长处。论管理我不如老刘，论经营我不如老叶，论公关我不如小王。"后来左某不但以诚意挽留了这几位竞争者，而且根据他们各自的特长做出了相应的安排。宽厚的气度使他赢得了大家的尊重，也使他在工作中取得了显著成就。他上任没多久，单位就取得了很大的成绩。

左某之所以能得到同事的支持，妙诀就是不把功劳揽在自己一个人身上，一句"功劳是大家的"，温暖的是人心，赢得的是尊重。

案例讨论：

在生活中，你会运用辩证的方法为自己纠偏吗？得与失之间又是怎样的一种辩证关系呢？生活中你是如何看待得失的呢？

第一节 与领导沟通

与领导沟通，指的是团队成员通过一定的渠道和方式，与管理者或决策层进行的信息交流。

上下级之间的有效沟通，无论是对组织还是对个人，都具有十分重要的意义。就下级而言，通过与上级主动有效的沟通，既能准确了解信息，提高工作效率，又能及时表达自己的意愿，形成积极的双向互动。

一、与领导沟通的原则

在与领导沟通的过程中尤其需要注意遵循以下原则。

（一）不卑不亢

与领导沟通，要保持不卑不亢的态度，既不能唯唯诺诺、一味附和，也不能恃才傲物、盛气凌人。沟通只有在平等的原则下进行，才可能坦诚相待、求得共识。

在社交过程中，每个人都希望得到别人的尊重、帮助，希望自己的地位和荣誉得到肯定和巩固，没有人愿意在一个群体中被孤立和冷落。如果他的这种愿望得不到满足，他就会与周围的人产生“隔膜”，进而拒绝与人合作。因此，尊重别人是每个职场人士必备的一种修养。在职场中，要尊重领导的意见，维护领导的威信，理解领导的难处和苦衷，即使要提出不同的意见，也要选择适当的时机，选择对方能接受的方式。这样，无论是对工作，还是对沟通双方的感情、建立融洽的关系来说，都是大有益处的。

尊重与讨好、奉承有着质的区别。前者基于理解他人、满足他人正常的心理和感情需要，而后者则往往是为了满足一己私欲。在现实生活中，有一些人为了达到自己不可告人的目的，不惜曲意迎合、奉承、讨好领导，这不仅混淆了领导的视听，降低了领导的威信，也造成了同事之间的不和谐。绝大多数有主见的领导，对那种一味奉承的人都是比较反感的。

（二）工作为重

上下级之间的关系主要是工作关系，因此，在与领导沟通时，应从工作出发，以做好工作为沟通协调的目的。在与领导沟通时，既要摒弃个人的恩怨和私利，又要摆脱人身依附关系，在任何时候、任何问题上都从工作和整个团队的利益出发；要作风正派、光明磊落。切忌对领导一味地阿谀奉承、百依百顺、丧失理性和原则，甚至为讨领导欢心而违法乱纪。

（三）服从至上

领导掌握公司的全盘情况，一般来说考虑问题比较周全，处理问题时往往能从大局出发。在与领导沟通时，坚持服从至上是在一切组织中通行的原则，是组织获得巩固和发展的基本条件。事实证明，如果下属与领导沟通时拒不服从，这样的组织就无法形成统一的意志和严密的整体，就会像一盘散沙，不可能顺利发展。当然，服从不是盲从，如果下属发现领导犯了某些错误，就应抱着对工作高度负责的态度，及时向其反映。

（四）非理想化

在与领导沟通的过程中，下属不能用自己头脑中形成的理想化模式去要求领导，从而对领导苛求。坚持非理想化原则，就需要全面地看待领导，既要看到其优点和长处，又要看到并接受领导的缺点和短处，摆脱苛求完美的思想。

小案例

领导喜欢下属具备的品质

爱岗敬业，忠诚可靠。

独当一面，开拓创新。

自觉主动，服从第一。

乐观向上，勇担责任。

善于沟通，乐于合作。

二、与领导沟通的方法

（一）主动沟通

有人说："要当好管理者，就要先当好被管理者。"下属要时刻保持主动与领导沟通的意识，因为领导工作比较繁忙，不可能经常深入地与员工进行沟通。但在实际工作中，很多下属都害怕直面自己的领导，不敢积极主动地与领导沟通交流，这是一种"职场通病"。我们应该消除对领导的恐惧感，领导也是人，也有情感，而人与人之间如果没有了交流和沟通，就会疏远。

那么，怎样消除对领导的恐惧感呢？

首先，要抛弃"不宜与领导接触过多"的观念。合理的沟通观念应该是，与领导沟通是一个职场人士的基本职责之一，因为领导是决策者和管理者，而下属是执行者和完成者。在决策执行和目标实现的过程中，下属必须借助沟通来了解领导的意图，争取领导的支持，获得领导的认可。

其次，不要害怕在领导那里"碰钉子"。当领导反馈的结果不理想时，要从沟通态度、沟通方式等方面进行自我反省；同时，要仔细揣摩领导的态度和意见，并通过换位思考寻求对领导的理解。

最后，要用改进人际沟通技能的方法增强自信。在沟通内容上，尽量做到观点精练、有理有据、层次清晰。在人际沟通方式上，应采用易被对方接受的沟通频率、语言风格和态度情绪。刚开始时最好采取面对面直接交流的方式，相互熟悉之后可以借助电话、微信、电子邮件等方式与领导进行沟通。

（二）适度沟通

所谓适度，是指下属与领导的关系要保持在一个有利于工作、事业发展及两人的正常关系的适当范围内，形成和谐的工作环境。沟通既不能"不及"，也不可"过分"。

目前，下属与领导的沟通主要存在两大误区：一是沟通频率过高。有些下属为了博得领导的赏识和信任，有事没事就往领导办公室跑，既给领导的正常工作造成了干扰，又让领导认为你缺乏独立工作的能力，遇事没有主见；二是沟通频率过低。有些下属以为做好本职工作就行了，至于是否向领导汇报思想和工作情况则无所谓，因而该请示时不请示，该汇报时不汇报，目无组织和领导，这既不利于开展工作，在一定程度上也会影响个人和团队的发展。

小案例

车间主任

甲和乙是两位新上任的车间主任，业务水平都很高。不过，在与领导沟通时，两位车间主任采取的却是截然不同的态度。甲主任认为，一定要和领导搞好关系，于是，他有事没事就往领导那里跑，弄得车间员工议论纷纷，都说甲主任只会“拍马屁”，丝毫不关心员工。后来这话传到了领导的耳朵里，领导感到很难堪。与此相反，乙主任则认为“打铁还要自身硬”，一天到晚只知埋头苦干，为了完成生产计划甚至连车间主任会都不参加。可是车间员工对此也不买账，他们认为这样的主任不会为员工着想；而领导也因为他常常不来开会心生不满，乙主任由此弄得“里外不是人”。

提示：甲、乙两位车间主任的问题在于没有把握好与领导沟通的“度”。甲主任沟通“过分”，乙主任沟通“不及”。只有把握好与领导沟通的“度”，才能赢得领导和下属的共同认可。

（三）适时沟通

领导每天需要考虑的事情很多，因此我们应根据问题的重要程度，选择恰当的沟通时机。

首先，要选择领导相对轻松的时候。与领导沟通之前，可以通过打电话、发信息等方式主动预约，或者请对方确定沟通的时间、地点，自己按时赴约。假如是私事，则不宜在领导埋头做事时打扰领导，否则就会忙中添乱，适得其反。

其次，要选择领导心情较好的时候。沟通之前，可与其秘书或助理取得联系，以了解对方的情绪状态。当领导情绪欠佳时，最好不要去打扰他，特别是准备向对方提要求、说困难或者发表不同意见的时候。

再次，要寻找适合单独交谈的时间。特别是在试图改变领导的决定或意向的时候，要多利用非正式场合和没有第三者在场的时间。这样既能给自己留下回旋的余地，又有利于维护领导的尊严。

最后，不要选择在领导准备去度假、度假刚回来或吃饭、休息的时间与其沟通。因为这时领导的精力不集中，心不在焉，或者容易匆忙做出决定。

（四）灵活沟通

由于个人的素质和经历不同，不同的领导往往有不同的风格。根据领导的风格，在沟通过程中使用不同的技巧，往往会取得较好的沟通效果（见表 7-1）。

表 7-1　与不同风格领导的沟通技巧

风格类型	性格特点	沟通技巧
控制型 （权力欲强）	实际，果决，求胜心切； 态度强硬，要求服从； 关注结果，不关注过程	简明扼要，直截了当； 尊重权威，执行命令； 称赞其成就而非其个性或人品
互动型 （重人际关系）	亲切友善，善于交际； 愿意聆听下属的困难和要求； 喜欢参与，主动营造融洽氛围	公开、真诚地赞美； 开诚布公地发表意见； 忌背后发泄不满情绪
务实型 （干事创业）	为人处世自有标准； 理性思考，不喜感情用事； 注重细节，探究来龙去脉	开门见山，就事论事； 据实陈述； 不忽略关键细节

（五）定位沟通

正确认识自己的角色、地位，真正做到出力而不“越位”，是处理好上下级关系的一项重要原则。越位是下属在处理上下级关系过程中常犯的一种错误，其主要表现在以下四个方面：

第一，决策越位。决策是领导活动的基本内容，不同层次的领导的决策权限也不同。本该由领导做出的决策却由下属做出，就是越位的行为。

第二，表态越位。一个人对某件事的基本态度，往往与其特定的身份相联系，超越身份胡乱表态是不负责任的表现。

第三，工作越位。本该由上级出面处理的工作，下属却越俎代庖、抢先去做，就会造成工作越位。

第四，场合越位。在有些场合中，如接待客户、参加宴会等，应适当突出领导，下属却张罗过度，大出风头，也会造成越位。

三、请示与汇报的技巧

请示是下属向领导请求决断或批示的行为，汇报是下属向领导报告情况，提出建议的行为，这二者都是职场人士的经常性工作。

（一）明确程序

请示与汇报工作主要有以下几个程序：

一是明确指令。一项工作在明确了方向和目标后，领导通常会指定专人负责此项工作。如果领导明确指示自己去完成这项工作，就一定要迅速准确地把握领导的意图和工作的重点，包括谁传达的指令（who）、要做什么（what）、什么时间做（when）、在什么地点做（where）、为什么做（why），以及怎么做（how）、做多少（how much）。对其中任何一点不明白，都要主动询问领导并及时记录下来。最后，还要简明扼要地复述一遍，以确认是否有遗漏之处或领会有误的地方。当对领导的指令理解模糊时，绝不能“想当然”；在执行任务的过程中，遇到困难或疑惑之处，也要及时与领导进行沟通，以避免“走弯路”，耽误工作。

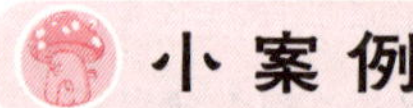

在面对领导的指令时应考虑下面几个问题

领导希望做的是什么？

这项任务的具体目标是什么？

完成这项任务的最佳做法是什么？

公司在这一项目上准备投入多少资源？

怎样进行工作报告？报告中应包括哪些内容？什么时候需要报告？应该向谁报告？报告以什么形式呈现？

二是拟订计划。在明确工作目标之后，应尽快拟订工作计划，交与领导审批。在拟订工作计划时，应详细阐述自己的行动方案和步骤，尤其是要有明确的时间表，以便领导进行监控。以制订月销售计划为例，首先，要明确下个月要达成的业绩目标；其次，要说明这些目标的完成有多少需要依靠老客户、多少需要依靠新客户；最后，要说明打算通过哪些渠道，采用什么促销方案来实现这一目标，等等。这样的月销售计划交上去，可方便领导及时给予指导。

三是适时请教。在工作进行过程中，要及时向领导进行汇报和请教，让领导及时了解工作进程和取得的阶段性成绩，并及时听取领导的意见和建议。切不可等工作全部结束后，才告知领导全部的工作情况。

四是总结汇报。工作任务完成以后，应及时向领导进行总结和汇报，总结成功的经验和不足，以便在今后的工作中改进提高。向领导总结自己的工作，既能显示出对领导的尊重，也有利于展示自己的才干，赢得领导的赏识和器重。

善于汇报的销售员

小波是一家酒店的销售员，颇得领导的赏识。之所以如此，有两个方面原因：一方面他业绩突出；另一方面他每做完一笔业务，都会以书面的形式总结这项业务成功与失败的原因并汇报给领导。领导对此非常满意，尽管有些业务完成得不是很出色，但领导从来没有责备过小波，相反地，还经常给他提出一些合理的建议。

提示：在现在的职场中，汇报工作已经逐渐成为每个职场人必备的技巧。小波向领导汇报工作的方式，体现了他的好学上进，让领导对他十分满意。

（二）充分准备

“凡事预则立，不预则废。”无论是请示还是汇报，要想达到预期目的，都必须事先做好准备。

首先，要做好思想准备。向领导汇报，既要消除紧张心理，又要端正态度，调整情绪，树立信心，认真对待。

其次，要做好资料准备。“巧妇难为无米之炊”，充分占有资料是汇报成功的基础。如果对情况不熟悉，或对某方面的情况还不明了，就不能凭主观臆断、道听途说去汇报，搞所谓“领导要，我就报，准不准，不知道”那一套。只有通过调查了解，准确掌握情况，才能更好地进行请示和汇报。

最后，汇报要有章法。如果是就某个特殊问题请求领导批示，自己至少要拿出两套解决方案，并对各套方案的利弊了然于胸，必要时向领导详细阐述，并提出自己的主张，争取得到领导的理解和支持。如果是就某项工作进行汇报，要在明确领导意图的基础上，确定汇报主题，把握汇报重点，组织汇报材料，合理安排汇报内容的顺序与层次；对汇报中可能出现的情况，领导可能提出的问题，要做到心中有数，绝不能仓促上阵。

（三）选择时机

除了紧急事件需及时向领导请示、汇报外，还应注意选择以下时机进行请示与汇报：当本人分管的或领导交办的工作告一段落时；当工作中遇到较大困难，想请求领导的帮助或支持时；当领导决策需要某方面的信息时；当领导主动询问有关情况时；当领导有空余时间时；等等。汇报不仅要选择时机，还要注意场合，可以通过会议形式正式汇报的，尽量不要不分场合地临时汇报。当领导公务繁忙或工作出现困难，心情烦躁时，一般不宜贸然开口汇报；应选择领导乐意听取汇报的时机进行汇报，以取得预期的效果。

（四）因人而异

在请示与汇报时，下属应采取不同的方式，以适应不同领导的风格特点。例如，对于严谨细致的领导，要解释得详细一点，最好列举必要的事例和数据；对于干练果断的领导，要注意言简意赅，提纲挈领；对于务实沉稳的领导，要注意言语朴实，少加修饰；对于活泼开朗的领导，语言可以轻松幽默一些。总之，要根据不同领导的不同个性特点，有针对性地做好请示与汇报。

（五）斟酌语言

向领导汇报工作时，一定要抓住重点，简短明快，不能东拉西扯，词不达意，这样的汇报既浪费领导的时间，又令人生厌。因此，下属向领导汇报时，一定要有提纲或打好腹稿，使用精辟的语言归纳整理所要汇报的内容，做到思路清晰、观点精练、语言流畅、逻辑性强，遣词用语朴实与准确。关键语句要认真推敲；评价工作要把握好分寸，切忌说“过头话”；列举的数字一定要准确无误，尽量避免使用“大概”“估计”“可能”之类的模糊词语。如果语言啰唆、拖泥带水，再好的内容也汇报不出应有的效果。

（六）遵守礼仪

请示与汇报主要需要遵守以下礼仪：一是要准时赴约。要按照事先约定的时间到达，过早到达或迟迟不到都是严重失礼的行为。二是要举止得体。做到站有站相，坐有坐相，文雅大方，彬彬有礼。三是要把握好汇报顺序。一般情况下，领导总是想先了解事情的结果，所以在汇报工作时要先说结果，再谈过程和程序。这样，汇报时就能做到简明扼要，有效节省时间。四是要注意场合。切忌在路上、饭桌上、家里汇报工作，更不能在公开场合与领导耳语汇报工作。

此外，请示与汇报时还应注意以下内容：要按照下级服从上级的原则，坚持逐级请示、汇报；要避免多头请示、汇报，坚持谁交办向谁请示、汇报，以避免不必要的矛盾，提高办事质量和工作效率；要尊重而不依赖，主动而不擅权；请示与汇报要根据工作需要，不能仰仗、依附于领导，时时、事事都向领导请教或求助；要在深刻领会领导的工作意图的前提下，积极主动、大胆负责地开展工作。

四、妥善处理领导的误解

在实际工作中，某些特殊的原因，下属可能会无意间得罪领导，被领导误解，尤其是在多个领导手下工作、单位人际关系复杂微妙的环境中。遇到这种情形时，必须妥善处理误解，否则就会影响工作的顺利开展，甚至是个人的发展前途。

宇宙万物，无处不存在矛盾。在与领导共事的过程中，出现矛盾是在所难免的。其实，矛盾并不可怕，最重要的是我们能够勇敢地正视它，并运用自己的智慧和技巧化解它。上下级之间最常见的矛盾就是彼此之间存在误解与隔阂。如果处理不当或掉以轻心，误解就会变成成见，隔阂更会发展成鸿沟，这对工作的开展无疑是极为不利的。

误解缘何而生？这是一个非常复杂的问题，它涉及人的心理活动的复杂性。忌妒、多疑、防范、自负甚至偏爱，都可能诱发领导对别人的不信任感，从而导致各种误解产生。这里，我们想要探讨的是产生误解的一般性原因或客观性原因，也就是上下级之间沟通不充分的问题。由于缺乏足够的沟通与交流，彼此对对方的情况没有清晰的认识，在判断时难免会加入主观色彩和心理因素，从而出现不客观的认识和推测。

对待领导的误解，下属最明智的做法就是及时、主动地消除它，而不要让它变成成见与隔阂。消除领导的误解可以从以下五个方面着手：

（1）掩盖矛盾。在其他同事或领导面前，极力掩盖彼此之间的矛盾，以防止事态进一步扩大。

（2）尊重对方。即使领导误解了自己，仍要尊重对方，见面要主动打招呼，不管对方反应如何都面带微笑；当误解自己的领导遇到困难的时候，要挺身而出，及时提供帮助，用实际行动去打动对方。

（3）背后褒扬。背后褒扬一方面可以通过他人之口替自己表白心迹；另一方面能够很好地取悦对方，毕竟，第三者的话总是让人觉得更可信。

（4）主动沟通。经过以上多种努力，上下级之间的矛盾往往会有所缓和，在此基础上，下属要寻找合适的机会，以请教的口吻让领导说出产生误解的原因。此时，下属可以做必要的解释，但一定要注意措辞，适可而止，否则就会显得缺乏诚意，引起对方的逆反心理。

（5）加强交流。误解消除后，要加强与领导的思想交流和情感沟通，不断增进彼此之间的了解，以免误解再次产生。

第二节 与同事沟通

处理好同事关系对每一位职场人士来说都很重要。同事关系是指同一组织内部处于同一层级的员工之间存在的一种横向人际关系。同事之间既是天然的合作者，又是潜在的竞争者，双方存在一种微妙的人际关系（见图 7-1）。同事之间必然会产生既渴望合作，又警觉竞争的复杂心理。因此，职场人士在与同事相处时，应特别注意沟通的技巧。

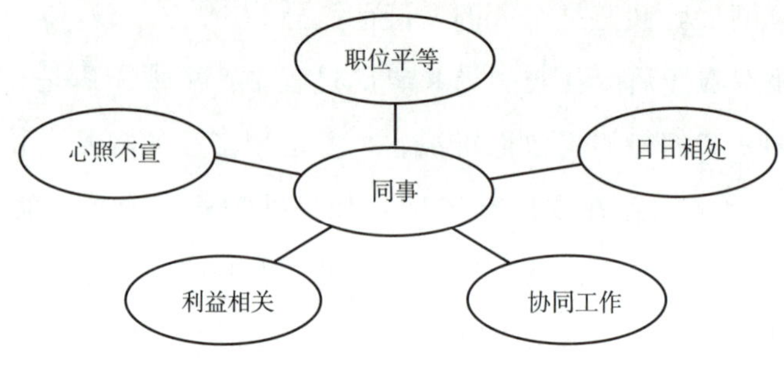

图 7-1　同事的基本特征示意

一、与同事沟通的要求

与同事沟通主要有以下几个要求。

（一）互相尊重

尊重是个体的需要，也是沟通的前提。职场人士需要的尊重包括团队成员给予的重视、威望、认可、名誉、地位和赏识等。每个成员都希望获得其他成员的认可，要求被给予较高的评价，希望自己受到礼遇，获得较高的名誉和地位。因此，高明的领导都十分尊重员工。尊重是相互的，正所谓“敬人者，人恒敬之”。因此，在职场中要想得到同事的尊重，首先就必须尊重同事的人格，尊重同事的工作和劳动，尊重同事在整个团队中的地位和作用。

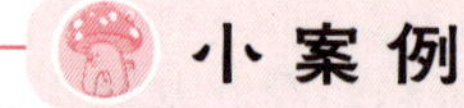

小陈为何不受欢迎

小陈是毕业于北京某重点大学的研究生，在单位工作几年后，由于业务能力突出，他被提拔为车间主任。这给了他一个施展才华的大舞台。但他在与别的车间主任交流时，总是流露出对那些工人出身的车间主任的不屑，开口闭口总是我们研究生如何、你们工人怎样，很快就让自己陷入与其他车间主任格格不入的境地，成为一个不受欢迎的人，最终不得不调换工作岗位。

提示：工人出身的车间主任是在实践中摸爬滚打成长起来的，他们具有丰富的实践经验，小陈不应看不起他们，而应充分地尊重他们，并向他们学习。只有互相尊重、互相学习，才能创造良好的工作氛围，大家才能和睦相处。

（二）真诚待人

常言道："精诚所至，金石为开。"同事之间要和谐沟通，双方就必须消除不必要的戒备心理，摒弃"逢人只说三分话，不可全抛一片心"的处事原则，襟怀坦荡，以诚相待。唯有真诚，才能打开同事的心扉，才能激起与同事在思想和情感上的共鸣。反之，如果当面一套，背后一套，或者说一套，做一套，就会失信于人，引起同事的反感。

小案例

互相帮助

伍兰兰大学毕业后进入一家企业从事销售工作。她是一个勤劳善良的女孩，每天都提前到达公司，把同事的桌椅收拾整齐，把办公室打扫干净，尤其会帮同事江龙收拾桌椅。江龙常常加班，桌上经常堆满书本，显得十分凌乱。江龙对此非常感激，主动要求带伍兰兰出去洽谈业务。在"师傅"的指导下，伍兰兰的能力提升得很快。半年后，伍兰兰自认为已经能够胜任业务工作，私自替江龙撰写了一份策划方案，并交给客户。

没想到由于伍兰兰疏忽大意，一组数据被弄错了，客户因此否决了伍兰兰的方案，并且拒绝与他们合作。江龙得知后非常生气。伍兰兰诚恳地承认了自己的错误，并在之后的工作中更加努力。

后来有一天，江龙生病住进医院，伍兰兰主动去医院精心照顾他，而且没有耽误工作，甚至连江龙的工作也一并处理了。

伍兰兰的一言一行都被同事们看在眼里，渐渐地，她的人缘越来越好，有什么事情大家都愿意真诚地帮助她。

提示：伍兰兰之所以受到同事欢迎，是因为她在用一颗真诚的心与别人沟通。其实她与同事沟通的技巧并不复杂。真诚是做人的基石，也是与人相处的根本。

（三）互谅互让

职场人士都希望有一个平和的、令人心情舒畅的工作环境。但是，同事之间由于存在思想认识、性格修养、观点立场等方面的差异，看问题的角度会有所不同，处理问题的思路与方法也不一致。面对这种差异和分歧，首先，不要过度争论，以免激化矛盾，影响彼此之间的关系；其次，要通过换位思考，充分理解对方，并本着从工作出发、为全局着想的原则，求同存异，互相谦让。

（四）分享成绩

同在职场中，成绩的取得与分享、利益的分配，都是大家十分关注的。对于成绩，如果你在工作上有特别的表现，受到嘉奖时，千万别独享成功的荣耀。因为成绩的取得，不是哪一个人单独的功劳，需要同事们明里暗里地协助。所谓“一个篱笆三个桩，一个好汉三个帮”，好成绩是大家共同努力的结果。无论是有人与你争功，还是无人与你争功，你都要抱着分享、感恩的心态，才能赢得同事的好感与支持。

（五）大局为重

单位同事由于工作走到一起，形成了一个利益共同体。其中的每一分子都要有集体意识和大局意识。因此，在与领导、同事沟通时，要尽量保持同等的距离，即使和某些同事意趣相投、关系密切，也不要在工作场合显现出来，以免让别的同事产生猜疑心理；在与本单位以外的人员接触时，更要有荣辱与共的“团队形象”观念，多补台少拆台，不要为自身小利而损害集体大利，也不要外扬“家丑”，更不要对自己的同事品头论足甚至恶意攻击，破坏同事的形象。

二、与同事沟通的方法

（一）重视团队合作

荀子说过：“人，力不若牛，走不若马，而牛马为用，何也？曰：人能群，彼不能群也。”这段话道出了团队合作的重要性。随着社会分工越来越细，现代企业越来越强调员工之间的沟通协调。作为企业中的个体，无论自己处于什么职位，在保持自己个性特点的同时，都必须很好地融入集体。正所谓：“大成功靠团队，小成功靠个人。”因此，在工作中要与同事同心协力、互相支持。需要大家共同完成的，要预先商定，在配合中守时、守信、守约；自己分内的事要认真完成，出现问题或差错时要主动承担责任，不拖延、不推诿；确需他人协助完成的，要使用请求的态度和商量的语气，不能居高临下、颐指气使。

（二）懂得相互欣赏

人是具有能动思维的主体。人所具有的这种特性表现在工作中，就是有一定的价值目标，即追求理想和信念的成功，也就是希望获得成就感。人的成就感包括职业感和事业感两个方面。职业感体现为个人对本职工作的态度，事业感则体现为个人追求被群体和社会承认的较高层次的成就。职场人士都有得到赞许的期望，都希望自己的职业和工作受到别人的重视，得到恰如其分的评价和鼓励。只有懂得这些，在和同事共事的过程中，我们才能善于发现同事的优点、长处以及在工作中取得的成绩和进步，并及时加以肯定和赞美。欣赏是人际关系的润滑剂。一句由衷的赞美既可以表达对同事的尊重，又会赢得对方的好感，进而使彼此之间的关系融洽。

（三）主动交流沟通

人际关系是在“互动”中发生联系和变化的。要使人际关系变得密切，注重彼此之间的交往是前提。因此，在紧张的工作之余不妨主动找同事谈谈心、聊聊天或请教一些问题等，以便双方加深印象、增进了解。在与同事的主动沟通中应把握以下四点：一是选择合适的时间、场合及易引起对方兴趣的话题；二是保持诚恳、谦虚的态度；三是善于体察对方的心理变化，因势利导、随机应变；四是讲究语言艺术，选用“商量式”“安慰式”“互酬式”的语言并注意分寸。

（四）保持适当距离

“过密则狎，过疏则间。”同事之间只有保持适当的距离，为人处世才可能客观、公正。每个人都有私人空间，搞好职场人际关系并不等于与同事无话不谈、亲密无间。有时同事之间摩擦不断、矛盾重重，恰恰是由于交往太过密切、随意，侵犯了对方的隐私。所以，当自己的个人生活出现危机时，不要随意在办公室里倾诉；要尊重同事的权利和隐私，不打探同事的秘密，不私自翻阅同事的文件、信件，不查看同事的计算机；不要对同事品头论足，更不要做搬弄是非的嚼舌根的人。

三、与同事沟通的禁忌

我们和同事同在一个单位，甚至同处一间办公室，每天都要见面谈话，谈话的内容可能无所不包，涉及工作的方方面面。因此，在与同事的日常沟通中把握好分寸，就成了不可忽视的一个问题。与同事沟通的禁忌主要包括以下内容。

（一）不谈论私事

办公室不是互诉心事的场所，虽然这样的交谈富有人情味，能使彼此之间的关系变得更亲密。但据调查，只有不到1%的人能够严守别人的秘密。因此，当自己的生活出现危机时，如失恋、婚变等，不宜在办公室里倾诉；当自己的工作出现危机时，如工作不顺利，对老板、同事有意见，更不应该在办公室里向同事袒露。我们不能把同事的“友善”和朋友的“友谊”混为一谈，以免影响正常的工作秩序和自身的形象。

（二）不好争喜辩

同事之间在某些问题上出现分歧很正常，尤其是在座谈会、讨论会等场合。当别人提出不同的意见时，要尊重对方，认真倾听，不随意打断，不急于反驳，在清楚了解对方的观点及其理由的前提下，语气平和地陈述自己的观点，并提供自己的理由。切不可抱着“胜过对方”或“证明自己是对的，对方是错的”的心态一味地与同事争执，否则就会影响彼此之间的关系，伤害别人的自尊。

（三）不传播“耳语”

所谓“耳语”，即小道消息，是指非经正式途径传播的消息，其往往失实，并不可靠。在一个单位里，各方面的“耳语”可能很多，关于领导的“耳语”可能更多。这些“耳语”如同噪声一般，影响着人们的工作情绪。对于“耳语”，应该做到“三不”：不打听，不评论，不传播。

（四）不刻意表现

表现自己并没有错。美国戏剧评论家威廉·温特尔说过：“自我表现是人类天性中最主要的因素之一。”在现代社会中，充分发挥自己的潜能，表现出自己的才能和优势，是应对挑战的必然选择。但是，表现自己要分场合、分方式，刻意的自我表现就会使热忱变得虚伪，自然变得做作，最终的效果可能还不如不表现。

（五）不当众炫耀

在人际交往中，任何人都希望得到别人肯定的评价，都在自觉或不自觉地维护着自己的形象和尊严。如果当众炫耀自己的才能、相貌、财富、地位等，处处显出高人一等的优越感，在无形之中就是对他人的自尊与自信形成了挑战与轻视，往往会引起别人的排斥心理乃至敌对情绪。因此，在与同事的相处过程中，应该认真做事，低调做人，即使自己的专业技术过硬，深得领导的赏识和器重，也不能过于张扬。

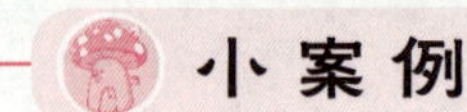

爱吹嘘的多娜小姐

多娜小姐刚到公司的时候，最喜欢吹嘘自己以前的工作成绩，以及自己每一个成功的地方。同事们对她的自我吹嘘非常讨厌，尽管她说的都是事实。她与同事们的关系因此弄得很僵，为此，多娜小姐很烦恼，甚至觉得自己无法在公司里继续工作。

她不得不向职业专家请教。专家在听了她的讲述之后，认真地说："唯一的解决方法就是隐藏你自己的聪明以及所有优越的地方。他们之所以不喜欢你，仅仅是因为你比他们更聪明，或者说你常常将自己的聪明展示给他们。在他们的眼中，你的行为就是故意炫耀，他们难以接受。"多娜小姐恍然大悟。她回去后严格按照专家的话要求自己。从此，她总是先听对方滔滔不绝地把他们的成绩讲出来，与她分享，只是在对方问她的时候，才谦虚地说一下自己的成绩。很快，同事们就改变了对她的态度，慢慢地，她成了公司人缘最好的人之一。

提示：炫耀让人讨厌，谦虚赢得信赖。你倾听别人、尊重别人，不自夸、不吹嘘，别人才会认同你，才会与你建立良好的关系。

（六）不直来直去

我们常常认为心直口快是一种难得的品质，有话就说，直来直去给人以光明磊落、酣畅淋漓之感。但是，不分场合、不看对象的直率往往会成为沟通的障碍，特别是当我们有求于对方或者想要发表不同见解的时候，更不能横冲直撞、口无遮拦。

（七）不随便纠正或补充同事的话

在日常交流中，可以对某个问题发表自己的见解，但不要随便纠正或补充同事的话，除非工作需要或对方主动请教，否则就会有自以为是、故作聪明之嫌，也会在无意中打击对方的自尊心。

四、劝慰同事的技巧

俗话说患难见真情。当同事在工作中遇到了麻烦，同事本人或者同事家中遭遇了不幸，我们理应伸出援助之手，努力为对方排忧解难，给同事以安慰和鼓励，这是人之常情，也是一种为人处世的美德。但是，要想使劝慰同事真正收到实效，必须掌握一些技巧。

（一）劝慰同事的基本要求

1. 同情而非怜悯

一个人在遭到挫折和不幸的时候，十分需要别人的同情。真正的同情，是在完全平等的地位上与之交流思想感情，给对方以精神和道义上的支持，并分担对方的痛苦，使不幸者痛苦、懊丧的消极情绪得以宣泄，并逐渐消除其心理上的孤独感，不断增强其战胜困难的信心。怜悯则是对不幸者的感情施舍，其结果，要么是刺伤不幸者的自尊心，使其从心理上拒绝接受；要么使不幸者更加心灰意懒，无法振作精神重新站起来。

2. 鼓励而非埋怨

遭遇挫折和不幸的人，由于一时无法摆脱感情上的羁绊，往往会垂头丧气、消极悲观。此时，最重要的是通过积极的鼓励，给予其信心和勇气，让他在困难的时候看到前途和希望。一味埋怨只会使不幸者更加悲观，甚至会使个别情感脆弱的人走向极端。

3. 安抚而非教训

一个人在遭遇挫折，精神处于迷惘状态时，特别需要他人给予及时的安抚和真诚的开导，我们应针对其此时此刻的心境，循循善诱，积极开导，帮助其解除忧愁，驱散烦恼。如果以教训人的口吻讲大而空的道理，只能使其更加不安，甚至产生破罐子破摔的情绪。

4. 选择恰当的时机

劝慰同事效果的好坏，在很大程度上取决于能否选择恰当的时机。对生老病死等突发事件要注意及时劝慰；一个人在情绪失控的情况下，对任何话都可能听不进去，这时就要等他冷静下来后，再去劝慰他。

（二）劝慰同事的技巧

1. 劝慰事业受挫的同事

对于胸怀大志而又在事业上屡遭挫折和失败的同事，最重要的是表现出对其事业的充分理解和支持。在劝慰过程中，应注意理解多于抚慰，鼓励多于同情。最好的一种劝慰是帮助其总结经验教训，分析其面临的诸多有利条件和不利条件，帮助其克服灰心丧气的情绪并树立必胜的信心。

2. 劝慰患病的同事

一般来说，生病的人都会感到心情烦躁，有些病人还会顾虑重重，因病住院者更会感到寂寞、孤单和愁闷。在劝慰生病的同事时，要视具体情况选择谈话内容。对于身患重症、绝症的同事，即便感情再深，也不能在其面前流露哀伤情绪，以免给对方造成精神上的压力和负担，而应选择较为愉快的事情与其交谈，并多讲些安慰、鼓励的话。

3. 劝慰丧亲的同事

亲人去世，同事的悲伤可想而知。劝慰这些同事时，专注地倾听尤为重要，倾听对方的回忆和哭诉，让其悲痛的心情得以宣泄和释放，这样有利于对方恢复心理平衡。此外，还应与同事多谈死者生前的优点、贡献以及后人对他的敬仰和怀念，因为对死者的评价越高，其亲属就越能感到宽慰，进而能尽快从丧亲的沉重与悲痛中解脱出来。

4. 劝慰受轻视的同事

在现实生活中，那些因能力平平或其他原因而被领导和同事轻视的同事往往都存在一个共同的心理缺陷——自卑。因此，劝慰这些受轻视的同事时应多讲些成功人士的典型事例，鼓励他们不要向现实屈服；同时，要善于挖掘他们身上不易被人觉察的优点和长处，从而唤起他们的自尊心和自信心，使他们坚信只要充分发挥自己的主观能动性，就一定能够取得成功，就一定能够赢得别人的尊重与信赖。

此外，劝慰同事还应注意避开对方的痛处和可能引起对方伤感的相关信息；认同对方的感受，以示理解和同情；引导对方把注意力集中到如何解决问题上；控制好自己的情绪；真诚沟通，对对方的生活与工作表现出关切。

第三节 与下属沟通

一、与下属沟通的意义

领导不仅要把工作设计为生产产出过程，更应该设计为人和人交流、协作、沟通，满足员工的深层次交往需要以及个性、心理需求的过程。领导必须了解下属的观点、态度和价值，努力帮助下属在工作中实现个人价值。实现这一目标的一个重要途径就是沟通。没有沟通，就没有了解；没有了解，就没有全面、整体、有效及平衡的管理过程。

在现实生活中，上下级的沟通出现问题屡见不鲜。领导在处理人与人之间的各种矛盾时如果一味地谴责、贬斥、误解，或以一种“我是领导我怕谁”的态度对待别人，往往会把事情搞砸。即使在世界上著名的大公司，类似的事件也屡次发生。

二、与下属沟通的技巧

有这样一则寓言：一把坚实的锁挂在铁门上，一根铁杆费了九牛二虎之力还是无法将它撬开。这时，钥匙来了，它瘦小的身子钻进锁孔，只轻轻一转，那大锁就“啪”的一声打开了。铁杆奇怪地问：“为什么我费了那么大气力也撬不开这把锁，而你轻而易举就把它打开了呢?”钥匙说：“因为我最了解它的心。”

领导的才能并不表现在告诉下属如何完成工作，而在于激发下属的能力去完成它。因此，身为领导，必须通过与下属的沟通，了解本组织、本部门每个成员有形的和无形的需求，并设法满足他们的合理需求，如此，他们才会更忠诚、组织才会更有凝聚力。而在实际的管理工作中，领导往往重视自身的带头示范作用，却忽视了与下属的沟通，尤其是上下级之间的真诚谈心。

（一）贴近下属，寻求沟通

下属对上级往往存在各种各样的心态，如试探、戒备、恐惧、对立、轻视、佩服、无所谓等。有的下属在上级面前唯唯诺诺，不敢说话，而在同事面前落落大方、侃侃而谈。因此，领导应该避免使用命令、训斥的口吻讲话，要放下“架子”，以平易近人、亲切和蔼的姿态去寻求沟通。例如，领导应经常深入基层和下属之中，通过召开座谈会、个别访谈、即时聊天等形式，了解下属关心的焦点问题，征求下属的意见和建议，关心下属的工作和生活。只有这样，下属才会敞开心扉，畅所欲言。

（二）仔细倾听，适时提问

沟通艺术的核心在于仔细倾听和适时提问。一个优秀的领导应该具备作为一个倾听者应拥有的非凡技能和一针见血地提出问题的能力。通过倾听，充分体味下属的心境，了解全部信息；通过提问，促进沟通的深化，探究信息的深层内涵。这二者均可为领导准确分析信息、调整管理方式提供客观依据。因此，在沟通的过程中，领导要尽量少说多听，不随意插话，不轻易反驳；提问的言语简洁，要等下属说完或者说话告一段落时再发言。

（三）设身处地，换位思考

站在他人的立场分析问题，能给人留下善解人意、体察入微的印象。这种投其所好的技巧常常具有极强的说服力。要做到这一点，知己知彼十分重要，唯有知彼，才能站在对方的立场考虑问题。这就需要领导经常深入基层开展调研，及时了解和掌握下属的思想动态和利益需求。在沟通时，领导要善于联系下属的身份、职位和目前的工作与生活境况揣摩对方的心理，做到想对方之所想，急对方之所急，以真正了解对方的思想和观点。

（四）拉近距离，平等交流

沟通时要特别重视开场白的作用，通常可以先寒暄几句，开一些善意的玩笑，以消除下属的拘束感，拉近双方心理上的距离，然后慢慢引入正题。在阐述自己的观点时，要以平等的姿态，晓之以理，动之以情，不以势压人，不使用训斥、命令的口吻；说话的音量要适中，语气要平和，语调要自然，态度要和蔼；手势或动作幅度不宜过大；应多采用商量的口吻，如“你觉得我的话有道理吗？”“你同意我的意见吗？”等。

艾森豪威尔与士兵

艾森豪威尔是第二次世界大战时的盟军统帅。有一次，他看见一个士兵从早到晚一直在挖壕沟，就走过去跟他说：“大兵，现在日子过得还好吧？”士兵一看是将军，敬了个礼后说：“这哪是人过的日子哦！我整天在这边没日没夜地挖。”艾森豪威尔说：“我想也是，你上来，我们走一走。”艾森豪威尔就带他在那个营区里面绕了一圈，告诉他当将军的痛苦，和肩膀上挂了几颗星以后，还要被参谋长骂的那种难受，打仗前一天晚上睡不着觉的那种压力，以及对未来的那种迷惘。

最后，艾森豪威尔对士兵说："我们两个其实都一样，不要看你在壕沟里面，我在帐篷里面，其实谁的痛苦更多还不知道呢。也许你还没死，我就活活地被压力给压死了。"这样绕了一圈以后，又绕到那个壕沟附近，那个士兵说："将军，我看我还是挖壕沟吧！"

提示：领导在管理公司时，下属一般不太知道你在忙什么，你也不知道他们在想什么，你的痛苦他们未必了解，他们在做什么你也不见得知道，其实，加强相互间的沟通才是解决之道。作为领导，常到下属中间，哪怕是上午10分钟，下午10分钟，大家平等交流，都能拉近领导与下属的心理距离，并能使公司的凝聚力和向心力得到增强。

三、调解下属间矛盾的方法

有人的地方，就必然有矛盾与冲突，而矛盾与冲突不仅会破坏人与人之间的和谐关系，而且会削弱一个集体的凝聚力和战斗力，损害整个团队的声誉和绩效。因此，领导的日常管理活动之一就是调解下属间的矛盾与冲突。

那么，领导应怎样正确调解下属间的矛盾，营造和谐、积极的工作氛围呢？

（一）事前有预案

识别冲突、调解争执是领导应具备的最重要的能力之一。当发现下属间发生冲突时，如果盲目调和，往往收效甚微，弄不好还会火上浇油，适得其反。因此，领导要在对发生冲突的原因、过程及程度等做详尽的了解后，研究制订可行的调解方案，再按制订的方案进行调解。

（二）大局为重

现代社会的一个重要特点就是分工严密，这虽然提高了工作效率，但是也带来了一个不可避免的问题——彼此之间缺乏了解。在职场的诸多矛盾与冲突中，虽然冲突双方会在各自的利益上产生纷争，但双方的目标往往是一致的。因此，领导应让冲突双方清醒地意识到，单纯地指责对方是无济于事的，只有相互配合、密切协作才能解决纷争，才能实现团队的共同目标。事实上，当冲突双方均以单位的整体利益为重时，他们心中的怒气往往就会化为乌有。

（三）换位思考

在局部的利益冲突中，冲突双方所犯的错误多半是只考虑自己，以自己为中心，而没有体谅对方。让他们互相了解、体谅对方的最好办法，莫过于让他们站在对方的立场考虑问题。当双方确实做到这一点后，可能就会握手言和、心平气和地协商化解冲突的方法。孔子说："己所不欲，勿施于人。"这正是其设身处地、从对方角度看问题而得出的结论。

（四）折中协调

领导是下属的矛盾的仲裁者。仲裁者要保持权威，就必须坚持公平、公正的原则。如果偏袒一方，就会使另一方产生不满和对立情绪，进而加剧矛盾，甚至会将矛盾转化为上下级之间的矛盾，使矛盾的性质发生变化。所以，冷静公允、不偏不倚是调解下属间的矛盾时的基本原则，尤其是在调节利益冲突时。此外，很多情况下冲突双方各有道理，但各执一词，很难判断谁是谁非。这时候，折中协调、息事宁人是最好的解决办法。

（五）创造轻松气氛

冲突双方对对方抱有成见和敌意，所以领导者在进行调解时，缓和气氛很重要。调解不一定要在会议上、办公室里进行，有时在餐桌上、咖啡厅、领导家里调解的效果反而更好。

总之，下属之间的矛盾与冲突是多样的，调解冲突的办法也没有一定之规，要在实际工作中根据不同的冲突对象、起因及程度采用灵活的方法。

● 能力测试

职场沟通能力测试

你的职场沟通能力如何？请回答下列问题，测试一下自己的沟通能力。

1. 在说明自己的重要观点时，别人却不想听你说，你会（　　）。

A. 马上气愤地走开

B. 不说了，但你可能会很生气

C. 等等看还有没有说的机会

D. 仔细分析对方不想听的原因，找机会换一个方式说

2. 去与一个重要的客户见面，你会（　　）。

A. 像平时一样随便穿着

B. 只要穿得不太糟就可以了

C. 换一件自己认为很合适的衣服

D. 精心打扮一下

3. 与不同身份的人讲话，你会（　　）。

A. 对身份低的人，总是漫不经心

B. 对身份高的人，总是有点紧张

C. 在不同的场合，会用不同的态度与之讲话

D. 不管什么场合，都以一样的态度与之讲话

4. 在与人沟通前，你认为比较重要的是应该了解对方的（　　）。

A. 经济状况、社会地位

B. 个人修养、能力水平

C. 个人习惯、家庭背景

D. 价值观念、心理特征

5. 去参加老同学的婚礼回来，你很高兴，而你的朋友对婚礼的情况很感兴趣，这时你会（　　）。

A. 详细述说从你进门到离开时所看到的和感受到的细节

B. 说些自己认为重要的内容

C. 朋友问什么就答什么

D. 感觉很累，没什么好说的

6. 你正在主持一个重要的会议，而你的一个下属却在玩手机并发出声音干扰会议进行，这时你会（　　）。

A. 幽默地劝告下属不要玩手机

B. 严厉地让下属不要玩手机

C. 装着没看见，任其发展

D. 给那位下属难堪，让其下不了台

7. 当你正在向老板汇报工作时，你的助理急匆匆跑过来说有一个重要客户打来长途电话，这时你会（　　）。

A. 说你在开会，稍后再回电话过去

B. 向老板请示后，去接电话

C. 让助理说你不在，直接问对方有什么事

D. 不向老板请示，直接去接电话

8. 你的一位下属已经连续两天下午请事假，在第三天快午休的时候，他又拿着请假条过来说下午要请事假，这时你会（　　）。

A. 详细询问对方因何请假，视原因而定

B. 告诉他今天下午有一个重要的会议，不能请假

C. 你很生气，但还是什么都没说就批准了他的请假

D. 你很生气，不理会他，不批假

9. 你刚应聘到一家公司任职部门经理，上任不久，你了解到公司中原本有几个同事想担任部门经理，老板不同意，才招了你。对这几位同事，你会（　　）。

A. 主动认识他们，了解他们的长处，争取与他们成为朋友

B. 不理会这件事情，努力做好自己的工作

C. 暗中打听，了解他们是否具有与自己进行竞争的实力

D. 暗中打听，并找机会为难他们

10. 你在听别人讲话时，总是会（　　）。

A. 对别人的讲话表示感兴趣，记住对方所讲的要点

B. 请对方说出问题的重点

C. 当对方老是讲些没必要的话时，立即打断他

D. 当对方不知所云时，感到很烦躁，想或做别的事

计分方法：

1～4 题选 A 得 1 分，选 B 得 2 分，选 C 得 3 分，选 D 得 4 分；其余各题选 A 得 4 分，选 B 得 3 分，选 C 得 2 分，选 D 得 1 分；将 10 道测试题的得分加起来就是总分。

第八章
团队沟通

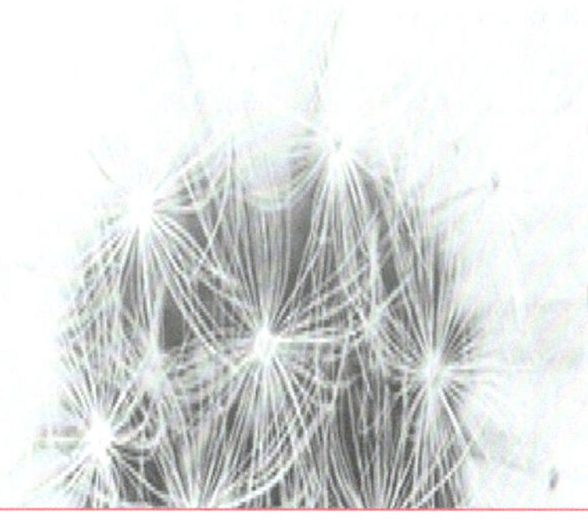

如果说我看得远，那是因为我站在巨人们的肩上。

——牛顿

失败的团队没有成功者，成功的团队成就每一个人。

——佚名

● 引入案例

沟则两败，通则两胜

有一家企业，财务部和采购部平时缺少沟通，有时参加联席会议，也是各怀鬼胎，没有诚意。因而在一些事情上，两个部门经常产生矛盾和扯皮，不仅影响了部门之间工作的协作与配合，也影响了企业的名誉。心细的老总发觉了这个症结，就把两个部门经理叫到一起，让他们坦诚地说出对彼此的意见和建议。本来两个部门没有矛盾，但由于采购部想尽快给供应商支付货款，而财务部却想把公司的活动资金多周转一次，就对外谎称公司账户上临时没有钱，于是，采购部就经常把客户带到财务部办公室讨债，并且两个部门的员工私下里都在说对方的坏话，由此导致两个部门之间的矛盾越积越多。经过老总的耐心开导和两个部门经理真心诚意地沟通，两个部门经理都反思了自身存在的问题，互相赔礼道歉，表示要严厉管束本部门员工，消除分歧和误解，克服部门本位主义，为公司的发展而亲密协作。从此以后，两部门关系和谐了，配合协作顺利。

案例讨论：

团队合作非常重要，在和谐的团队里，在帮助他人的同时也能得到他人的帮助。你知道的那些成就斐然的名人是如何得到团队帮助的？

第一节 团队概述

一、团队的含义

20 世纪 70 年代以来，团队精神日益受到企业的高度关注和重视。团队建设与团队精神在企业再造和建立学习型组织及无边界组织中得到了广泛运用，已经成为组织提高其竞争力的一种基本手段，甚至连哈佛商学院也采用团队教学方式，它的四分之一的作业要以团队的形式完成。团队是指按照一定的目的，由两个或两个以上的人员所组成的工作小组。任何团队都包含五个要素，即目标（Purpose）、定位（Place）、职权（Power）、计划（Plan）、人员（People）（简称“5P”）。目标是把工作上相互联系、相互依存的人们组成一个群体，使之能够以更加有效的合作方式完成某项任务。定位是将团队结合到现有的组织结构中创造出新的组织形式。职权是指团队负有的职责和应享有的权限。计划是指团队具体分配和行使组织赋予的职责和权限的规划。人员指团队实现目标所需要的人员构成情况，它是团队能否成功的关键因素。

需要说明的是，团队不同于“群体”。群体成员往往有各自的目标，个体只是被动地接受任务，按时完成工作即可，成员之间的沟通往往谨小慎微，决策时一般成员的参与机会较少；而团队成员往往拥有高度一致的目标，具有强烈的归属感，团队成员之间的沟通渠道通畅，成员对决策的参与非常充分。

二、团队的构成

在团队中，起主导作用的是团队成员之间的相互配合与协调。如果团队成员之间能够进行有效的团结与协作，便能够产生整体功能大于各成员力量相加的效果。反之，若团队成员之间相互摩擦掣肘，能量相互抵消，团队则会一事无成。因此，加强团队成员之间的相互协作与配合就成为团队建设和团队管理的核心问题。一般来说，团队的构成主要包括下述几个方面。

（一）团队大小

团队有一定的人数限制，国外对小型团队的规模问题曾做过大量研究，有人提出小型团队的规模最好是 3～9 人，有人主张小型团队应为 20～40 人。一般来说，小型团队以 8～10 人为宜，但这并不是团队的绝对标准。一个小型团队的人数应根据它的性质、承担的任务来确定：第一，小型团队人数的下限要能保证一般地完成任务；第二，团队的最佳人数应以保证团队工作效率达到最佳程度为准；第三，团队人数应确定一个上限，人数超过了上限，工作效率就会下降，出现人浮于事、互相扯皮的现象。所以，团队人数有一个最佳值的问题，过少或过多都会影响团队的能力。

（二）团队结构

团队结构是指团队成员的组成，它包括年龄结构、专业结构、能力结构、性格结构、知识结构及观点信念结构等。一个团队的结构应是这些结构因素的有机结合，这也就是团队成员的搭配问题。各种人员搭配得当，能促使团队协调一致、取长补短、紧密团结，提高工作效率，激发团队的创造力；反之，则会使团队产生内耗甚至冲突，降低团队的效率，使团队失去应有的创造力。

（三）团队搭配

团队搭配是指团队成员在团队中的不同地位和不同作用。团队角色有固定角色和流动角色之分。固定角色是个性特征显著，并在团队活动中地位稳定的主要人物。流动角色是围绕某一具体项目组合起来的发挥一定作用的人物。固定角色与流动角色必须合理搭配，团队才能如同一架由不同部件严密组成的机器一样高效运转。团队要培养出一些使团队成员感到富有活力、成为团队动力的角色，如思维敏捷、专业知识丰富的带头人；经验丰富、善于出谋划策、有一定权威的倡导者；精力充沛、年轻有为的开路者；见多识广、互通情报、传递信息的联络者；埋头苦干、心灵手巧、善于实际操作的实干家。这样一个由不同角色组成的团队才具有较强的能力。

三、团队的类型

团队的类型很多。广义的团队包括企业间的战略联盟、国与国之间的经济联盟，以及政党、军队、企业中的团队等。而通常提到的团队大多指的是企业内部的小团队。根据任务和目标的不同，企业团队可分为工作型团队、整合型团队及促进型团队。

（一）工作型团队

工作型团队是为完成企业的基本工作任务（如负责某个产品的质量、数量等）而组建的团队。其任务是生产并向内部或外部顾客提供某种产品或服务，评判其工作成效的标准是质量、成本、交货期及顾客的满意度等。工作型团队的任务一般比较具体，存续的时间较长，因此工作型团队相对来说较稳定。

（二）整合型团队

整合型团队的任务是使组织内部不同部分的工作互相协调，形成整体的战斗力。整合型团队通常要整合和协调两个或两个以上的工作型团队的工作。这些工作型团队相互关联，整合型团队为它们提供方向上的指导并经常协调其相互间的矛盾冲突。

（三）促进型团队

促进型团队是为了提高企业的能力与效率而组建的。与整合型团队不同的是，它的基本的工作方式是通过重新设计组织的基本工作方式或改进组织完成基本工作的方法来促进效益的提高。其主要活动是对改进方案的设计与实施。

四、团队的作用

团队是组织的重要组成部分，是由个体构成的，但它不是个体简单的聚合，而是有组织、有领导、有规范、有共同目标的人群结合体。它能把每个成员的个人力量汇合成整体力量，这一整体力量将大于各个体力量的机械相加，其增加的力正是团队力。团队不仅影响组织与个人的绩效，而且是上下沟通联系的桥梁和纽带。其具体作用如下所述。

（一）完成组织赋予的任务

一个组织有总目标和总任务，组织会把总任务逐级下达给所属的团队并由这些团队去推进和完成。团队在接受上级下达的任务后，就要组织团队成员根据本团队的分目标制定出每个人的具体目标。团队领导要通过宣传、鼓动和思想教育工作，使大家齐心协力地、出色地完成各自的任务。为了确保完成组织交给的任务，团队要协调人际关系，促进团结，增进友谊，促使个人目标的实施，从而达到分目标的实现。

（二）满足团队成员的心理需求

团队成员有着不同的处境和经历，这使得他们有不同的心理需求。而团队在这方面有满足他们心理需求的作用：第一，团队中的个体通过建立联系，进行沟通，可以获得同情、支持与友谊，可以避免孤独、寂寞，会产生归属感、安全感，并满足交际的需要。第二，个体会因在团队中的奉献而受到团队成员的尊重、爱戴，这可以满足个体的自尊需要，个体由此产生自我确认感。当遇到困难时，个体会得到其他成员的帮助、支持，从而增强自信心、力量感，克服无助感。第三，团队有润滑、协调人际关系的作用。团队成员认识上的分歧、利益上的冲突，需要团队领导进行调节。团队领导还须改善人际关系，调解矛盾，妥善处理实际问题，润滑成员间的关系，促进成员的团结与进步。

五、成功团队的特征

团队始终是组织内部的一个“任务的接受者”“问题的发现者和解决者”以及“发明的创造者”。一个高效和成功的团队，一般具有下述几个特征。

（一）规模较小

各种有效的团队，其成员大多少于 10 人。从理论上讲，成员较多的，如 30 人、50 人，也可以成为一个团队，但这样规模的团队更有可能被分割成若干子团队，而不是作为一个单位行动。团队规模较小是出于实用的考虑，也是团队成功的需要。成员过多会妨碍团队建设性的合作和有效的沟通，成员一起实际工作的机会将减少，从而难以实现团队工作所要求的观点分享，难以形成共同的信念。

（二）有共同的愿景和目标

共同的愿景是团队存在的主观原因，而共同的目标是共同愿景在客观环境中的具体化，并随着环境的变化而有所调整。共同的愿景和目标包容了个人愿景与个人目标，充分体现了个人意志与利益，它们是鼓舞成员斗志、协调成员行为的核心力量，具有强大的凝聚力和吸引力，使团队中的每个成员都愿意为之而努力奋斗。

（三）成员具有强烈的团队意识

团队意识主要表现为团队成员对团队的责任感、满足感、自豪感和归属感。这种意识能凝聚人心、鼓舞斗志，吸引团队成员自觉地实现团队目标，自愿地为团队做贡献。例如，中国科学院心理研究所曾对某工厂一个“信得过”班组进行了个案分析，研究表明：这个拥有 14 人的先进班组的基本特点就是具有很强的团队意识。形成团队意识的条件有：第一，共同的利益和共同的目标是形成团队意识的基础；第二，合理的管理制度和奖惩制度有利于团队意识的形成；第三，开展团队之间的竞争有利于团队意识的形成；第四，自然形成的群众领袖人物是团队意识形成不可缺少的条件；第五，友爱互助是团队意识的纽带。

（四）具有良好的行为规范

团队规范是指团队成员都必须遵守的行为准则，它影响着团队成员的行为，并规定团队对其成员行为可以接受或不能容忍的范围。每个成功的团队都具有良好的行为规范，这种行为规范或者是明文规定的，或者是不成文的。这种行为规范能够对团队成员产生积极而主动的影响，团队成员能够通过团队的行为规范自觉约束自己的行为，也能够通过观察和学习其他团队成员的行为来使自己更好地符合团队的规范。

（五）有效的技能互补

一个成功的团队不仅注重个人的技能和价值，而且更加注重团队成员之间技能的互补和融合，更加看重具有不同技能的人的价值，因为这些人具有不同的视角、不同的专长，从而能发挥出不同的作用。团队的主要职责是将不同特质的人结合在一起，并使他们互相协作，尽可能有效地完成团队的任务。一般认为，一个有效的团队至少应具备三个方面的技能，即技术性的能力、解决问题和决策的能力、处理人际关系的能力。很显然，一个团队如果没有最基本的技能互补，尤其是没有技术技能和沟通技能的互补，是很难发挥其作用的。

（六）能够开展有益的竞争

竞争是人类在生存和发展中普遍存在着的实践活动。它是促进生产提高、科学昌盛、文化繁荣的一种力量，也是促进人们能力发展的重要推动力。竞争对人的影响主要包括四个方面：一是竞争使团队内部更加团结，其成员对团队更加忠诚，内部分歧减少；二是竞争使团队成为组织严密、纪律严明的团队；三是竞争使团队成员更加效忠和服从，形成坚强的阵线；四是竞争能够更加充分地体现公平，从而使团队成员更好地发挥自己的聪明才智。在成功的团队中，既存在着竞争又存在着协作，团队的成功就是凝聚力和竞争力协调作用的结果。

（七）通畅的沟通渠道

团队拥有全方位的、正式的和非正式的沟通渠道，信息沟通畅通高效，层次少，基本无滞延，沟通气氛开放、坦诚，队员在团队会议中能够充分发表自己的意见，也能接纳他人意见，并能够及时得到反馈意见。

（八）互相帮助和激励

在一个成功的团队中，团队成员不仅有过硬的专业知识、实用的技能和丰富的经验，更重要的是，成员之间能够相互合作、互相学习，能够公而忘私，把团队的利益放在第一位，并且能够勇挑重担、不断进取。当遇到困难时，团队成员能够相互激励，互相帮助，齐心协力，共同战胜困难；当发现错误时，团队成员能够相互包容，而不是相互指责、埋怨；当团队取得成功时，团队成员能够彼此分享成功的喜悦，并由衷地产生自豪感和荣誉感。总之，一个成功的团队能够荣辱与共，在失败和成功中接受考验和锻炼。

六、团队中心人物

任何一个团队都应具有一个不可缺少的要素——中心人物，如正式团队中的厂长、车间主任、班组长等，非正式组织中的中心人物则是自发形成的，是在人们相互交往、相互了解中共同认可的。

（一）中心人物的产生

心理学研究表明，任何团队的中心人物都不是天生的，而是造就出来的。一般来说，中心人物的出现主要取决于团队的性质及目标，团队成员的能力和人格，团队在特定时间里所处的情境等。在团队中，中心人物一般具有的特征：精通业务，注重贡献和工作实效；能有效地解决个人或群众遇到的困难；善于发现人才、培养人才和使用人才；热情直爽，乐于助人，对人坦诚相见；敢于为大家讲话，并承担责任；建立有效的工作秩序；具有较广的知识面和较丰富的生活经验。

（二）中心人物的作用

中心人物是团队的核心，他能够影响团队成员的思想和行为，并且在团队中扮演着组织者、引导者和激励者的角色。其具体作用主要体现在下述几个方面。

1. 统一团队意识

团队就某一管理问题展开讨论时，各种意见的比较、分析、综合往往由中心人物来完成。中心人物的意见也相对具有权威性，易于为大家认同，从而有助于团队达成共识。在出现严重分歧的情况下，中心人物一方面要调动团队成员的积极性，分享他们的观点；另一方面要鼓励成员发表有关的、简洁的评论，从而将讨论推向深入。

2. 公平地分配责任

团队所有成员都要承担具体的责任，因为每个成员都有为团队做贡献的才能和热情，共同分担责任可以培养积极的团队精神和士气。这就意味着中心人物要有合理分配责任的能力，要避免责任分配的苦乐不均，这样成员才会感到自己受到了认真地对待，并能为团队做出自己的贡献。

3. 制定恰当的决策流程

对团队来说，制定一个恰当的决策流程，确保团队成员不陷入争执和惰性的泥潭之中，是很重要的。在团队做出结论和制订行动计划之前，中心人物都应首先确定争论点或问题，然后讨论，最后得出结论。不要假定大家的看法都一致，通常人们会有不同的想法、担忧和行动计划，因此有必要先对讨论的目的给予明确的阐释再讨论决定。

4. 鼓励创新性的观点

中心人物要能够创造一个让成员感到安全、愿意冒险、敢于大胆设想的环境，要鼓励成员大胆创新，防止成员对他人的观点持消极态度或简单地下判断。

5. 进行科学的分析和评价

团队成员一旦提出可供选择的解决问题方案，中心人物就应该用坦率和客观的方式对它们进行评价，包括各自的优点、弊端、期望的结果、成功的可能性以及所需的进一步的信息等，并要提醒团队这是团队成员共同的事情，这样团队成员就会超越个体的利益和不安全感来考虑问题，进而减少习惯性冲突和防卫。

6. 维持团队的团结稳定

由于人们思想认识的差异，团队中不可避免地会出现各种矛盾、冲突。中心人物则能利用与绝大多数成员关系比较密切、融洽的地位来解决矛盾，鼓舞团队的士气，维持团队的相对稳定。不要让某些有问题的成员破坏团队的正常运转。如果某人试图支配和控制讨论，或将观点强加于他人，中心人物就应直接告诉这个人他的行为是不合适的。如果某个成员过分消极和爱挑剔，中心人物就应鼓励这个人以一种较有建设性的方式参与团队的活动。这样才能有效地抑制消极态度，倡导积极态度。

第二节 团队沟通概述

一、团队沟通的含义及特点

团队管理是否成功以及团队在组织中的作用如何，其重要的一个因素就是团队能否进行有效沟通。可以说，团队的有效沟通是团队建设和管理的重要保障。团队沟通是指为了更好地实现团队目标，团队成员之间所进行的信息传递与交流。概括起来，团队沟通具有下述几个特点。

（一）平等的沟通网络

团队成员之间的关系是平等的，是一种任务的协作和分工，而不是管理与被管理的关系。根据这一特点，团队形成了内部平等的沟通网络，团队成员之间是平等的沟通关系。另外，在团队内部既有正式的沟通渠道又有非正式的沟通渠道，信息传递高效直接，中间环节少。

（二）规范的沟通

与非正式团队相比，由于团队是一种工作的协作方式，团队成员为着同一个目的工作，有共同的目标，团队中的每个成员共同对团队所要达到的目的负责，同样也对团队采用的工作方法负责，所以在这种情况下，团队的沟通是以任务为导向的，有一定的群体规范和路径。

（三）沟通气氛融洽

团队内充满着健康、坦诚的沟通气氛，成员之间不仅能有效地进行工作任务方面的沟通，而且能进行情感上的沟通。不仅如此，团队成员还具有很高的情商，在各种沟通情境下能够做到有效倾听他人的意见，并清楚地表达自己的观点。

（四）外部沟通频繁

团队要有效地实现自己的目标，必须处理好与其他团队的关系。例如：团队要处理好与组织内的处于垂直关系的团队之间的关系，以使信息和资金流动通畅；要处理好与水平层次上其他团队或部门之间的关系，以获得其他部门的技术支持和帮助；此外，团队还要处理好与外部顾客的关系，与社会公众的关系，以及团队制度、作风、文化与整个组织制度、文化之间的关系等。只有处理好这些关系，才能实现团队与其他团队之间的配合与协作，并最终更好地实现团队目标。

二、影响团队沟通的因素

团队沟通受团队行为规范、成员角色分担以及团队领导个人风格等多种因素的影响。概括起来，影响团队沟通的因素主要表现在下述几个方面。

（一）团队成员的角色分担

每个团队都由若干个成员组成，这些成员从团队成立之后到团队解体之前都扮演着不同的角色。按照团队成员对团队工作所起的作用，可将团队成员角色分成积极的角色和消极的角色两大类。

1. 积极的角色

在团队中，起积极作用的角色主要包括以下几个：

（1）领导者：该角色能确定团队目标任务，并激励下属完成工作。

（2）创始者：该角色能为团队工作设想出最初方案，其行为包括明确问题、为解决问题提出新思想和新建议等。

（3）信息搜寻者：该角色能为团队工作不断澄清事实，收集证据，提供相关信息。

（4）协调员：该角色能协调团队活动、整合团队成员的不同思想或建议，并能减轻工作压力、解决团队内分歧。

（5）评估者：该角色主要承担方案分析、计划等工作。

（6）激励者：该角色能起到保持团队凝聚力的作用。

（7）追随者：该角色能将计划付诸实施。

（8）旁观者：该角色能以局外人的眼光评判团队的工作，并给出建设性的意见。

2. 消极的角色

在团队中，起消极作用的角色主要包括以下几个：

（1）绊脚石：指那些固执己见、办事消极的队员。

（2）自我标榜者：指那些总想靠自吹自擂、夸大其词来寻求他人认可的队员。

（3）支配者：指那些试图操纵团队，干扰他人工作，以便提高自己地位的队员。

（4）逃避者：指那些与别人保持距离，对工作消极应付的队员。

需要说明的是，团队中一个成员可能同时扮演着几个角色，也可能几个成员扮演着同一个角色。另外，团队成员所扮演的角色不是一成不变的。例如，一个团队成立后，成员希望自己的领导是民主型的，能为团队工作提供指导，并鼓励各成员全力参与工作，但该领导可能是属于支配型的，他喜欢独断专行，成员若不服从就对之采取惩罚手段，这样的团队领导与成员的期待相去甚远。在沟通过程中，经过一段磨合期，两者就会互相适应——领导与成员的角色都会发生相应的变化。

在一个团队中，如果积极的角色多，消极的角色少，该团队沟通就是通畅的和有效的；如果两类角色比例相差无几，或者消极的角色大大超过积极的角色，这样的团队就无效率可言了。因此，在团队管理过程中，应根据工作需要不断调整成员构成，尽量增加积极的角色，减少或剔除消极的角色。

（二）团队的行为规范

团队的行为规范是团队成员共同遵守的行为准则，是团队内部的法律。一般来说，团队的规模越大，团队的行为规范就越复杂。团队的行为规范可以以明文规定的方式存在（如规定条例等），也可以以心照不宣的方式存在。前者容易被遵守，后者往往被团队新成员忽略，或在不经意中触犯。例如，在一次例行的工作午餐中，大家一开始谈论着昨晚的足球比赛，过了一会儿又聊到与工作相关的一些事情，但并没有直接谈团队正在做的某个项目。后来在谈话的间歇，一位刚来不久的新成员突然说："我真希望天气能好起来，这种鬼天气使得我的孩子老是在家待着。"这样的闲聊似乎没什么不好，但是其他成员听了后默不作声，不愿搭腔，甚至有人显得不高兴，这位新成员对此感到很尴尬。之后有人告诉这位新成员："工作午餐中谈论家庭和孩子是不合时宜的。"这个例子表明，不成文的规范容易被触犯，同时，一旦发生这种情况，其他成员就会以不同方式对"犯规者"施加压力，迫使其遵守，在这一方面，团队内的沟通有时就会显得很微妙。

团队行为规范对团队来说非常重要，通过理解并遵守团队规范，不仅使团队成员知道自己该做什么、不该做什么，而且能够建立起团队成员的行为规则和秩序，增强团队成员相互合作的主动性和自觉性。但团队行为规范也有其消极的一面，例如：它们会阻碍团队成员创造性地工作，维护低效率或已经过时的做法，也有可能产生团队内的不公平现象；等等。所以，团队的领导者要对团队行为规范给予调整和引导，以便充分发挥团队行为规范的积极作用，而把团队行为规范的消极作用降到最低程度。

（三）团队领导者的个人风格

领导者角色在团队中的作用举足轻重。领导者个人的性格特征、管理风格与团队沟通效果密切相关。如果团队领导者是专制型的或是放任自流型的，团队沟通就会低效或无效。前者压制了来自团队成员的新思想、新建议，后者则会使团队沟通显得漫无目的。现代管理越来越强调柔性管理，所以如果团队领导采用民主型的领导风格，则无疑会使团队沟通更加有效。

三、团队沟通的流程

（一）相互了解情况

相互了解情况是团队沟通的前提和基础，它不仅影响团队内部的人际关系，而且决定着团队工作的效果和效率。任何成功的团队都必须是紧密配合、协调一致的团队，而配合协作的关键在于成员之间关系和谐、融洽。因此，要营造和谐、融洽的团队氛围，就必须在团队正式执行任务之前让成员们相互了解与交流，包括了解团队成员的姓名、专业特长、性格特点、兴趣爱好、工作方式、生活习惯，以及在研究、分析、组织、写作方面具有的技能等，既要了解团队成员各自的优点，也要正确看待团队成员各自的缺点和不足。团队成员只有进行广泛的对话与交流，才能认识、熟悉进而建立起良好的人际关系。

（二）明确组织对团队承担的责任

组织决定采用团队这种工作方式，这就意味着它有责任帮助和引导团队实现既定目标。因而，组织也必须对团队承担起必要的责任。这些责任包括四个方面：第一，组织必须对团队成员进行培训，并给予团队自主权；第二，明确团队的任务和完成任务的时限；第三，对团队的自然环境、社会环境予以控制与协调，为团队的有效运营提供必要的保障；第四，帮助团队选择完成任务的流程并加以评估检验。如果组织能够对团队承担起这样的责任，那么团队的业绩可能会很好。当团队获得组织的有力支持时，成员会主动承担责任，他们往往会变得更富有创造性、更有活力，将工作做得更好。

（三）明确团队应承担的责任

在明确了组织对团队承担的责任之后，团队还必须明确自己应承担的责任，这些责任包括以下四种。

1. 营造分享式的管理氛围

团队是一个规模较小的组织，团队的每个成员既是团队目标的具体落实者，同时也是目标的领导者。这就要求团队成员必须具有主动意识、领导意识，要从全局的角度来明确团队的任务、所追求的目标等，以便统筹安排自己的工作，并不断与其他成员主动进行沟通。

2. 制定时间进度规则

团队从一开始就必须在时间、工作方式等细节方面达成一致意见，如每人每天、每周、每月能够花多少时间开会，应花多少时间做准备工作。必须考虑其他人在时间方面可能会存在哪些问题，每个人愿意贡献出的时间有多少，团队工作时间是多少，等等。团队应能做到在时间和工作要求方面形成统一意见，如准时到会、开会不缺席、必须在最后期限内完成任务等。

3. 建立双向沟通机制

团队在维持关系和完成任务的过程中应保证双向沟通，保证做出的决策符合伦理准则。团队建立时要考虑如何在成员之间进行沟通，如何让迟到或缺席的人了解信息。为了让团队成员能够相互沟通了解，增强凝聚力，团队成员应该互相交换电话号码，了解各自的日程安排，并确定团队可以聚在一起开会的时间。在团队协作期间应确定具体开会的时间和次数，并且保证每个人都很清楚这样的时间安排。

4. 及时向组织汇报工作进展情况

团队既有相对的独立性，又要在组织的支持下开展工作，这就要求团队应保持和组织的互动，随时向组织报告工作进展情况，以得到组织的信任和支持。

（四）设定团队目标

团队一旦组建起来，就必须设定明确的目标。在实现目标过程中，还应根据环境变化及时对目标进行调整。一般来说，明确目标的过程包括下述几个步骤。

1. 弄清组建团队的原因

弄清楚组织为了什么目的而组建团队，以及组建团队的背景如何和团队有可能面临哪些困难。

2. 明确组织对团队的要求

组织希望团队解决什么问题，达到什么目的，解决这些问题需要哪些条件，需要组织提供哪些方面的支持和条件，需要其他部门给予什么配合与协助。

3. 了解团队成员的想法和愿望

在设立团队目标之前，不妨借用一些技术手段，了解团队成员对团队目标的投入程度。了解他们在完成团队目标时愿意付出多少时间和精力。这当然不是要求每个人发誓竭尽全力，每个人都有自己的需求和行事风格，不可能要求所有成员完全一致。这里强调的是，通过了解团队成员的想法和愿望，使团队成员能够更好地为了实现目标而同舟共济。随着团队绩效的取得，团队成员对团队的忠诚度会逐渐提高。当他们在合作过程中体会到成功的滋味时，会更加积极，更愿意为团队目标的实现投入精力和时间。

4. 设定目标

团队应根据自身的优势和劣势以及组织对团队的要求设定出切实可行的目标。需要注意的是，在设定目标时，一定要讲求实际，不能把目标定得过高或过低：如果目标定得过高，实现不了，不仅会给团队带来不利的影响，而且会失去组织对团队的信任和支持；如果目标定得过低，唾手可得，这样的目标也就失去了意义。可行的目标应该是既具有挑战性，又能够达到。

5. 制订行动方案

在明确目标以后，需要制定出具体的行动步骤。首先，应根据团队的目标、任务等情况设计调查问卷，要求每位团队成员根据自己对本团队目标、任务的理解给出团队的具体行动方案；其次，通过分析、综合团队成员对团队目标、任务的理解情况，进一步制订出有效的团队行动方案；最后，将团队行动方案变成工作计划，并制定相关的措施来保证工作计划的实施。

（五）培养团队精神

团队精神是团队得以成功的灵魂。具有团队精神，团队就能够成为一个有机的整体，取得骄人的业绩；缺乏团队精神，团队则如同一盘散沙，一事无成团队精神是指团队成员为了实现团队的利益和目标而相互协作、尽心尽力的意愿和作风。概括而言，团队精神主要表现在下述两个方面。

1. 强烈的归属感和一体感

在团队与其成员的关系上，团队精神表现为团队成员对团队有强烈的归属感和一体感。团队成员强烈地感受到自己是团队的一员，并且由衷地把自己的前途与团队的命运联系在一起，愿意为团队的利益和目标的实现尽心尽力。团队成员对团队表现出绝对的忠诚，一旦成为团队一员，他们便准备同甘共苦、同舟共济。不仅如此，团队成员对团队还具有很强的荣誉感，他们绝不允许有损害团队形象和利益的事情发生，会为团队的成功而骄傲，为团队的困境而担忧。在对待团队的任务上，团队成员会尽心尽力，全方位地投入。他们衷心地将团队的事视为自己的事，做事积极、主动、认真、充满热情。在处理个人利益和团队关系时，团队成员会将团队利益放在第一位，个人服从团队，宁愿牺牲自己的利益而顾全团队的利益。团队成员对团队的这种强烈的归属感和一体感，主要来自团队目标与成员目标的高度一致。也就是说，团队目标既符合团队的利益，又符合绝大多数成员的利益，是一个集体和个人双赢的目标。团队通过一系列的制度使它与其成员结成一个高度牢靠的统一体，通过持久而强大的宣传及教育活动，在潜移默化中培养成员对团队的共存共荣意识以及深厚的感情。

2. 运作上的默契

在团队成员之间的关系上，团队精神表现为成员之间创造出的一种运作上的默契。正如在一流的球队中队员既有自我发挥的空间又能协调一致一样，杰出的团体也会发展出运作上的默契，即每一位成员都非常留意其他成员的工作状态，而且人人都会采取相互配合、协调一致的方式。其主要表现：一是团队成员视自己为团队大家庭中的一员，大家同舟共济、相互依存；二是队员之间相互信任，能够互相容纳各自的差异性，真诚相处；三是在工作中相互帮助，共同前进。

（六）营造和谐的人际关系并履行职责

团队成员之间必须互相配合、互相沟通才能顺利地实现目标。而实现目标的关键在于营造团队中和谐的人际关系，保证成员之间彼此理解、精诚合作，并能全力以赴地投入时间和精力去履行职责。事实上，团队成员在相互交往的同时也在履行着各种不同的职责。一般来说，营造和谐的人际关系就是团队成员之间进行充分的信息交流和传递的过程，这些信息既包括个人信息，也包括团队及团队任务方面的信息。可以说，团队成员正是通过语言和非语言的沟通来实现团队成员之间以及团队成员与团队之间和谐互动的。履行职责是指团队成员明确自己的职责，全身心地完成工作的过程。这个过程包括收集整理信息、分析问题、找到解决问题的方案并加以论证和实施。

四、团队沟通技巧

（一）建立团队沟通制度

团队应建立团队沟通制度，以确保团队成员之间能够及时沟通。团队沟通的质量会直接影响团队成员的工作效率和工作业绩，因此，许多知名企业都把沟通列为企业文化建设的重要组成部分。

（二）团队沟通的一般技巧

1. 积极倾听

在团队沟通过程中，团队成员除了要掌握有效倾听的基本技巧外，还要注意转换听者与说者的角色。对于在课堂上听讲的学生来说，可能比较容易形成一种有效的倾听模式，因为课堂的沟通主要是单向的，一般是教师在讲而学生在听。但在大多数团队活动中，听者与说者的角色在不断地转换，积极的倾听者能够使从说者到听者、从听者再回到说者的角色转换十分流畅。

在团队中，交谈是最直接、最重要和最常见的一种沟通途径，有效的语言沟通在很大程度上取决于倾听。有人发现，具有良好倾听技能的人往往可以在工作中自如地与他人沟通。对于团队来说，成员的倾听能力是保证团队有效沟通和保持团队旺盛生命力的必要条件；对于个体来说，要想在团队中获得成功，学会积极倾听是对团队每个成员的基本要求。

2. 加强语言沟通

语言沟通即对话，通过对话，人们可以琢磨出他们能够认同的含义。对话经常需要对想法进行重新界定，这就要求团队成员在沟通时运用坦诚、负责、肯定以及恰当的语言，创造一种成员之间相互关注、支持交流、降低防卫的氛围。

（1）坦诚。坦诚指的是开放性的沟通，了解自己，关注他人，关注自己的需求或明确要对方知道的事情。一个坦诚的陈述通常很直接，但它同时也很谦恭有礼，并且会顾及对方的感情。坦诚是为自己的沟通负责，不让对方来操纵你的反应。坦诚之人既愿意展示自我，希望影响对方，又高度重视对方的权利，他们知道有效地运用交际手段和沟通手段。

（2）负责。对话时，说者要对自己的承诺、保证负责，不可言而无信，这样才能赢得对方的信任。

（3）肯定。当对方认同自己的想法和感受，真正倾听你的讲话并做出回应时，你会有被认可的感觉。当你被肯定时，就容易提高工作效率并对团队做出贡献。肯定一位团队伙伴将有助于他全力以赴地工作，也有助于为团队创造一种合作的氛围。

（4）恰当。恰当是指使用适合团队成员、自己及团队情况的语言。能否选择恰当的语言取决于你是否对对方敏感，以及你能否考虑到对方的知识层次、背景和感受。

3. 注重非语言沟通

非语言沟通是指人们借助表情、目光、体姿等肢体语言所进行的信息交流。尽管语言沟通起到的是一个方向性的作用，但是，事实上有时非语言沟通更能准确地表达一个人所传递信息的真正内涵。概括地说，非语言行为在信息沟通中不但起到了支持、修饰或否定语言沟通的作用，而且在某些情况下可以直接替代语言沟通，甚至可以表达出语言沟通难以表达的思想情感。

● 能力测试

团队协作能力测评

请阅读下面题目，并根据自己的实际情况回答“是”与“否”（答“是”得 1 分，答“否”得 0 分）。

1. 我尽量少下达书面指示，多与部下直接交流。（ ）

2. 我会定期与每位部下谈话，讨论其工作进展情况。（ ）

3. 我每年至少召开一次总结会，表扬先进，鞭策后进，同时广泛征求群众意见，让大家畅所欲言。（ ）

4. 我经常召开部门会议，既讨论工作问题，又探讨一些大家共同感兴趣的问题。（ ）

5. 当单位内出现人事、政策和工作流程的重大调整时，我会及时召集部下开会，解释调整的原因及这些调整对他们今后工作的影响。（ ）

6. 我经常鼓励部下畅谈未来并帮助他们为自己设计。（ ）

7. 我经常召集“群英会”，请员工为单位经营出谋划策。（ ）

8. 我喜欢在总经理办公会上将本部门工作进展公布于众，以求得其他部门的合作和支持。（ ）

9. 我在与人谈话时喜欢掌握话题的主动权。（ ）

10. 我鼓励员工积极关心单位事务，踊跃提问题、出主意、想办法，集思广益。（ ）

11. 我喜欢做大型公共活动的组织者。（ ）

12. 我常在部门内组织协作小组，提倡团结协作精神。（ ）

计分方法：

如果你的得分在 8～12 分之间，说明你表现得很好，善于与他人尤其是与部下交流情况，促进互相了解，因此能避免沟通不足所产生的问题。在原则问题上，你既善于坚持并推销自己的主张，还能争取和团结各种力量。你自信心强，部下也信任你，整个部门中充满着团结协助的气氛。

如果你的得分在 4～7 分之间，说明你比较重视将自己或上级的命令向下传达，但不太注重听取下级的意见，认为众口难调，征求意见只会使问题复杂化。因此在你的部门内，虽然各项任务都能顺利进行，但下属的意见不受重视。

如果你的得分在 0～3 分之间，说明你对交流能力重视不够，导致你距优秀管理者尚有一段不小的距离。要知道，作为一名管理者，你有责任主动将充分的信息传达给下属，而不应让他们自己千方百计寻找信息。

第九章
交友沟通

生活中没有朋友，就像生活中没有阳光一样！

——佚名

先淡后浓，先疏后密，先远后近，交友之道也。

——《胡氏家训》

引入案例

“贵人”一词，不仅是指在关键时刻能帮助自己的人，也是指对自己有知遇之恩的人，或者是几句话使自己惊醒的人，总之就是对自己起到正面作用的人。这种人在社会上属于稀缺资源，可遇不可求，那么如何才能遇到“贵人”呢？

在我们的人生中，“贵人”是一个极富含金量的字眼。我们有了贵人的提携，做事就会顺风顺水、事半功倍，更容易达成自己的目标。

俗话说：“千里马常有，而伯乐不常有。”我们一生中能遇到的“贵人”是很少的，有时候还会一时疏忽，与其擦肩而过，是非常遗憾。

所以，人们常说“贵人可遇不可求”。但如果自己不主动去做，“贵人”也不会轻易光顾。

所谓广结善缘，换句话说就是要广交朋友。只有平时注意结交各方面的朋友，将来有困难时，才会有人来帮助自己。

人是很复杂的，能救你的人将来可能会害你，与你毫无关系的人也可能会成为你的死敌。

广交朋友也可以得到很多好处。因为只有广交朋友，才能保证在你需要时会有人伸出援助之手。最可怕的是只与自己的学业或工作相关的人交往，而不接触其他的人。所以，不要自我设限，尽量扩大交友的范围。

我们都知道“山不转水转，水不转人转”的道理，一方面我们要力求做到不得罪人，以免冤家路窄；另一方面要广结善缘，以便随时随地可以找到熟人，比较方便地办事。

同时，结交各行各业的朋友，不但可以使自己扩大见闻、增长知识，而且能够随时向朋友们请教，不致遇到困难的时候求告无门。

案例讨论：

你认为多交朋友仅是为了得到他人更多的帮助吗？为什么？

第一节 交友的基本原则

结识朋友、建立友谊，既是事业的需要，也是生活的需要。交一个挚友，不仅能使自己享受到友谊的快乐，帮自己分担生活中的忧虑，而且能使自己得到有益的启示。尽管如此，交友仍要慎重，不能盲目交友。孔子曰：“益者三友，损者三友。友直，友谅，友多闻，益矣。友便辟，友善柔，友便佞，损矣。”由此可见，我国古代思想家孔子早就将朋友分为益友和损友两种类型。生活中每个人都有自己的择友标准，其中品德好应该是摆在第一位的。真正的好朋友应该在工作上互相支持，学习上互相帮助，生活上互相关心，互相信任、互相理解和互相尊重。

此外，交友还须考虑性格是否合适，爱好是否相投。我们在结交朋友时应考虑双方是否志同道合，有没有共同理想，以及对事物有没有共同的看法。交友对于每个人来说都很重要，古往今来，人们对交友也都十分谨慎。一般来说，交友要遵守以下几个基本原则。

一、大度集群朋

俗话说："大度集群朋。"这句话之所以能够从古流传至今，是因为它从侧面说明了人际交往中的真谛。与人交往，如果没有宽阔的胸怀，怎能广交朋友？一个人若想广交朋友，保持永恒的友谊，就要宽厚待人。

为此，交朋友首先要相互信任，交而不疑。信任能为人与人之间建立起友谊的桥梁。春秋时期，管仲荐相的故事可给人以启示。

据《吕氏春秋·贵公》记载，相国管仲病重，齐王见他病势沉重，便问他："你的好朋友鲍叔牙能接替你管理国家吗？"管仲说："他虽德高望重，但对别人的过错他总记在心上，做相的人度量不大怎么成？"齐王又问："隰朋如何？"管仲说："他为人谦虚，遇事不耻下问，又能公而忘私，可以为相。"齐王又问管仲："易牙为了让我尝尝人肉的味，把自己的儿子都杀了，说明他爱我超过了爱他的儿子，能让他做相吗？"管仲回答说："不行，人们最疼爱自己的儿女，他能把自己的爱子杀了，对你又会怎样呢？"齐王与管仲的谈话被传到易牙那里，易牙马上找到鲍叔牙说："老将军，谁不知道管仲做相是你推荐的啊！可他是个忘恩负义的人，国君让你做相，他却说了你一大堆坏话，推荐了隰朋，我真替你不平！"易牙原想挑拨管仲和鲍叔牙之间的关系，为自己出气，哪想到鲍叔牙反倒哈哈大笑，说："管仲忠于国家，不讲私情，这正是我推荐他的缘故啊！隰朋比我强多了，他推荐得好！"

这个故事首先告诉我们建立在彼此信任基础上的友谊是牢不可破的。

其次，我们还要学会忍让，善于团结人。自古以来，中华民族有许多忍辱负重而又宽宏大量的人杰。东汉寇恂、贾复之交便是如此。

据《后汉书·寇恂列传》记载，东汉开国初年，社会很不稳定，贾复部下的一个将官抢劫并杀害了颍川的一户人家。颍川太守寇恂立即派人进行追捕，审讯清楚后，当众正法，深得百姓的拥护。贾复知道后，发誓要给寇恂一点颜色看看。寇恂知道贾复要跟自己较量，便对部下说："他来意不善，我还是回避一下好。"部下说："你同他官职一样，为什么怕他？"寇恂说："不是谁怕谁。我们两虎相争，必有一伤。现在正是多事之秋，要以国家利益为重，个人受点委屈算什么？"寇恂执法如山、廉洁奉公、为国忍让的精神，终于感动了贾复，两人从此结为好友。

类似的故事还有许多，例如，齐桓公不记私仇，起用射了他一箭的管仲为相，成就了霸业；韩信虽受他人胯下之辱，但功成名就后反而能对侮辱他的人以德报怨；等等。他们都成了世人赞美宽厚品格的典型。

二、患难见真情

真正的友谊还应体现在患难之时。

据南北朝刘义庆编写的《世说新语》记载，荀巨伯从远方来探望生病的朋友，恰逢匈奴围攻朋友所在的这座城池。朋友对荀巨伯说："我现在快死了，你可以赶快离开了。"荀巨伯回答道："我远道而来看你，你让我离开，让我背信弃义而求活命，这能是我荀巨伯所做的事吗？"匈奴兵闯进门来，对荀巨伯说："大军已到，全城之人皆逃避一空，你是什么人，竟敢独自留下来？"荀巨伯说："朋友生了重病，我不忍心丢下他，宁愿用我的身躯换朋友的性命。"匈奴人相顾而言："我们这些没有道义的人，却闯入了有道义的国家！"于是匈奴头领率军撤退了，全城人的生命财产得以保全。

从这个故事中我们可以看到古人对朋友无私奉献的精神。当朋友处于危难之时，是离他而去，还是向他伸出援助之手，这是对友谊的考验。友谊要讲奉献，只有奉行"给"比"拿"更愉快的交友之道，才能赢得真正的、牢固的友谊。

三、交友重大节

古往今来，许多优秀人物在某一方面都可以作为我们学习的榜样，如徐原的正直、蔺相如的谦和、廉颇的勇猛等。但榜样并非完人，他们身上也会有这样或那样的不足。要维护和发展友谊，就应看其大节，对小节不必苛求。

据《三国志·胡质传》记载，魏国名将张辽同武周原是密友，但因一点小事反目。后来，张辽听说胡质的学问和人品都不错，便请胡质出任幕僚，胡质以病推托。后来，张辽对胡质说："我有心任你做官，你为什么辜负我的厚意呢？"胡质诚恳地说："交朋友应看大节，才能保持永恒的友谊。武周为人不错，现在只为一点小事，你就不理他了。由此看来，你是一个计较小事的人。我想，我的才学比武周差远了，更不能使你把我作为知心朋友。既然我们好不了多久，还不如不交。"张辽听了这一席肺腑之言，又惭愧又感激。事后，他向武周做了自我批评，两人和好如初。

四、平等相待

为了保持永恒的友谊，朋友间还须平等相待，尤其要乐于交"弱友"。宋代学者何坦主张"交朋友必择胜己者，讲贯切磋，益也"。结交胜己者，能给自己以帮助，当然是好事，但从某种意义上说，真心实意交“弱友”，于己、于社会都是件好事。《后汉书·王烈传》记载的王烈感化盗牛人的故事就是一例。

有一个人偷了别人的牛，被捉住了。他说：“我偷了你的牛不对，以后绝不再干了。现在你怎么处罚都行，只求别让王烈知道。”有人将此事告诉了王烈，王烈立即赠给盗牛人一匹布。人们问起原因，王烈说：“做了贼而不愿让我知道，说明他有羞耻之心。知耻就不难改变，送布是为了激励他改过从善。”一年后，有位老人挑着重担赶路，遇见一人，这个人主动帮老人挑到家里而不留名。后来老人赶路时丢了一把宝剑，待发现后回去寻剑时，发现那位守剑人正是上次替他挑担的人。在老人的请求下，那人才把姓名告诉了老人。王烈听后很感动，随即设法打听，原来守剑人就是那位盗牛人。

王烈与众不同之处在于他对大家鄙视的偷盗之人也能尊重，并友善地对待他，用友爱的精神去感化他，教育他重新做人，使他改邪归正，成了有道德的人。

第二节 交友沟通的技巧

一、结交志同道合的朋友

我们平时常说：“酒逢知己千杯少，话不投机半句多。”志同道合的朋友是我们的知己，可以心心相印、患难与共。所以，我们择友除了要遵循交友的基本原则之外，还要注意结交志同道合的朋友，而这也是我们平时应该遵循的社交准则。

例如，东汉名士管宁与华歆曾同窗苦读，但管宁在了解了华歆欲出仕为官的想法后觉得他与自己的志向不合，当即“割席”绝交，此事被后世演化为成语“割席断交”。后管宁为避乱，迁居山东30余年，常着皂帽布裙，安贫乐道，终身不仕。而华歆则志迷官场，出仕曹操，寻官谋禄，追求荣华富贵。两人走的是截然不同的人生道路。

又如，在大家所熟知的小说《钢铁是怎样炼成的》中，主人公保尔和冬妮娅曾经有过真挚的友谊，但终因选择的道路不同，谁也无法改变对方的志向，最后两人彻底决裂了。

从以上两例可以看出，不论是古代的管宁还是现代的保尔，他们选择朋友的标准都是志同道合。一旦发现原来最亲密的朋友与自己志向不同时，分手便是最好的选择。

“相交满天下，知己有几人?”涉世之初的人在迈进社会大门之时，常常会发出这样的感叹。在社会中行走，找不到与自己志同道合的人，是人生最大的不幸。要结交志同道合的朋友，需要主动找到共鸣点，使自己的“固有频率”与朋友的“固有频率”相一致，这样才能互相吸引并结成知己。结交志同道合的朋友有如下好处。

（1）可携手前进，共同奋斗。工作上互帮互助，学习上取长补短，事业上同勉共进，这是志同道合者的最大作用。诸如同人、同窗、同事、同行等方面的朋友不乏其例。志同道合的朋友可以帮助彼此走向成功，实现理想。

（2）使我们的生活充满意义。假如我们有一个乃至几个爱好、兴趣一致的朋友，我们的生活就会充实很多。与棋友切磋棋艺，与钓友郊外远足，与球友驰骋绿茵，与诗友酬答应和，与书画朋友共入艺术殿堂，与文学朋友笔耕文会……不仅其乐融融，而且陶冶情操，有助于自己精神境界的发展和提高。

（3）更好地塑造自我。《颜氏家训》有言："与善人居，如入芝兰之室，久而自芳也；与恶人居，如入鲍鱼之肆，久而自臭也。"可见，交什么样的朋友，对自己一生的成长有着重要的影响。在社交中，找到志同道合的朋友不但可以帮助我们改变不分好坏滥交朋友的坏习惯，还能够磨炼我们的意志，陶冶我们的性情，更能丰富我们的人生阅历，使我们的人生更加精彩。

孙膑与庞涓乃是同窗至交，同在鬼谷子门下学艺，两人感情深厚、情同手足。孙膑聪敏好学，深得老师鬼谷子的欣赏。后庞涓听闻魏王发布求贤榜，以优厚待遇招纳天下贤才，便禁不住富贵的诱惑、耐不住山中的寂寞，辞别老师下山。而孙膑不为所动，仍留下来随师钻研兵法。庞涓临行前对孙膑说："你放心，如果我被魏王重用，倘能建功立业，一定把你推荐给魏王，我们兄弟齐心合力辅佐魏王，共享荣华富贵。"

庞涓见到魏王后，魏王向其询问治国安邦、统兵打仗、内外邦交之策，庞涓倾尽胸中所学，对答如流。魏王大喜，任命庞涓为帅，统领魏国军队。庞涓在后来几次与别国的交战中取得胜利，更得魏王信任。

学完老师所授，孙膑也下山准备一展所学。他想起庞涓临行前所言，便决定前去投奔。临行前，鬼谷子暗示孙膑要对庞涓有警惕之心，告诉他此人心胸狭窄，万不可深交。孙膑并未将老师的话放在心上，他认为以自己对庞涓的了解和跟庞涓的师兄弟之情，是老师多虑了。庞涓见到孙膑后，表面上热情备至，心里却暗生忌妒，他知道自己不如孙膑聪明，更何况孙膑又比他在老师身边多待了几年，还得到了老师传授的更多兵法，才能远在自己之上。庞涓担心孙膑的到来会取代他在魏国和魏王心中的地位，便在魏王面前进谗言，说孙膑志不在魏而在齐，才能又在自己之上，万不能让齐国得到孙膑，成为魏国的威胁。魏王听信了庞涓的谗言，便找了个借口对孙膑处以膑刑，并派人看押起来。其间庞涓仍假意照顾并替孙膑鸣不平，骗孙膑为他默写了鬼谷子所授的兵法。后来孙膑在家丁的告知下才知道了真相，不禁仰天大哭，叹自己交友不慎！后来孙膑装疯卖傻，在齐国田忌的帮助下辗转逃入齐国，得以见到齐威王。他靠毕生所学辅佐齐威王，最终将庞涓乱箭射死于马陵道那棵著名的树下。

识人是一门学问，交到一个好的朋友，他会在你犯错时直言相告，在你遇到困难时雪中送炭。孙膑的经历令人感慨万千，他因识人不清，交友不慎，最终落得遭受膑刑的下场。今人要以史为鉴，在社会中、职场上不乏此种案例。交友要有智慧，才能让友情之花开得更加绚烂。

二、朋友之间应保持适当的距离

和朋友建立一份真诚的友谊的确是一件美好的事情，但千万不要与朋友整天守在一起，因为距离才能产生美。

世上没有完全相同的两个人，两个人不论形体上多么相像，都绝对没有完全相同的性情、爱好，也没有完全相同的经历和对事物的认知，于是就存在了距离。距离是人际关系的自然属性，有着亲密关系的两个朋友也毫不例外。成为好朋友，只能说明两人在某些方面（或许多方面）具有共同的目标、爱好、见解，心灵相通，但并不能说明两人之间是毫无间隙、融为一体的。

赵晶和石苇是一对令人羡慕的好朋友，两人在一起总有说不完的话。她们一起上学、放学，手拉手逛街，但两人还是觉得相处的时间太少。于是，在征得家长同意之后，两人在校外合租了一个房间成为室友，这样来往就更方便了。然而一段时间后，两人的友谊产生了裂痕，赵晶觉得石苇性子太急、脾气太暴躁，而石苇则认为赵晶太懒，从不收拾房间，慢腾腾地，什么也做不好。终于，两人为了一件小事大吵了一架，从此谁也不理谁了。石苇很后悔，她对自己的朋友说，如果当初不和赵晶住在一起就好了，那样的话，大家一定还会是好朋友。

是的，正因为距离之美，人与人之间才会有“一见如故”“相见恨晚”的感觉。之所以会有“死党”的产生，是因为彼此的气质互相吸引，一下子越过鸿沟而成为好朋友，这种现象无论是异性或同性都一样。但再怎么相互吸引，双方还是有些差异的。彼此来自不同的环境，受过不同的教育，因此人生观、价值观再怎么接近，也不可能完全相同。当两人的“蜜月期”一过，便无可避免地要碰触彼此的差异，于是，瑕疵的影子在双方的心里隐现，两人从尊重对方，开始变成容忍对方，到最后成为要求对方，少许的违背都会使彼此特别在意。当要求不能如愿，便开始在背后互相挑剔、批评，然后结束友谊。

人就是这样奇怪，未得到时总想得到，未靠近时总想贴在一起，可真正得到和靠近后却又太过苛求。所以，再好的朋友也要保持距离。

何谓“保持距离”？简单地说，就是不要太过亲密，不要一天到晚在一起。也就是说，心灵是贴近的，但彼此在空间上要保持距离。能“保持距离”就会产生“礼”，就能尊重对方，这“礼”便是防止“相互碰撞”而造成伤害的“海绵”。

人与人之间的差异是客观存在的，交往的次数越频繁，这种差异就越显现出来，经常形影不离会使这种差异在友谊上起不到应有的作用。而且，交往过密而不留距离，还会占用朋友过长的时间，把朋友束缚得紧紧的，使朋友心里不能轻松、愉快。当友谊从一个极端走向另一个极端时，双方就会形成可怕的对立。所以，与朋友保持一定的距离，创造一种轻松的共处氛围，会给你的生活带来更多的快乐。

每个人都有自己的生活空间与个人隐私不愿被他人侵犯，所以即使是好朋友也不可能真的亲密“无间”。如果你想为了表示亲密友善而靠近别人，应注意不要过分；贴得太近未免无礼，必将适得其反。

交友需要空间，更需要距离，因为，只有距离才能产生美。每个人都有缺点和不足，和朋友贴得太近了，就像用放大镜看朋友一样，各自的缺点都会暴露出来。所以，为了维持友谊，朋友之间还是保持距离为好。

三、尊重朋友的隐私

每个人的心里都藏着一些属于自己的秘密，对我们而言，是我们的自由和权利，谁也不能干涉，包括我们的朋友。所以，千万不要去打探朋友的隐私，但如果他愿意告诉你，那你一定要守口如瓶。

不要认为你与朋友的关系非比寻常，就去随便打探朋友的隐私，那是属于他一个人的秘密，不要跨入他的禁区。

有时候，人们遇到一些伤心事，如家庭纠纷、个人恩怨等纯属个人隐私的事情，闷在心中实在难耐，一般会向自己的知己好友诉说，希望能得到朋友的同情、安慰，或者帮自己出点子、想办法。但当朋友告诉了他的隐私后，自己一定要为他保密，这不仅是对朋友隐私的尊重和对他的保护，也是不辜负朋友信任的一种表现。

萍萍找了一个如意郎君，马上就要步入婚姻殿堂了。萍萍的好友李宁也由衷地为她感到高兴，但李宁发现萍萍始终像有什么心事似的高兴不起来。终于，在结婚的前几天，萍萍把自己的秘密告诉了李宁：原来萍萍患有特纳综合征，她的子宫是呈线性纤维状的，根本没办法生孩子。李宁听了萍萍的话，心里很难受，后来她又告诉了另一个好朋友。谁知此事被萍萍知道了。萍萍非常气愤，结婚那天，她没有请李宁参加。此后，这对好朋友变成了陌生人。

其实，朋友把自己的隐私告诉了你，即使没有叫你保密，也证明了他对你的极大信任。你一旦将这件事传扬出去，就等于辜负了他的信任。严重的，他会认为你背叛了他。对于朋友悄悄告诉自己的隐私，保密就成为一种义务、一种责任。把朋友的秘密告诉别人，可能就会引起不少人的风言风语，甚至歪曲事实和真相，伤害到自己的朋友；同时可能使自己失去这位朋友，甚至可能失去周围人对你的信任，最终让自己成为孤家寡人。

两个人作为朋友，就算关系再好，平时再怎么无所不谈，也不要去涉足对方的隐私世界。这并不是对朋友冷漠的表现，而是对朋友的一种尊重。除非朋友自己亲口说出的隐私，作为朋友可借着他所诉说的心事来安慰和开解他，打开他的心结，但事后不要像上例中的李宁那样，向别人传播朋友的隐私，因为这只能是属于两个人之间的秘密。

朋友是因为信赖自己才愿意将他的隐私说出来，如果因为这种信赖而产生不良的后果，那很可能让对方刚刚打开的心门立刻关闭，并蒙上一层阴影。同样地，如果在无意中知道了朋友的隐私，也不要对外宣扬，一定要做到守口如瓶。

总的来说，要尊重朋友的隐私，不要强行追问或打听朋友的隐私。擅自偷看或泄露朋友的秘密是交友的大忌。

四、好朋友也要“明算账”

朋友之间，礼尚往来，互赠物品，或者在适当的时候一起吃饭喝酒等，是常见之事。但如果认为“好朋友在经济上可以不分你我”，那就大错特错了。

俗话说得好：“交义不交财，交财两不来；要想朋友好，钱财少打扰。”友谊一旦和金钱挂钩，就像把大楼建在沙滩上一样，是极不牢靠的。所以，即使是好朋友也要“明算账”，否则将会对友谊产生不利影响。

湛明和姜林是多年好友，但后来二人突然闹翻。起因是姜林抱怨两人在一起总是他花钱。他们从初中到大学都是好朋友，刚毕业时两人又一起合租房子，那时两人发了工资就随手放到客厅的柜子里，谁想用就自己去拿，从来不分你我。后来由于工作调动，两人各自租了房子，感情却没有变，谁缺钱了只要说一声，几百元钱就送过去了，从来也不记账。

后来，姜林交了女朋友，花费多了起来，常向湛明借钱，湛明渐渐地有点不高兴了。有一次姜林又要借 1000 元钱，湛明拒绝了他。于是姜林很生气，他跟别人说：“这么多年了，这小子不知道从我这里拿了多少钱，一起吃喝都是我付账，没想到他翻脸就不认人了！”湛明也很生气：“他花了多少钱？上次他妈妈住院，不是我送去了 5000 元吗？刚毕业时我挣得比他多一倍，那些钱都让谁花了？”于是两人大吵了一架，从此谁也不理谁了。

如果朋友之间像湛明和姜林这样，在经济上长期不分你我，那么必然会带来恶果，甚至导致像他们二人这样的情况发生。朋友之间在经济上不分你我，主要会带来以下几个方面的不良后果。

（1）经济上不分彼此会使友谊变质，使纯洁的友谊被金钱腐蚀。天长日久，相互之间平等的关系会变成经济上的依附关系。

（2）由于物质至上主义的侵蚀，朋友之间平等的关系还会被金钱交换关系代替。这时，被金钱腐蚀了的“友谊”就可能变成掩盖错误甚至包庇违法犯罪行为的“保护伞”。经济上的不分你我，就会演变成不讲原则，不分是非。

（3）因为受金钱腐蚀，“以财交友，财尽则交绝”，最终会使友谊不复存在。上例中，姜林便因为湛明不再借钱给他而与湛明绝交。

但是，朋友之间免不了要牵涉经济问题。朋友之间为了增进友谊、加深了解，一起吃饭、娱乐，甚至一起出去旅游，都是很正常的事情。在这种情况下，自己一定要表现得大方一点，因为没有人愿意同小气的朋友来往，互相算计的友谊是长久不了的。AA 制是朋友间共同消费时很不错的解决办法，但要注意的是，有些人不喜欢 AA 制，觉得这样疏远了感情，为此就要事先沟通好，要将 AA 制的形式提前提出，然后才能执行。

遇到红白事，作为朋友、亲戚、同事都要表表心意，根据关系的远近还要注意轻重有别。所以，朋友之间既然免不了礼尚往来，就一定要把握好尺度。首先，不能超出自己的经济承受能力，要量入为出；其次，要考虑到对方的经济条件，因为这些人情礼都是要“还”的，礼送得太重，就等于给朋友增加了包袱，这样做也不合适。

朋友之间对借钱问题向来很敏感，往往是一方不好意思开口，另一方也不好意思拒绝。处理这个问题，借钱的一方开口前要想到：能否想出别的办法，比如向银行贷款；对方的实力如何，借钱给自己是否有难处；自己的偿还能力怎么样，可以向对方承诺多长时间内一定还清借款；等等。而出借的一方，一旦朋友开了口，碍于面子又不好拒绝，那么自己就应该想好了：首先这个朋友是不是有信用；其次自己是否真有这样一笔闲钱，是否需要从自己的开支中省出来；最后对方的还钱能力是否无可置疑。自己辛辛苦苦挣来的钱当然要花在刀刃上，有去无回的借钱是绝对不能忍受的。如果朋友已经有过一次借钱不还的情况，绝对不要再给他第二次骗你的机会。借钱不还的人终归是没有信用、不值得深交的朋友。

其实，友谊的无私与朋友间的“明算账”并不矛盾。“明算账”是维护友谊的必要手段，目的是寻求朋友交往的相对平衡。为此，与朋友相交“明算账”，我们要做到以下三点。

（一）区别情况，学会算账

第一，朋友合伙做生意时要认真算账，不能马虎。因为这时的钱物往来是以共同营利为目的的，而友谊只是一种辅助的因素，如果现在以友谊代替算账，可能以后两人的友谊会因经济纠纷而被破坏。

第二，借用与支援朋友财物时也应算账。如果对方不还了，也要看看是还不起还是不愿还。还不起就将这个账一笔勾销；不愿还就要记下这笔账，以后付出时就要当心了，不要伤了情谊。

第三，财物的馈赠与捐赠。这是一种特殊的财物往来形式，它通常以表达心意为宗旨，是以物质形式进行的交换。对这种往来则只需要做大概计算即可。

由于交往中财物与友谊纠缠在一起，从而使算账变得复杂起来。一般情况下，友谊对财物往来的不平衡都有一定的承受能力。但是，如果钱物往来超过了友谊所能承受的极限，友谊便难以包容，就会产生矛盾。所以，为了友谊而算账就要区别不同的情况，弄清钱物及人情账往来的状况，防止双方在“量”上过分失衡。

（二）把握时机，适时算账

一般来说，为友谊而算账以“短算”为宜。在一段时间内，如几个月、半年，把彼此往来的情形清点一番。如果拖得太久，欠账（包括人情账）太多，影响到关系时才察觉，则很容易激化矛盾。

其实，“短算”是为了“长交”，两者相辅相成，没有“短算”就难以“长交”。“短算”也不必“日清月结”。如果算得太勤，朋友之间占不得一点便宜、吃不得一点亏，斤斤计较，那就又走到另一个极端了，同样有损于双方的交情。

（三）肯于亏己，友好算账

我们都知道，真正的友谊是金钱买不来的。算账只是手段，目的是使友谊长存。友谊遵循的恰恰是一种亏己式的“倾斜”，即对朋友要付出得更多一些。这种有意向他人倾斜的心理是换取真正友谊的内在动力。人们的心意、友情虽然本身无价，但在交往中它们又可以成为具有特殊价值的砝码。当人们把情谊投入交往过程中时，它们就变得“价值连城”，同样可以对物质投入起到平衡作用。

因此，为了友谊“算账”寻求的是大体平衡，而不是绝对平衡。如果是后者，那么友谊又会被商品等价交换的性质取代，使友情被“铜臭味”熏染，这同样会破坏彼此的友谊。只有把握好了财物来往与友谊交往的关系，才算真正学会了“算账”。

应该肯定的是，朋友之间经济上的帮助是应该的，也是无私的、不图对方报偿的，但这只是事情的一个方面。另外，帮助从来是相互的，即使被帮助的一方无力对等地给朋友以相应的帮助，也要做到心中有数，当有机会能对朋友的帮助进行报答时，一定要及时报答，以使这种物质上的来往大体保持平衡。

总之，当朋友之间已产生较大的经济利益关系时，不要忘记“好朋友还须明算账”，采取适当的方法，妥善处理相互之间的经济利益关系。只有这样，才能避免日后产生经济纠纷，使彼此之间的友谊更加牢固。

五、对朋友保持忠诚

忠诚的朋友是无价之宝，他可以丰富我们的生活。但要想得到朋友的忠诚，自己就要敞开心扉，对朋友坦诚相待。

忠诚的朋友会完全承认我们的自主权，从不干涉我们的所作所为。他只会带给我们安全感，这种安全感来自忠诚的友谊。

小案例

一位先生，他有一个朋友坐了牢。这位朋友既不是行凶抢劫犯，也不是强奸、杀人犯，更不是纵火犯，他只不过是在企业经营中无意触犯了法律。这位先生当时不知道自己的朋友进了监狱，当他打电话到对方的办公室得知此事以后，便在星期六清晨开车跑了60多千米去探望他。到监狱以后，由于探监的家属太多而未能见到这位朋友。下一个星期六的清晨，他又去了一次，但由于证件的问题，他还是没能见到这位朋友。第三次去后，他终于和这位朋友见了面。当这位朋友谈到自己在监狱的经历时，他只是静静地听着，不提问，不做任何评价。当然，这位朋友与他在一起也觉得很有安全感。当这位朋友获释后，两人继续保持着友好的关系。

常言道："物以类聚，人以群分。"也就是说，什么样的人就会和什么样的人在一起，因为彼此的价值观相近，所以才能凑在一起，也即《易经》中所说的"同声相应，同气相求"。所以，性情耿直的人和投机取巧的人合不来，喜欢酒色财气的人也不会跟自律甚严的人成为好友。只要观察一个人的交友情况，大概就可以知道这个人的性情了。

没有忠诚便没有真正的友谊，如果你希望朋友能对你推心置腹，就不要试图以自己的圆滑和虚伪来赢得友情。

六、别伤了朋友的自尊

每个人都喜好赞扬而厌恶批评，这是人类崇尚自尊的天性使然。在人际沟通中，凡是弱点、缺点、污点，一切不如别人之处都有可能成为他人的忌讳。因此，千万不要去踏这个"雷区"。和朋友交往，切记别伤了朋友的自尊。一般来说，以下三种情况最容易触发人们的忌讳心理，甚至引起朋友反目。

第一，触碰朋友的短处。人人都有爱美之心，很多身体有缺陷者都有自卑心理，不愿听到跟自己的短处有关的话题。如谢顶者忌说"亮"，胖子忌说"肥"，矮子忌说"矬、短"，其貌不扬者忌说"丑、怪"，跛子忌说"拐"，驼背者忌说"弯、曲"等。这种完全正常的心理应该得到人们的充分理解。

第二，触碰朋友的失意之处。人生在世，总希望自己能一帆风顺，有所作为，实现人生的价值。但是人难免有失意之处，或高考落榜，或恋爱受挫，或久婚不育，或夫妻反目，或工作不顺利，或职称评不上等。诸如此类的失意暂时忘却倒也轻松，可偏有人有意无意旧事重提，这往往会使人心烦意乱、沮丧不已。事业有成、踌躇满志者则多以昔日的失意为忌讳，生怕被传播出去，有失自己的尊严。

第三，触碰朋友的痛悔之事。人一生免不了要犯这样或那样的错误，而一旦认识到错误后便会有痛悔之意，以后一想起自己曾犯过的错误就自感脸上无光。犯过品质错误者更是讳莫如深。如果听到有人说起类似的错误，就会有芒刺在背、无地自容之感。

总之，维护朋友的自尊不仅是语言艺术问题和处理人际关系的技巧问题，更是对待朋友的态度问题。要想真心诚意地尊重他人，就必须学会在交谈中避讳，这样就如同给朋友间的亲密关系罩上了一层保护网，也只有这样，朋友之间的友情才能不断得以发展。

七、对待朋友不宜过分客气

与朋友交往，客气是不可避免的。适度的客气是一门艺术，可以收到很好的交际效果；但过度的客气则是对自己的伤害，因为它使你无节制地看低自己，不仅不会使对方心情愉悦，相反更易引起对方的反感。说话恭敬、对人客气是一种美德，但不分青红皂白地恭敬，过度客气，那就不大好了。

假如你到一个朋友家里拜访，你的朋友对你异常客气，你每说一句话，他只以“是是”作答，唯恐你不高兴，如此一来，你一定觉得如芒在背、坐立不安，最终逃之夭夭。过度的客气显然是令人痛苦的。“己所不欲，勿施于人”这句至理名言应当谨记。

开始会面时的几句客气话是应该的，如果继续说个不停就不太妥当了。谈话的目的在于沟通双方的情感，增加双方的兴趣，而客气话则恰恰是横阻在双方中间的一堵墙，如果不把这堵墙搬走，人们就只能隔着墙做简单的敷衍应答。

朋友初次见面略谈客套话后，第二、第三次的见面就应竭力少用那些“阁下”“府上”等名词；如果一直用下去，则真挚的友谊是无法建立的。客气话的“过剩”，必然会损害快乐的气氛。

客气话是用来表示你的恭敬或感激的，不是用来敷衍朋友的，所以要适可而止。如果多用就会流于迂腐和虚伪。有人替你做一点小小的事情，例如递给你一杯茶，你说“谢谢”就够了。要是在特殊的情形下，那么最多说“对不起，这件事要麻烦你”也就够了。但是有些人却要说“谢谢你，真对不起，我不该拿这些小事情麻烦你，真使我觉得过意不去，实在太感激了……”一大串，这会让人觉得不舒服。

说客气话时要真诚，像流水般泻出来的客气语最易使人生厌。说话时的态度要温文尔雅，不可显出急促紧张的状态。还有，说话时保持身体平衡，通过过度的鞠躬作揖来表达你的谦恭或卑微并不可取，有时会让人过于看轻自己。

总之，朋友之间的客气话不能“过剩”，只要把平常对朋友太客气的说话方式改得略微坦率一点，朋友之间保持适度的礼貌就足够了。

八、要真诚地向朋友道歉

不愉快的情绪是每个人都可能有的，其表现多种多样，生气就是其中之一。在交往的过程中，我们的朋友常常会生气，这可能是他对其他人有什么不满，但更有可能是因为我们做错了什么事。当我们发现是因为自己做错了事才使朋友生气时，我们应该怎么办呢？我们不妨说“我真诚地向您道歉”。

凯斯思的高尔夫球伙伴莫斯里是一位来自阿根廷的具有杰出贡献的移民，他在房产开发行业中卓有成就。在一次业余高尔夫球比赛中，莫斯里在比赛开局时状态良好，后来的击球却很糟糕。莫斯里在击球时错误地看高而打空了，使球只沿着跑道跑了几码远。原本心情就不好的凯斯思脸色立刻变得铁青，气愤地向莫斯里走来，并大声地责备他。

而莫斯里，一位擅长劝说的人却没有对他朋友的无理生气进行回击，也没有嘲笑和敷衍他的朋友，他只是真诚地说："凯斯思，我的朋友，我真诚地向您道歉。"气愤从凯斯思的身上慢慢消失。"噢，没关系。"凯斯思嘟囔着说，"这不是您的错。"

"我真诚地向您道歉"这句话是如此具有魔力，在莫斯里"真诚"的攻势下，凯斯思的愤怒化解了，也加固了两人之间的友谊。当然，你也不能过多地道歉，对方接受道歉就表明你的道歉已经足够了。

对付生气的人还有另外一种较有效的方式，那就是承认他说得有道理，但也可以使用类似"我没有经验"这样的话去委婉地表达自己的不同意见。

乔治给他的朋友做帮手，有一次，他的朋友对他大叫："这个广告册子真是太糟糕了！如果将它刊印出来，我们就会成为别人的笑柄！""我没有经验。"乔治静静地回答。"我们不能告诉顾客，我们的竞争对手卖的玉米片比我们便宜得多，否则他们就会到我们的竞争对手那儿去购买了。"他的朋友大吼道。"我没有经验。"乔治继续平静地回答。"还有这个热线电话，它使得消费者不停地打进电话抱怨一些事情，电话费的花销要比玉米片的销售额还多，我们会破产的。"他的朋友经过发泄后，渐渐消了气。

对付生气的人切忌以好斗的语气说话。保持低调，几乎是压着嗓子说"我没有经验"。其实这也是一种道歉，只是不太直接，不过这丝毫不能掩盖你的真诚。

总而言之，当你与朋友相处时做错了事，不妨真诚地向他道歉，这样就不会破坏双方的关系。

九、应珍惜同窗友谊

同学关系是我们在读书时建立起来的人际关系，较其他关系要单纯得多。也许在我们的社交网络中有很多人，但同学无疑是其中走得比较近的，在某种程度上超越了一般的人际关系。

有人说："同学之情只有几年，一旦缘尽则情尽，没什么值得留恋的。"其实不然，要知道，大千世界，茫茫人海，能成为同学，实是缘分不浅。当你与同学们分开后，还能保持相互联系的话，那对你的一生，或者说对你将来的事业会有很大好处。很多人有这样一种感受：毕业之后，在社会上所构建的人际关系（如同事关系），多半都有隔阂，而相比之下，同学关系作为在学校读书期间所构建起来的人际关系，就显得单纯多了。这主要是因为同学之间本来就没有什么真正的利害冲突，这种单纯的同学关系有其纯洁性的一面。

三国时，蜀国刘备曾有过这样的经历：刘备在读私塾时，由于他讲义气、聪明，因此成了同学中的老大，在读私塾的这几年中，他经常帮助其他同学，与他们的关系处得非常好。长大后，大家虽然分开了，刘备却很注重与同学们的联系。其中有一位叫石全的人，是刘备读书时最好的朋友，他完成学业后，仍回家继续供奉自己的老母亲，以尽孝道，靠打柴、卖字画为生。刘备不嫌其清贫，经常邀请石全到家中做客，共同探讨当时的天下形势。这样的聚会每次都很成功，刘备与石全的关系也在不断地加强，两人情同手足。

后来，刘备带领一支队伍参加了东汉末年的大混战。初时，刘备的军事实力很小，不得不依附其他人。在一次交战中，刘备所带的军队被全歼了，只有他一人逃脱，石全将他隐藏起来，这才使他逃过了一劫。

刘备的同学石全在危急关头帮了他的大忙。但是，有一点很重要，那就是关系的维系得益于自己长期的努力，如果刘备在与同学分开之后并没有与他们保持联系，那就另当别论了。

有的人可能觉得跟不太熟悉的同学联系有点难为情，其实即便你在学生时期不太引人注目，交往的范围也很有限，你也大可不必受限于昔日的经验而使自己的想法变得消极。因为，每个人踏入社会后所接受的磨炼是不同的，绝大多数人会受到洗礼，从而变得相当注意人际关系。因此，即使与完全陌生的人来往，通常也能相处得很好。出于这个缘故，再加上曾经拥有的同学关系，你完全可以重新进行人际关系的塑造。换言之，不要拘泥于学生时期的自己，而要以目前的身份来展开交往。

可以说，一个人在社会交往中，同学关系应该是维护成本最低的人际关系。因为曾经的青春年少和不设防，每个人的内心世界都曾袒露在别人面前。因此，在同学中最容易找到合适的朋友。这就如同酿酒，时间久了必有醇厚之香。

一般情况下，朋友从相遇到交往，再到培养和建立关系，通常需要长久的酝酿期。倘若这种交往形态发生在同学之间，其酝酿期必将缩短不少。另外，因为同学之间的关系非常纯洁，相比其他人更有可能发展为长久、牢固的友谊。

有人时常慨叹自己的社会资源少，可以交往的人不多，那么为什么不考虑将同学编织在自己的社交网络当中呢？但我们如何将同学编入自己的社交网络呢？

(1) 跟同学们保持联系。有空给远在异地的同学打打电话、聊聊天，询问对方近来的工作、学习情况，介绍自己的情况，互相交流，这是很有必要的，这点时间绝对不能省。碰上同学们的人生大事，有时间尽量参加，实在脱不开身，最好写封信或托人带点礼物。

(2) 对方有困难的时候更应加强联系。当听到同学的家人生病或遇上不幸的事时，应马上想办法去看看。平日尽管因工作忙、学习任务重而没有很多时间来往，但同学有困难时的鼎力相助才更能显示出朋友的价值。“患难朋友才是真朋友”，关键时刻拉人一把，别人会铭记在心。

(3) 经常往来。朋友间交际的一个重要原则是通过多次见面和接触来加强联系。原则上要求和对方直接接触，只要有见面的机会，就应该积极和对方接触。去某地旅游，可以去找找当地认识的同学；去同学所在的城市出差，最好去看看对方，加深双方之间的感情。常常和同学保持联系对我们有许多好处。和同学经常联系、谈心，一旦我们碰上什么事情，如找工作、找对象等，多听听同学的意见，或者请他们帮忙，对自己都会是直接或间接的帮助。平时没有和同学联系，只在有困难时找上门去，别人是不会愿意帮助你的。

同学关系是社交网络中最重要、最得力的一种社会关系，如果能与同学一直保持相互联系和历久弥坚的关系，那对我们的一生将会非常有帮助，说不定还会有意料之外的收获。

第三节 交友沟通的忌讳

有人认为，朋友之间可以无话不说，说什么都不会得罪人，其实并非如此。如果朋友之间说话“口无遮拦”，动辄挖苦讥讽、满口粗言秽语，同样会令朋友尴尬和不快。长此以往，朋友还愿意和你相处吗？

交朋友的目的之一就是彼此从对方那里得到精神愉悦。若不如此，则彼此相处时得到的都是烦恼不快、尴尬窘迫，那么这种交往就会失去吸引力，友谊就可能降温。为了使每次朋友相聚都能成为愉快的回忆，人们在交谈时应注意口下留情。为此，有几类话应在忌讳之列。

一、揭短挖苦的话

在大多数情况下，人们都愿意听赞扬的话，如果一见面你就揭朋友的短，即使说的是事实，人家心里也会不高兴的，尤其是反复指出朋友的某一缺点或不足，就更不讨人喜欢。一般来说，揭短挖苦的话有以下几种。

（1）嘲笑别人身体上的缺陷。

（2）嘲笑别人不光彩的历史。

（3）嘲笑别人的缺点。

（4）嘲笑别人忌讳的其他方面。

哪怕是以开玩笑的方式经常揭朋友的短处也属不宜。

二、过分指责的话

工作上有时出现了一点问题，有的人不问青红皂白就指责、抱怨朋友，盲目做出结论，为自己开脱，这也会引起朋友的不满和失望。例如，“我说如何如何吧，你偏不，看，搞砸了吧！听你的准没有好”。对于这样的指责，朋友为了照顾面子也许并不会说什么，可是心里必定会不高兴。

三、贬低对方的话

对于自己的才干、能力和成绩，人们总是希望得到他人公正的评价，特别是朋友的肯定。如果在朋友那里听不到赞扬，反而听到一些贬低自己成就和才干的话，人们心里就会有一种失落感。贬低对方的话一般有四种：贬低对方的工作成绩；贬低对方的优点；贬低对方的优势；贬低对方的才干和能力。

四、揭老底儿的话

每个人都可能有过失、有毛病，但并不喜欢被他人提及这些。与朋友相处时，如果你有意无意地把人家的老底儿翻出来，对方就会感到难堪。例如，一位女士指出某女士不像话，把老公管得太紧时，她的一位朋友就揭其老底儿说："你还说人家呢，每次你老公一出门，你先翻他的口袋，一块钱你都不放过，为这事你们还打了一架呢！"对方的脸一下子红到脖梗上。

● 能力测试

1. 结合下面的一则案例，从交友的原则出发，分析B在交友过程中所犯错误的根源，并说明A应该如何处理这件事才有望延续两人的友谊。

A与B是某高校大三的学生，同住一个宿舍，两人是形影不离的好朋友。A活泼开朗，B性格内向，沉默寡言。慢慢地，B觉得自己像一只丑小鸭，而A却像一位美丽的公主，心里很不是滋味。她认为A处处都比自己强，把风头占尽，因此，她变得越来越妒忌A，两人的关系也不像之前那么好了。有一次，A参加了学校组织的服装设计大赛，并得了一等奖。B得知这一消息后妒火中烧，趁A不在宿舍之际将A的参赛作品撕成碎片，扔在A的床上。A发现后，不知道该怎样对待B，更想不通自己为什么会被B这样对待。

2. 结合下面的一则案例，说明交友过程中注意场合的重要性。同时，你认为小秦和小芳坚决断交符合交友之道吗？

小芳与小秦是非常要好的朋友，两人在一起简直是无话不谈。小芳性格开朗，直言快语，说话毫无顾忌，小秦沉着冷静，不善言谈，有些内向。因此，从性格上来看，这两人应该可以成为很好的朋友。但是，她们之间的友谊在一次游玩时完全破裂了。

那天，她们来到动物园，两人边看边聊，非常投机。来到猴山时，她们停了下来，观看猴子的精彩表演，小芳不由自主地随口说了一句："小秦，你看那些猴子长得多像你，尤其是那副脸蛋与你长得最像。"

小秦还没来得及说话，她们旁边的几个游客就哈哈大笑起来。顿时，性格内向的小秦羞得无地自容，她什么也没说，双眼含泪地跑出了动物园。小芳站在后面大喊："小秦，我跟你开句玩笑，你何必当真!"

但是，小秦头也不回地回到了家里，她发誓以后再也不与小芳这样的人来往了。虽然小芳后来找过小秦，但小秦仍不肯原谅她，因为她让自己在大庭广众之下丢失了颜面。

3. 校外实践训练。走出自己的校园，到兄弟院校去走走，积极地参加校际间的一些有益的活动，努力在此过程中结交一些新朋友，并向任课老师提交一份以《多一位朋友 多一条路》为题的交友实训报告。

第十章
交往沟通

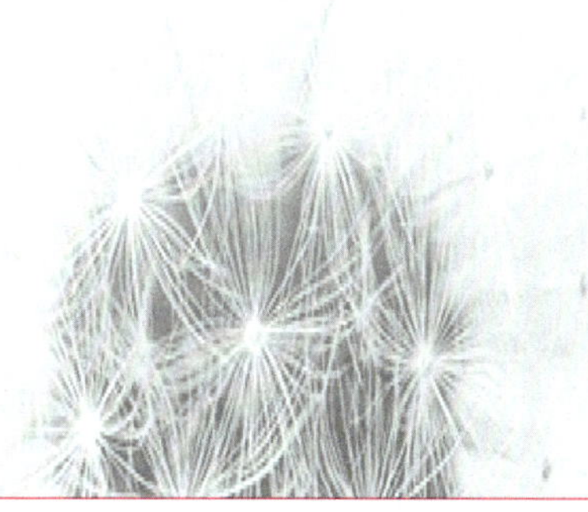

生活里最重要的是礼貌，它比最高的智慧，比一切学识都重要。

——赫尔岑

引入案例

不管是在生活还是工作中，很多人总是陷入一种错误的思维中，认为性格内向的人，比较孤僻，不善交际。久而久之，很多与周围人格格不入的人或者在社交上感到吃力的人，都把这些挫败感归结为“我太内向了”。

的确，以这个世界主流的价值观或者评判标准来看，貌似那些起主导作用的确实是性格外向的人，比如，上学时候的班长是侃侃而谈的人，工作后业绩好的是“口才好”“话多”的人。这就给了大家一个固性的思维，成功者的性格都是外向的，性格外向的人更善于交际，更容易获得成功，而内向的人不擅长交际又孤僻。

然而事实并非如此。曾有研究表明，世界上70%的成功者都是性格内向的人。世界名人如比尔·盖茨、巴菲特、斯皮尔伯格、爱因斯坦等也是性格内向的人。

1. 内向者不是不善于交际，而是更善于独处

很多人总是给性格内向的人贴上“不擅交际”的标签，总认为他们不像那些高谈阔论的人一样活泼开朗，在人际交往中，他们不大会主动和别人交流、沟通，总是埋头在自己的事情里。

事实上，真正的内向者并不是不擅长交际，只是更喜欢独处，他们也能在需要沟通、需要交流的时候，顺畅地表达自己内心的想法，了解别人的需求，只不过他们不像外向者，不管熟不熟悉都能拉着别人聊上两句。

内向只是他们的表象，实际上内向的人能在自己独处的空间里，更加清晰明了地考虑事情，进而以一种冷静沉稳的姿态展现在大众面前。

看似安静的内向者，更能以沉稳的姿态出现，这样的内向者看似不擅交际，实则暗藏能力。

2. 性格内向者比性格外向者更容易成功

不论是工作还是生活，我们总被一种假象迷惑，总认为外向的人更容易成功，外向的人更容易走上更高的职位，因为他们交际能力强。

事实上，这只是大部分人的认知误区。在职场上，性格内向者比性格外向者更容易成功。美国的一项研究证明，性格内向大多是与生俱来的，而且内向的人在工作中更容易取得成功。因为性格内向的人与性格外向的人相比，在处理很多信息的时候，其大脑的某些区域比外向者更活跃，所以他们能深入地思考，不会花时间去扯闲话，也能更加专注地朝一个目标努力，所以他们做决策的时候会更加谨慎和注重细节，当然，最后成功的概率也就更大。

我曾亲眼见到过两个销售人员去拜访同一个客户，前面一个性格外向的人去了几次，每次都和客户谈得很开心，他自信满满地说这个客户十之八九就是自己的了。其他公司的

一个销售人员也来拜访这个客户，相对前面的销售人员，后面的销售人员性格要内向很多，在和客户交谈的时候他没有扯那些闲话，反而是针对客户的需求，结合自己的产品，给客户仔细讲解了两次，最后顺利地拿下了单子。

这就是性格内向的力量，性格内向不是不善于交际；相反地，性格内向的人更懂得深入挖掘他人的需求，而不是浮于表面地扯闲话、套近乎。正是因为能深入思考、深度挖掘客户的需求，那位性格内向的销售人员才得到了客户的青睐。

案例讨论：

性格内向一定不好吗？性格外向一定好吗？

第一节 介 绍

一、自我介绍时的沟通

巧妙得体的自我介绍，可以为双方进一步交往奠定基础，也可以显示一个人良好的交际风度。自我介绍可以在许多场合，如宴会、舞会、亲友聚会、寿庆、婚礼、会议、商店，甚至路上等进行。

自我介绍的基本程序：先向对方点头致意，得到回应后再向对方介绍自己，同时递上事先准备好的名片。自我介绍时，可以掌心向内，右手轻按左胸，但不能用拇指指向自己；表情要自然、亲切，注视对方，举止庄重、大方，神态镇定而充满自信，表现出渴望认识对方的热情。

做自我介绍时，要注意把握时机，如初次见面的时机或对方有兴趣的时机。自我介绍的内容要繁简适度，态度谦虚，注意礼节。自我介绍时长一般以半分钟为宜，即使情况特殊也不宜超过 1 分钟。如对方表现出有认识自己的愿望，则可在报出本人姓名、供职单位及职务的基础上，再简略地介绍自己的籍贯、学历、爱好、专长及与某人的关系等。当然，在进行自我介绍时应该实事求是，既不能把自己拔得过高，也不必贬低自己。介绍用语要留有余地，不宜用“最”“极”“特别”“第一”等表示极端的词语。

在交际场合，如果我们想结识某人，就可以采取主动的自我介绍方式，例如：“您好！我叫×××，见到您很高兴。”以引起对方的回应。也可以采取被动的自我介绍方式，先婉转地询问对方：“先生您好！请问我该怎样称呼您呢？”待对方做完自我介绍后再顺势介绍自己。总之，自我介绍必须表现得诚实和坦率，使对方愿意同你结识。

自我介绍除了用语言之外，还可以借助介绍信、工作证或名片等信物证明自己的身份，以增强对方对自己的信任。

二、居中介绍时的沟通

居中介绍即为他人做介绍，就是介绍者把一个人引见给其他人相识的沟通过程。善于为他人做介绍，可以使我们在朋友中具有更高的威信和影响力。充当居中介绍人员者，一般是公关礼仪人员、东道主、在场地位最高者或与被介绍的双方都相识的人。

（一）介绍顺序

居中介绍时，介绍者处于双方当事人之间。因此，介绍者在介绍之前必须先了解被介绍双方各自的身份、供职单位以及双方有无相识的愿望，或衡量一下有无为双方介绍的必要，再择机行事。介绍的先后顺序，应坚持受到特别尊重的一方有了解对方的优先权的原则，应将职位低者介绍给职位高者，将年轻者介绍给年长者，将年龄和职务相当的男士介绍给女士，将客人介绍给主人，将未婚者介绍给已婚者，将本公司职务低的人介绍给职务高的客户，将个人介绍给团体，将晚到者介绍给早到者。在口头表达时，应先称呼职务高者、长辈、女士、主人、已婚者、先到场者，再将被介绍者介绍出来，而后介绍先称呼的一方。这种介绍顺序的共同特点是“尊者居后”，以表示对“后来居上”的尊敬之意。对来宾中的已婚夫妇，即使他们站在一起，也应分别介绍。如丈夫将妻子介绍给朋友相识，应先将朋友介绍给妻子，再将妻子介绍给朋友；而当妻子介绍丈夫给朋友相识时，应先将丈夫介绍给朋友，再把朋友介绍给丈夫。

（二）介绍人的神态与手势

居中介绍者在为他人做介绍时，态度要热情友好，语言要清晰明快。做介绍时，介绍者应起立，行至被介绍人之间，在介绍一方时，应微笑着用自己的视线把另一方的注意力引导过来。正确姿势是抬起前臂，五指并拢伸直，手掌向上倾斜，指向被介绍者，但介绍人不能用手拍被介绍人的肩、胳膊和背等部位，更不能用食指或拇指指向被介绍的任何一方。

（三）介绍人的陈述

介绍人在做介绍时要先向双方打招呼，使双方有思想准备。介绍人的介绍语须简明扼要，分寸恰当，使用敬词；一般不介绍私人生活方面的情况，如居住地址、婚姻等。在较为正式的场合，介绍人可以说“尊敬的×××先生，请允许我向您介绍一下……”或说“××，这就是我向您常提起的×××”。同时，介绍人在介绍中要避免过分赞扬某个人而给他人以厚此薄彼的感觉。在介绍别人时，介绍人切忌把复姓当作单姓，常见的复姓有“欧阳”“司马”“司徒”“上官”“诸葛”等，注意不要把“欧阳明”称“欧先生”。当介绍人为双方介绍后，被介绍人应向对方点头致意，或握手为礼，并以“您好”“很高兴认识您”“幸会、幸会”等友善的话语问候对方，表现出结识对方的诚意。介绍人在介绍后，不要随即离开，应给双方交谈提示话题，可有选择地介绍双方的共同点，如相似的经历、共同的爱好和相互的职业等，待双方进入话题后，再去招呼其他客人。

（四）对介绍的应答

一旦被介绍给他人，我们即应做出应答：一是如果坐着应起立，如不能起立，也应欠身表示；二是注视对方，面露微笑，以示对对方的尊重；三是握手，这是对他人尊重的表示，也是互相致意和问候的一种方式；四是向对方打招呼，重复对方的名字或职务。

三、集体介绍时的沟通

集体介绍也有顺序上的尊卑先后之别。集体介绍分“单向介绍”和“多向介绍”两种。集体介绍的顺序应比照“居中介绍”的顺序，并考虑“单向介绍”和“多向介绍”的特点。

单向介绍，如讲演、报告时，介绍者可只介绍主角；如为两个团体进行介绍，应先介绍东道主或人少的一方。介绍人还要注重被介绍人的身份、地位，对尊者最后介绍。多方介绍则由尊至卑，或由近而远。其排序方法有或以负责人身份为准，或以单位规模为准，或以单位名称的英文字母顺序为准，或以抵达的时间为准，或以座次为准，或以距介绍者的远近为准。

集体介绍的方法原则上与“居中介绍”的方法相同。

第二节 称　　呼

一、称呼的原则

称呼是当面招呼对方用的表示彼此关系的名称。称呼语是交际语言中的“先锋官”。一声亲切而得体的称呼，不仅能体现出一个人待人谦恭有礼的美德，而且能使对方如沐春风，有助于拉近双方的距离，为深层沟通打下基础。

社会是一个大舞台，每个社会成员都在这个舞台上充当着特定的社会角色，而称呼最能准确地反映人际关系的亲疏远近和上下尊卑，具有鲜明的褒贬性。亲属之间，按彼此的关系，都有固定称呼。在社会交际中，人际称呼的格调则有文野、雅俗、高下之分，它不仅能反映一个人的身份、地位、职业和婚姻状况，而且能反映一方对另一方的态度及双方的亲疏关系。不同的称呼可以使人产生不同的情感，例如对老年人可称其为老人家、老同志、老师傅、老大爷、老先生、老伯、老叔，对德高望重者还可称其为“某老”，却不可称“老头子”“老婆子”“老东西”“老家伙”“老不死”等。很显然，前者是尊称，带有尊敬对方的感情色彩；而后者则是蔑称，带有蔑视对方的厌恶情绪。在交际开始时，只有使用高格调的称呼，才会使交际对象产生同你交往的欲望。因此，在使用称呼语时需遵循以下三个原则。

（一）礼貌原则

礼貌原则是人际称呼的基本原则之一。每个人都希望被他人尊重，而合乎礼节的称呼，正是表达自己对他人的尊重和表现自己有修养的一种方式。在社交接触中，称呼对方要用尊称。常用的尊称有：“您”——您好，请您……；“贵”——贵姓、贵公司、贵方、贵校、贵体；“大”——尊姓大名，大作等；“贤”——贤弟、贤媳、贤侄等；“高”——高寿、高见、高明等；“尊”——尊客、尊言、尊意、尊口、尊夫人等。

（二）尊崇原则

一般来说，汉族人有从大、从老、从高的心态。如对同龄人，你可称呼对方为哥、姐；对既可称“爷爷”又可称“伯伯”的长者，以称“爷爷”为宜；对副科长、副处长、副厂长等，也可以直接以正职相称。

随着时代的发展和受西方文化的影响，尊崇原则有了一些变化，如对比自己大十来岁的女性，有时称呼姐姐比称呼阿姨更讨对方喜欢。这一现象在大中城市、私人场合、年轻人、女性中更流行一些，在中小城市和农村、正式场合、年长者、男性中则更倾向遵守尊崇原则。

（三）适度原则

许多年轻人往往对人喜欢称师傅，虽然亲热有余，但文雅不足，且普适性较差。对理发师、厨师、企业工人等称师傅恰如其分，但对医生、教师、军人、干部、商务工作者等称师傅就不合适了。如把小姑娘称为“师傅（尼姑）”，则要挨骂了！所以，要视交际对象、场合和双方关系等选择恰当的称呼。在与众多人打招呼时，还要注意亲疏远近和主次关系。一般以先长后幼、先高后低、先女后男、先亲后疏为宜。

二、称呼的礼俗

美国交际学家戴尔·卡耐基说：“一个人的姓名是他自己最熟悉、最甜美、最妙不可言的声音。”在交际中，最明显、最简单、最重要、最能得到别人好感的方法就是记住人家的名字。记住并准确地叫出对方的姓名，会使人感到亲切自然、一见如故，否则，即使有过交往的朋友也会生疏起来。

要记住人家的名字，应注意五点：一是对需要记住的姓名，注意力一定要高度集中，初次见面被告知对方姓名时，自己最好重复一遍，并请对方把名字一字一字地分别解析以加深印象；二是把姓名脸谱化或将其身材形象化，将对方的特征与姓名联系起来，如有个青年叫聂品，他的名字是“两个耳朵三张口”，这样就容易记了；三是把对方的名字与某些事物（如熟悉的地名、物名、人名等）关联起来；四是通过交谈，相互了解熟悉，并在交谈中尽量多地使用对方的名字；五是借助交换名片，并将名片分类整理，或把新结识人的姓名及时记在通信录上经常翻阅。这样，新结识的朋友就不容易忘记了。

（一）称呼的方式

称呼的方式一般有六种：一是称姓名，如“张三”“李四”“王娟”等，称姓名一般适用于年龄、职务相仿的人之间，或是同学、好友之间，否则，就应将姓名、职务、职业等并称才合适，如“张三老师”“李四处长”“王娟小姐”等；二是称职务，如“王经理”“孙局长”等；三是称职业，如“老师”“乘务员”“医生”“律师”“营业员”等；四是称职称或职衔，如“工程师”“教授”“上尉”“大校”等；五是拟亲称，如“唐爷爷”“钱叔叔”“胡阿姨”等；六是一般称，如“先生”“夫人”“太太”“小姐”“同志”等，这是最普遍、最常用的称呼。

一般在正式场合，称呼时应注重对方的身份、职务、职称、职衔等；在非正式场合，则可以以辈分、姓名等称呼。在涉外活动中，应按照国际通行的称呼惯例，对成年男子称先生，对已婚女子称夫人、太太，对未婚女子称小姐，对年长但不明婚姻状况的女子或职业女性称女士。这些称呼均可冠以姓名、职称、职衔等，如“布莱克先生”“上校先生”“护士小姐”“怀特夫人”等。对部长以上的官方人士，一般可称“阁下”“先生”或称其职衔，如“部长阁下”“总统阁下”“总理先生阁下”等。但在美国、墨西哥、德国等没有称“阁下”的习惯，因此，对这些国家的人士可以称“先生”。在君主制国家，按习惯人们称国王、皇后为“陛下”，称王子、公主、亲王为“殿下”。其他有爵位的人，可以其爵位相称，也可称“阁下”或“先生”。对有学位、军衔、技术职称的人士，可以称他们的头衔，如“××教授”“××博士”“××将军”“××工程师”等。外国人一般不用行政职务称呼别人，不称“××局长”“××校长”“××经理”等。

（二）称“字”不呼“名”

在古代，中国人除了有名之外还有字。《礼记·曲礼上》云：“男子二十，冠而字。”“女子许嫁，笄而字。”文人雅士还要以居处、境况、志趣等为自己取号。一般来说，名是由长辈起的，是供尊长叫的；字是为了“敬其名”而由他人取的，是供别人叫的。例如，刘备被称为刘玄德，诸葛亮被称为诸葛孔明，关羽被称为关云长等。朋友及平辈之间互称其字，以示尊敬和亲近，自称只能称名，表示谦逊。

三、称呼的忌讳

在人际交往中，为了使自己对他人的称呼不失敬意，应避免在对人对事称呼上的一些忌讳。

（一）不要使用绰号和庸俗的称呼

随意给人起绰号，或不分场合称呼别人为“哥们儿”“姐们儿”等，不仅难登大雅之堂，而且会使对方不悦。

（二）不滥用行业性或地域性的称呼

师傅、老板等称呼带有行业性；“爱人”这一称呼带有地域性，在境外或国外时往往被理解为充当第三者的“情人”。

（三）对不吉利的词语和恶言谩骂的词语要避讳

对于不吉利的词语，中国人历来就十分忌讳，如“死”字，就另造了其他一些词来表达其含义，如百年之后、去世、下世、过世、辞世、病故、病逝、长逝、长眠、仙逝、作古、远行等。再如，北京地区为了避免骂人嫌疑，将沾了“蛋”字边的东西都改了名，例如鸡蛋叫鸡子儿，炒鸡蛋称为捧黄菜，鸡蛋汤叫木樨汤。这些言语忌讳不仅反映了人们趋利避害的思想倾向，也表示了对他人的尊重。

第三节 拜访

人和人之间、社会组织之间、个人与组织之间，总少不了相互拜访。拜访可分为事务性拜访、礼节性拜访和私人拜访三种，而事务性拜访又有商务洽谈性拜访和专题交涉性拜访之分。不管哪种拜访，都应遵循做客的礼节，以便达到交流信息、沟通情感、增进友谊的目的。

一、事先预约，不做不速之客

拜访友人，务必选好时机，事先约定，这是进行拜访活动的首要原则。一般而言，当我们决定要去拜访某位友人时，应先打电话与被访者取得联系，约定宾主双方都认为比较合适的会面地点和时间，并把拜访人数和拜访意图告诉对方。一般应避开吃饭和午休的时间，晚上拜访时间不宜太长。在对外交往中，未曾约定的拜会，属失礼之举，是不受欢迎的。因急事或事先并无约定而必须前往时，拜访者则应尽量避免在深夜打扰对方；如万不得已非得在休息时间约见对方，则见到主人时应立即致歉，说“对不起，打扰了”，并说明打扰的原因。

二、守时践约，不做失约之客

宾主双方约定了会面的具体时间，作为拜访者应履约守时，如期而至。拜访者既不能随意改变时间，打乱主人的安排，也不能迟到或早到，准时到达才最为得体。如因故迟到，拜访者应向主人道歉；如因故失约，也应事先诚恳而婉转地说明。在对外交往中，我们更应严格遵守时间。日本人安排拜访时间常以分钟为计算单位。在瑞典，如迟到 10 分钟，对方就会谢绝拜访。准时赴约是国际交往的基本要求。

三、登门有礼，不做冒失之客

无论是到别人的办公室还是家中去拜访，客人一般要坚持客由主定的原则。如果是到别人的家中拜访，客人在进入主人住所之前，应轻轻叩门或按动门铃，若是熟人、亲属，可在敲门后立于门口；若是初访或身份为下属，应侧身站在门口的一侧，待有人开门相让，方可进入。若是主人夫妇同时相迎，则应先问候女主人好。若不认识出来开门的人，则应说“请问，这是××先生的家吗”，得到准确回答后方可进门。当主人把你介绍给他的妻子或丈夫相识，或向你介绍家人时，你都要面带微笑，热情地向对方点头致意或握手问好；见到主人的长辈应恭敬地问安，并问候主人家中的其他成员；当主人请坐时，你应道声“谢谢”，并按主人示意的座位入座；若带有鲜花、水果、书籍等礼物，你可在进门之初送给主人；主人上茶时，要起身双手接迎，并热情道谢；喝茶时要慢慢品饮，果品要小口细嚼，烟要少抽或不抽，如要抽烟，则应先征得主人和女士的同意；对后来的客人，自己也应起身相迎；必要时，应主动告辞；如带小孩做客，则应让孩子尊敬地称呼主人家所有的人；如主人家中养有狗或猫，则不应表示害怕、讨厌，也不应去踢它、赶它。当然，主人也应遵循“尊客之前不叱狗”的传统礼节。

四、举止文雅，不做粗俗之客

古人云：“入其国者从其俗，入其家者避其讳。”人们常说“主雅客来勤”，也可以说“客雅主喜迎”。在做客时，谈话应围绕主题，态度也要诚恳自然，如有长者在，也应用心听长者谈话。在朋友家里，不要乱脱、乱扔衣服；与主人关系再好，也不要翻动主人的书信和工艺品。未经主人相让，不要擅入主人的卧室、书房，更不要在桌上乱翻或在床上乱躺。他人低语私聊时，切记不要侧耳偷听。

五、适时告辞，不做难辞之客

“串门勿久坐，闲话宜少说。”初次造访以半小时为宜，一般性拜访以不超过 1 小时为限。造访目的达到，见主人显得疲乏，或意欲他为，或还有其他客人，就应适时告辞。假如主人留客心诚，执意强留用餐，我们在饭后应停留一会儿再走，不要吃完便走。辞行要果断，不要“告辞”说过几次，却口动身不移。辞行时要向其他客人道别，并感谢主人的盛情款待，出门后应请主人留步。

第四节 问候

问候是一束最沁人心脾的鲜花，是一根最能拨响心音的琴弦。问候有多种形式和方式，是礼节性较强的一种举动。每一句真诚的问候，都是对被问候者尊敬和关心的表示，亲切、得体的问候有助于保持良好的人际关系，沟通彼此的感情。

一、问候的形式

问候的形式可以分为日常问候和特殊问候两种。

（一）日常问候

日常问候是亲友之间互致的问候，日常生活中的问候大致有下列四种：

（1）按时间问候。如“早安”“早上好”“晚安”等。

（2）按场合问候。如家人在离家时，离家者应向在家的人道别，“我走了”“再见”。在家的人也应回答：“你走好，早点回来！”在归家时，归家者应与在家的人打招呼：“我回来了。”同样地，在社交和商务场合，熟人相遇，朋友相见，互致问候便是第一道程序。即使是一面之交，相遇也应打招呼。若你毫无表示，或漫不经心，则会被认为是傲慢无礼的表现。

（3）祝愿式问候。如“您好”“新年快乐”“圣诞快乐”“福寿康宁”等。

（4）关心式问候。如“您身体还好吧？”“一切都顺利吧？”“家里人怎么样？”等。

（二）特殊问候

特殊问候是亲友之间在不同情况下的问候。一是节日问候。在节日到来时，我们应向在远方的或不常见面的亲友及时送去自己的问候，这是沟通感情、表明心迹的最简便而又极有效的方式。二是喜庆时的问候或道贺。当对方事业有成、乔迁新居时，我们要向他们表示祝贺并致问候。三是不幸时的问候或安慰。当对方发生事业受挫或家庭变故等不幸的事时，我们要向其表达同情和安慰，并给予必要的帮助。

二、问候的方式

表达问候常见的方式有口头问候、书信问候、贺卡或明信片问候、电话问候等。我们在致以各种问候的同时，如有条件，可再适当送些礼物表达心意，则更为妥当。

三、问候的礼节

晚辈应先问候长辈，年轻人应先问候老年人，下级应先问候上级，男性应先问候女性，但年轻女性应先问候比自己年长的男性。总之，主动问候是尊重他人的表示，即使你比对方年长，主动问候也于己无损，只会多增加一份友情。

第五节 探望

探望也称探视、探访，可分为专程探望、顺便探望、委托他人代为探望等，是人们用以表达对亲朋好友和同事关怀的一种方式。除正常情况下的探望之外，更重要的是对身体不适或住院亲友的探望，这是一项较为特殊的交际活动。天有不测风云，人有旦夕祸福，在社交圈内，同事、亲友患病或不幸伤残，在所难免。当一个人患病住院时，无论在身体上还是精神上都是比较痛苦的，需要外界的帮助和关怀。如果我们对病人进行合乎礼节的探望，会使其得到极大的安慰；但在探视时，如果方法失当、礼节不周，也会适得其反。

一、掌握探视时间

探视病人，要为病人着想。要严格遵守院方规定的探视时间，并应避开吃饭和睡觉的时间，尤其要避开治疗和护理的时间。如病人在家休养，则以下午探访为宜。当然，探望停留的时间也不宜太长，一般以15～30分钟为好；即使病人挽留，最多也不要超过1小时，以免病人疲劳。

二、注意表情和谈吐

探视者的使命，就是要充当“社会护理”的角色，对患者进行精神上的安慰和必要的帮助，使患者增强战胜疾病的勇气。因此，探视者探视前应了解患者的病情和治疗进程，弄清患者的心态。在患者面前，探视者表情应当自然、亲切、冷静，一如既往；不要愁眉苦脸、故作沉重、长吁短叹，更不要一见面便“人未语，泪先流”，使患者思绪烦乱，六神无主，这不利于其康复。探视者与患者交谈的基本原则应是“报喜不报忧”。探视者应尽量选择轻松愉快的话题，多谈患者关心、感兴趣的事，以转移其注意力，减轻其精神负担。特别是对身患绝症的患者，有时善意的谎言胜过不该说的真话。探望病情严重的患者时，探视者不要谈论他们的病情，也不要对医生的水平、治疗方法及用药妄加评论，更不应介绍偏方、谈患者敏感的问题；只能针对患者的心态或释疑、释虑，或开导、规劝，或鼓励、安慰。对患者的亲属，探视者不仅要给予安慰，还应具体地帮助其做一些力所能及的事情。

还有一种特殊的探望，即对在监狱服刑的囚犯的探望。这些失足者虽然违反法律而身陷囹圄，但我国传统的道德观念主张的是“浪子回头金不换”，国家政策也是希望用各种方法将他们改造为对社会有用的“新人”。除管教人员对他们的帮教外，亲人朋友对他们的探视也是一种帮教手段。

探望囚犯时，须遵照政府规定的探视时间，探视者应将探视活动视为与囚犯进行沟通的一个机会。在有效的探视时间内，对囚犯动之以情，晓之以理，送去他们最关心的消息，表达亲人对他们的思念，同时在钱资方面对他们进行必要的帮助。另外，探视者还要注意倾听他们的诉求，适时解答他们的困惑，帮助他们减轻心理上的负担，设法使他们的心情愉快，对前途树立信心。

小案例

1. 阅读下面一则案例，然后回答后面的问题。

小刚和部门罗经理共事三年，他们关系一直不错。可是最近罗经理的一次工作疏忽给公司造成了比较大的经济损失，导致公司最高层决定撤掉他部门经理的职位，具体安排什么新岗位还需要公司最高层研究后决定。在此期间，新的部门经理到岗。小刚作为罗经理的老部下，觉得如果按罗经理原来的职位称呼他，新经理听到后会不高兴；如果直接称呼罗经理的姓名，罗经理刚刚进入职业低潮，正不痛快，改口这么快又会让大家觉得自己为人太势利。小刚进退两难，尤其是新、旧经理同时在场时更尴尬。

(1) 如果你是案例中的小刚，你觉得应该如何称呼已被撤职的罗经理？并说明这样称呼的理由。

(2) 如果你是案例中的罗经理，你觉得在你被撤职后，你的老部下应该怎样称呼你才得体？为什么？

2. 阅读下面的一则故事，说说丈夫到底应该如何称呼自己的妻子，一个让妻子满意的称呼是不是在任何情况下都得体。

有这样一对夫妻，丈夫对如何称呼妻子拿不准，妻子不愿意丈夫再继续叫她“老婆”，因为里面有个“老”字，怕被叫老了，于是丈夫便改叫“太太”。

过了几天，妻子觉得“太太”也不好，说那是旧社会称呼姨太太之类的人的，于是丈夫又改叫“娘子”。这个更叫不长，因为连孩子听着都觉得酸。

丈夫想了一阵，觉得“夫人”很不错，并举出“居里夫人”“撒切尔夫人”的例子来，说这些可都是大人物。但是，一会儿“夫人，你去买点儿菜”，一会儿“夫人，你去送孩子上学”，“夫人”被指使得干这干那，虽说干这些事并没有怨言，可“夫人”却一点儿也没找着大人物的感觉，于是她拒绝丈夫再喊她“夫人”了。

丈夫绞尽脑汁，把古今中外的各种称呼都搜罗出来，也没找到令老婆满意的，情急之下，无奈地说了一句：“亲爱的，你到底让我叫你什么好呢?”没想到老婆说：“就是这个好，做女人百听不厌的就是这个‘亲爱的’。”于是丈夫就张口闭口都是“亲爱的”了。

可是有一天，两人一起坐公交车，丈夫要买票，高声问老婆：“亲爱的，你有零钱吗?”引来车上人侧目。丈夫不解，对老婆耳语道：“亲爱的，他们为什么那样看着我?”

丈夫感叹：对老婆到底称呼什么好呢?

第十一章
化解沟通难题

人最强大的时候，不是坚持的时候，而是放下的时候。当你选择腾空双手，还有谁能从你手中夺走什么？多少人在哀叹命运无可奈何之际，却忘了世上最强悍的三个字：不在乎。

——佚名

引入案例

场景一：

妻子：累死我了，一下午谈了三批客户，最后那个女的，挑三拣四，不懂装懂，烦死人了。

丈夫：别理她，跟那种人生气不值得。

妻子：那哪儿行啊！顾客是上帝，是我的衣食父母！

丈夫：那就换个活儿干呗，干吗非得卖房子呀？

妻子：你说得倒容易，现在找份工作多难啊！甭管怎么样，每个月我还能拿回家七八千块钱。哪像你的活儿，是轻松，可是每个月只有三四千块钱，够谁花呀？眼看涛涛就要上大学了，每年的学费就得两万元吧？

丈夫：嘿，你这个人怎么不识好歹？人家想帮帮你，你怎么冲我来啦？

妻子：帮我？你要是有本事，像隔壁小萍丈夫那样，每月挣个一两万元，就真的帮我了。

丈夫：看着别人好，和别人过去！他不就是能多挣几个臭钱吗？有什么了不起！

场景二：

妻子：累死我了，一下午谈了三批客户，最后那个女的，挑三拣四，不懂装懂，烦死人了。

丈夫：大热天的，再遇上个不懂事的客户是够呛。快坐下喝口水吧。（把她平日爱喝的冰镇酸梅汤递过去）

妻子：唉，挣这么几个钱不容易，为了涛涛今年上大学，我还得咬牙干下去。

丈夫：是啊，你真是不容易，这些年，家里主要靠你挣钱撑着。

妻子：话不能这么说，涛涛的功课、性格，没有你下力气，哪儿能有今天的模样？唉，我们都不容易。

案例讨论：

在场景一与场景二中，哪对夫妻进行了有效的沟通？他们是如何进行有效沟通的？

第一节 沟通地点与时间的选择

一、沟通地点的选择

任何沟通活动都必须有一个沟通地点为载体，而沟通地点又无时无刻不在影响着沟通活动的成败。沟通地点的选择也是沟通中一个不大不小的难题。以约会的男女青年为例，约会地点的选择直接关系到对方对自己的印象，能够体现出自己是否真的重视这个约会，乃至会决定以后两人的关系是否可以更进一步。然而，如何选择约会地点，则常常是让人们头疼的问题。

仔细观察一下，其实青年男女的约会地点也是有迹可循的，以下就是他们最常选择的约会地点。

(1) 公园。游公园是青年伴侣最常见的约会方式之一。每个年轻人都是童心未泯的，到孩子们游玩的地方走走，可以借此谈谈自己的童年等，也容易与对方产生共鸣。

(2) 马路。在路上与伴侣一起散步的时候可以天南地北地闲聊，加深彼此的了解，尤其是走在洒满月光的宁静的小路上，还会显得更加浪漫。

(3) 运动场所。可以选择保龄球、射击、击剑、羽毛球、乒乓球、网球等运动场所，最好挑一样双方都擅长的，这样不但能充分展现你的矫健身姿，也能使双方玩得尽兴。

(4) 电影院。电影院历来是青年男女约会的最佳去处，不过对去看哪个电影进行选择也是必要的，应多考虑一下对方的意愿。

(5) 餐厅。女孩子一般比较喜欢格调高雅而整洁的小餐厅以及有异国情调的西餐厅，或者你也可以约她到商场顶层的餐厅。

(6) 博物馆。如果你的朋友比较文静，你可以考虑和她一起去逛逛博物馆，不但能增进感情，还能增长知识。

(7) 游乐场。游乐场容易使人处于兴奋状态，在这样一种轻松愉快的氛围里，可说的话自然会多起来，在游玩中两个人也会自然而然地相互靠近。

其实不仅仅是约会，在其他的各类沟通中地点的选择也是组织沟通活动的必备要素，它是有一定规律的。例如，商务洽谈通常会选择比较高级的酒店，好朋友聚会常常会选择比较热闹繁华的地段。也就是说，要根据所安排的沟通活动来选择沟通地点，这一点不容忽视。沟通地点的选择的确是人际交往中的一道难题，那么怎样选择合适的沟通地点呢？

(1) 选择自己熟悉的地方。一般来说，沟通地点最好选择自己熟悉的地方。因为人们在自己熟悉的地方与人交往通常没有什么拘束感，在心情上感到放松，容易获得主动权，也能够充分地向对方展示自己，并在沟通活动中占据有利地位。曾有实验表明，与同一个对象谈话，人们在自己的客厅里会比在别人的客厅里表现得更自如流畅；反之，到自己不熟悉的地方，而又恰好是对方所熟悉的地方，这样便会使自己内心紧张，从而影响自己的发挥。当然，有一种情况比较特殊，如男女第一次约会，这时候对地点的选择则要更加慎重，最好是选择女方比较熟悉的地方，如果女孩喜欢读书，那么可以相约到书店淘书，之后再一起吃顿美食。

(2) 选择两人之间的一个中间地点。有时候，两人的距离较远，那么可以取两人之间的一个中间地点。将沟通地点选择在一个相对两人来说都能较快到达的地方，这样彼此都会比较方便，更便于沟通活动的开展。

(3) 因人、因事、因时而异。不同的事、不同的时间，可供选择的地点也不尽相同。地点的选择是有条件的、辩证的、可以变化的。如果双方的身份对等，可以像前面说的那样选择自己熟悉的地方进行会面，这样选择的地点不至于让对方产生屈就感和压抑感；但如果对方是老人、长者、女士，从情理上讲，让对方选择或是选择对方熟悉的地方，则更能体现己方的诚意和对对方的尊重，这也是良好沟通的开端。

虽然选择合适的沟通地点是道难题，但是只要平时多加留意，学习选择沟通地点的各种技巧，这一问题也就能迎刃而解了。

二、沟通时间的选择

在商业上，人们常常用“时间就是效率，时间就是金钱”来形容时间的可贵，殊不知，时间在人际沟通上的作用也是如此。沟通与时间密切相关，这不仅是因为任何沟通都必须在一定的时间内进行，而且更因为能否恰当掌握沟通时间对交往效果有着重要的影响。因此，想要进行成功的人际沟通，就要善于安排沟通时间。

人际沟通中的沟通时间对交往的影响首先表现在守时上。这不仅关系到个人是否守信的品质问题，而且关系到是否尊重对方的礼貌问题，它会直接影响彼此的交往情绪和气氛。

德国哲学家康德是一个十分守时的人，他认为无论是对老朋友还是对陌生人，守时都是一种美德，它代表着礼貌和信誉。

1779 年的一天，他打算去一个名叫珀芬的小镇拜访他的一位老朋友威廉先生，事前，他给威廉去了封信，说明自己将会在 3 月 5 日上午 11 时之前到达那里。于是，在 3 月 4 日，康德就到达了珀芬小镇，威廉先生住在一个离小镇十几英里远的农场里，康德打算第二天一早乘马车过去。次日，他就租了一辆马车前往威廉先生的家，但小镇和农场之间隔着一条河，刚好这天桥坏了，过不了河，再往前走很危险，康德只好从马车上下来。

此时正是初春时节，河虽然不宽，但河水很深。这会儿已经 10 时多了，离约定的时间没有多久了。于是，康德焦急地问车夫：“附近还有没有别的桥？”车夫回答：“有，先生。在上游的地方还有一座桥，离这里大概有 6 英里。”康德问：“如果我们从那座桥上过去，以平时的速度多长时间能够到达小镇？”车夫回答：“最快也得 40 分钟。”这样康德先生就赶不上约好的时间了。

康德发现附近有一座破旧的农舍，于是跑过去问主人：“请问您这间房子肯不肯出售？”农妇很吃惊地说：“我的房子又破又旧，而且地段也不好，你买这座房子干什么？”康德说：“你不用管我有什么用，你只要告诉我你愿不愿意卖？”农妇说：“当然愿意。”

康德毫不犹豫地付了钱，又对农妇说：“如果您能够从房子上拆一些木头，在 20 分钟内修好这座桥，我就把房子还给你。”农妇再次感到吃惊，但还是把自己的儿子叫来，及时修好了那座桥。

马车终于平安地过了桥。10 时 50 分，康德准时来到了老朋友威廉的房门前。一直在门口等候的老朋友看到康德，大笑着说：“亲爱的朋友，你还是像原来一样守时啊。”

也许许多人认为，威廉与康德是老朋友，他们之间的会面大可不必如此煞费苦心，即使晚一些，威廉也会谅解的，而康德为了准时到达而买下房子、拆下木头修桥是完全没有必要的。但是，在人际沟通中，守时是基本的礼貌，不管是对老朋友还是陌生人。康德也因为他的绝对守时而受到人们的尊重。

与人交往，守时是必需的。此外，在现代社会中，由于人们的交往活动日趋频繁，对沟通时间的需求也相应地增多。而人们每天的时间是有限的，因此能否恰当掌握沟通时间对人们的交往效果有着重要的影响。那么，如何能在日常人际沟通活动中确定最佳时间呢？

（一）周密安排，提高沟通质量

做好会面前的准备。事前要明确本次会面的目的、应该交谈的问题、交谈的方式、可能遇到的问题，以及是否要有物质上的准备等。一定要提前与对方约定好会面时间，不然，贸然登门会让对方多有不便，甚至还会使对方感到不快。

（二）掌握最佳沟通时间

与人交往，见面时的问候和寒暄是必不可少的，但也不宜过多，应及时转入正题。这是因为，在一定时间范围内，人们的头脑清晰，注意力集中，反应灵活，这时沟通的效率也最高；超出了一定的时间范围，人们便会筋疲力尽，效率下降。

例如，美国著名管理学家杜拉克在为一家大银行担任顾问时，银行总裁会每月约他谈一次该银行的管理问题，但规定每次交谈时间不能超过一个半小时。时间一到，总裁便与他握手告别。为何会有一个半小时的限制呢？这位总裁说：“原因很简单，我的注意力只能维持一个半小时，研究任何问题，超过了这个限度，我的注意力就很难再保持集中。”

当然，作为一种策略，谈判中的一方故意拖延时间，使对方疲惫、放松以便有机可乘，这种情况则另当别论。

（三）及时结束沟通活动

如果客人确有告辞之意，不必为了显示热情而竭力挽留对方；否则，一旦对方不好意思立刻离开而留下来，再进行的谈话也很难有实质性的意义了。

（四）组织聚会

有时候，为了高效地利用交往时间，可以把交往目的、内容相同的交往对象聚在一起。几个人聚在一起，容易使气氛活跃、话题广泛，有利于节省时间、提高效率。不过，这样也会给自己增加接待难度，因此要提前做好准备，避免到时手忙脚乱，顾此失彼，招待不周。

（五）充分运用现代沟通工具

在现有的条件下，打电话就能完成沟通目的、达到理想效果的，就不必亲临现场，这样就节省了往返时间。此外，还可以利用微信、QQ、电子邮件等代替会面以节省时间。即使必须出行，选择快捷的交通工具也可达到节约时间的目的。

综上所述，沟通中的守时问题、时间安排问题是我们在平常交往中会经常遇到，又往往会出意外的难题。所以，在交往活动更为频繁的今天，正确掌握运用沟通时间的技巧，合理安排沟通的时间，对于提高沟通效率和沟通质量都起着不可忽视的作用。

第二节 应对难沟通的人

一、滴水不漏应对笑里藏刀的人

生活中不乏笑里藏刀的人，他们平时对你“哥哥”“姐姐”地叫着，等取得你的信任，当你放松戒备的时候，他们会在暗处狠狠地捅你一刀。

在职场中，这类人在和同事的交往过程中，显得温和谦恭，很是大度，但实际上并非如此，他们心胸狭窄、喜欢猜忌、阴险狠毒，常常在关键时刻背后“捅人一刀”。

上司最近不断找小张谈话，准备委派给他一项重要的工作，这意味着上司对小张的赏识或者他马上就可以升职。消息不胫而走，很多人对小张羡慕不已。但事隔几日，他感觉周围的气氛开始有些异常，大家都在悄悄地议论着什么，当了解到真相时，他的怒气简直要冲破天。原来不知是谁无中生有地传播了许多对他不利的谣言，诸如“道德败坏”“虐待妻子”等，上司在“舆论”的影响下，决定收回成命，改派另一个人去做那项工作。小张的解释显得苍白无力。其实，这就是笑里藏刀的人在背后给了小张一刀，结果本来属于小张的机会被别人夺走了。

应对笑里藏刀的人，最好的办法是表面上跟他维持友好关系，暗地里却要防范他，一切与他有关的决策、汇报均要召开会议，并请来有关人士出席，同时与他的交往只限于公事，对个人隐私及其他同事的是非一概守口如瓶，只要你能做到滴水不漏，他也就对你无可奈何了。

二、灵活应对自私自利的人

在社会交往中，难免会遇到自私自利的人，这种人心中只有自己，凡事不肯吃亏，总是把自己的利益放在首位。但在日常交往中，遇到这样的人，该合作时还得合作。

古人云：“各人自扫门前雪，莫管他人瓦上霜。”本是教人不要理分外的事，专心打理自己分内的事，但这在很大程度上反映出人们自私的一面。和这类人在没有利益冲突时，倒也能相安无事，其自私自利的一面不易被人发觉。但只要在生活上一交往或在工作中涉及一些利害问题时，其自私的本质便会暴露无遗。他们会以各种理由推掉不属于自己的工作，如“自己的能力处理不了”“自己手上的工作已经很繁重了”“本来自己做也无妨，但宁愿把机会让给你，以使你增加工作经验”等。不要期望这样的人会在你有困难时帮助你。眼见别人犯错，他们只会在旁偷笑，绝不会提醒别人，更不会拔刀相助。一旦有人向你嘲笑他人犯错却不自知时，你便要小心这个人了。

这种人尽管心中只有自己，特别注重个人的得失和利益，但是，他们也常常会因利益而忘我地工作。对这种人不必有太高的期望，也没有必要希望他们能够像朋友那样以情义为重。与这类人的交往关系可以是一种交换关系，干多少活，给多少利，干得好坏不同，利也不一样。人们之所以普遍地对这种自私自利的人感到厌恶，在很大程度上是因为仅以道德标准作为社会交往准绳，这可能会有失偏颇，而当我们以利益标准作为社会交往的尺度时，或许就会觉得他们并没有原来那么可恶了。

如果换个角度来看待这种人，我们会发现他们常常有不同于别人的优点——精打细算。如果我们能够通过适当的方式将他们的这种优点加以发扬，并运用到某些比较合适的地方，就可以发挥其优势。例如，让这种自私自利的人干一些财务工作，在有严格约束的情况下，他们往往会成为企业的“账务管家”，这难道不是一件好事吗？

应对自私自利的人，最好任何时候都对他们保持一种敬而远之的态度，切忌将他们“一棍子打死”。这种人虽惹人反感、招人讨厌，但他们通常并不害人，对社会也没什么危害。况且，每个人都有自己的优点，使每个人发扬自己的优点，也可以给他人带来益处。

三、沉默应对清高傲慢的人

生活中自视清高、目中无人的人并不少见，他们总是表现出一副唯我独尊的样子。与这种举止无礼、态度傲慢的人打交道，实在是一件令人难受的事情。这种人常常有以下三种特征。

（1）高傲自大，目中无人。清高傲慢者自以为本事大，有一种至高无上的优越感，总以为自己很了不起，别人都不如自己。他们说话常常话中带刺，做事我行我素，表现出自信或自负心理，对别人不屑一顾。

（2）孤芳自赏，固执己见。清高傲慢的人往往性格孤僻，喜欢自我欣赏。他们往往听不进别人的意见，凡事都认为自己做得对，对别人常持怀疑与不信任的态度。

（3）自命清高，眼高手低。清高傲慢者多自命不凡、好高骛远、眼高手低，常常自己做不来，别人的做法他又瞧不上。

应对这种人，虽然可以故意怠慢他，但这种办法不利于与之继续交往，对双方都不好。所以，我们应该以如何使自己办事成功为出发点来决定该怎么做。

（1）表示信赖。一般情况下，对待清高傲慢的人，就是要相信他们，对他们表示信赖，并在适当的时候、场合给他们一点表现的机会，让他们把自己的自信心充分建立起来，帮助他们改变盛气凌人的傲慢态度。

（2）“当头一棒。”这样的人傲慢骄横，自以为在地位、学识、年龄等方面都具备优势，常常蔑视他人，或者大肆地攻击他人。这种人无论到什么地方，都认为“人不如我”，因此总将自己的傲气隐藏在虚伪的谦和之中。那么，怎样应对这样的人呢？对这种人，赞美是件危险的事情，因他自命不凡，一经抬高，他就会更加得意忘形。对于这种人来说，狠狠地给他当头一棒，也许才是良策益方。

（3）有意为难一下。对这种清高傲慢者，你不妨有意制造一些麻烦，为难他一下。你可以邀请他参与一些你擅长而他却不擅长的活动。例如，请他去跳跳舞，上歌厅唱唱歌等。而当对方在你面前暴露出不足之后，在以后的交往中，他一般就不会再对你傲慢无礼，这样你就可以从容地与他共事了。

与这种人谈话时，应该简洁明了，切忌拖泥带水。这样会让对方感到你是一个很干脆且很少有讨价还价余地的人，因而也会收敛起自己的傲慢。

一些人自恃知识丰富、阅历广泛而目空一切，瞧不起别人，表现出一股不可一世的傲气。对付这种人只要巧妙地设置一个难题，就可抑制其傲气。这是因为不管其知识多么丰富，阅历多么广泛，他总会有自己的短板，而其一旦在他人面前暴露了自己存在知识的缺陷，其傲气自然就会烟消云散了。

在一次国际会议期间，一位西方外交官在饭局上非常傲慢地对中国一位代表提出一个问题："阁下在西方逗留了一段时间，不知是否对西方有了一点开明的认识。"显然，这位外交官是以傲慢的态度嘲笑中国代表的无知。中国代表淡然一笑回答道："我是在西方接受教育的，40 年前我在巴黎受过高等教育，我对西方的了解可能比别人少不了多少。现在请问你对东方了解多少？"面对中国代表的提问，那位外交官茫然不知所措，满脸窘态，其傲气已荡然无存了。

四、谨慎应对深藏不露的人

深藏不露的人，不会轻易让人知道他们在想什么，有时甚至会说话不着边际，一谈到正题就顾左右而言他。这种人，我们看不透他们的心思，但又不可避免地要和他们打交道，那么，该如何应对深藏不露的人呢？

这种人的防范心理极强，他可能是一个工于心计的人，为了在与别人打交道时获得主动，或者出于某种目的不愿让别人了解自己，而把自己保护起来。这种人却希望能更多地了解别人，从而在各种关系中进行周旋，使自己处于不败之地。

造成这种人自我保护的原因有很多。也许他是一个曾经遭受过挫折、打击和伤害的人，过去的经历使这种人对社会、对他人有着一种强烈的防御心理，从而对自己采取更多的保护措施。或者他可能对某些事情缺乏了解，拿不出更有价值的意见，在这种情况下，为了掩饰自己的无知，他选择以故作高深莫测的姿态与人交往，从而装出一副城府很深的样子。

对这种人，应该坦诚相见、以诚感人。这种人并不是为了害人，而是为了防人。对他们不需有什么防范，为了真正达到沟通的目的，甚至可以对他们敞开你的心扉。

小贴士

曾仕强谈：人为什么要深藏不露

有一次，我在纽约跟一个犹太人吃饭。他讲了几句话，给我很大的震撼。那个犹太人跟我讲："说实在话，全世界数你们中国人最会做生意。"我说："你讲这句话是什么意思？

全世界都公认你们犹太人最会做生意，没有人说中国人是最会做生意的。”听我讲了这句话以后，他有些激动，说：“就是这句话把我们犹太人害死了！大家都说犹太人会做生意，所以一看到犹太人，就把两只眼睛睁得大大的，我们一毛钱都赚不到。你们中国人都说自己混口饭吃，不会做生意，可最后钱都是你们赚走的。”我说：“你这样讲不对。”他说：“怎么不对？你们中国人就是这样，明明自己挖了一个洞，挖完还说不是自己挖的，别人问是谁挖的，就推说不知道……这才是典型的中国人。”

老实讲，如果一个人一出手，人家就知道你要干什么，你就什么事情都干不成了。所以孔子主张“老二哲学”，不希望我们做老大。这是有道理的，不是毫无根据的。中国人最聪明，常常说“我不行”，把最会做生意的帽子加给犹太人，又把最会做情报的帽子交给日本人，然后全世界都知道犹太人最会做生意，就害死了犹太人，让他们一毛钱也赚不到；全世界都知道日本人最会做情报，就处处提防日本人，让日本人什么情报也得不到。

一个人懂得隐藏自己的聪明，才叫真聪明，正所谓“真人不露相，露相非真人”。现在中国人都学西方，有才能就要展示出来，不展示就像没有才能一样。这种思想实在是太浅薄了。我们去看《易经》的第一卦第一爻，就告诉我们潜龙勿用。老子也告诉我们要深藏不露。懂得隐藏自己的聪明，才是真智慧。

但是，你一定要明白，深藏不露是很有能力的人才有资格讲的话，一个人没有能力，一共就这么多，统统露出来也没有什么，还有什么可以深藏的？我们读书总是从字面上去解释，这是很糟糕的事情。深藏不露就是告诉我们，要先想一想自己的能力到底够不够强，如果不够强，就要进一步提升自己的能力，不能只想着显露自己。

五、尽量远离搬弄是非的人

喜欢搬弄是非的人，每天总是挖空心思打探别人的隐私，东家长西家短地在背后说别人的坏话，通常的表现就是无事生非，故意找借口与人争执。

搬弄是非者和自私自利者一样，喜欢把自己的利益放在第一位，其思想非常狭隘，有幸灾乐祸的病态心理。他们常以挑起事端为乐，在别人的分歧中谋取个人利益。他们往往主观臆断、妄加猜测；他们叽叽喳喳，不负责任地传播小道消息；他们幸灾乐祸，要打探别人的隐私；他们在搬弄是非的同时似乎对什么都不满意，无论大事小事，都是牢骚满腹。

搬弄是非的人最明显的特征就是油嘴滑舌。他们表面上很会说话、通情达理，与一般人接触、交往时似乎也很重感情，在短时间内有比较好的人缘，所以人们有时会把心里话告诉他们，甚至把对第三者的褒贬评价和是非好歹也倾囊而出。但是用不了几天时间，这些话便会被他们张扬出去，弄得人们的关系越来越紧张。那么，应该怎样对付这种人呢？

首先，保持沉默。与好搬弄是非的人相处时，涉及他人是非的话不说，关系到自己利害的话不说，不给挑拨离间者留下把柄和黑料，让他无处下手。如果是工作关系，你可多谈积极的，少谈或不谈消极的，若你与此人有工作上的合作关系，可谈一谈工作上的进展和工作方法，而不要牵连任何人际关系。

其次，挺身而出。背后议论别人是一种不道德的行为，不能迁就，我们必须站出来，帮助这种人改正不良习惯。帮助搬弄是非者改正恶习，行之有效的办法是尊重对方，以朋友式的态度，进行善意的规劝；同时，要巧妙地引导对方获得正确识人的方法。比如，当对方谈论他人时，可以先顺着对方的意思，谈谈那个人确实存在的缺点，再谈谈那个人的长处，从而形成一个中肯的结论。

最后，掉头就走。如果对方搬弄是非已成为顽习，那就干脆不予理睬。“走自己的路，让别人说去吧!”千万不可一听到搬弄是非的话，就立即去找那人对质，这样会使大家都很难堪，却解决不了根本问题。

谁人背后不被说，哪个背后不说人。人生在世难免被人议论，我们要努力做一个为了自己的理想而活着的强者，而不要做一个被议论左右的弱者。

六、宽容对待贪便宜的人

无论走到哪儿，都难免遇见几个贪小便宜的人，这种人只做对自己有利的事，心中只有自己，并且喜欢斤斤计较，再小的事也想从别人那里占点儿便宜。日常生活中，如果不得不与他们打交道，我们应该如何应对呢?

一些人贪小便宜的毛病是受社会环境（尤其是家庭环境）的影响而形成的一种习性。这种人往往目光短浅、缺乏远大的理想、胸无点墨、得过且过、不求上进。这种人一般心眼儿并不坏，而且性格外向、毫无忌讳。同贪小便宜者打交道，要注意对其进行正面批评，引导他们在学习和工作上下功夫，以提高其理想层次。理想层次提高了，其对自尊的要求就会随之提高，贪小便宜的毛病便会相应得到克服。对这类人贪小便宜的毛病，切不可姑息，否则只会加重其这种不良习性。另外，也不可对他们进行讽刺挖苦，因为讽刺挖苦会刺伤其自尊心。

还有一种贪小便宜的人，他们的行为受一定意识形态的支配，其贪小便宜的行为反映着其生活观念。这种人，往往具有比较特殊的生活阅历，在生活中受过磨难，人生观常常表现为以“自我”为中心。

同这类贪小便宜者打交道，不能采取一般的说教方法，这样很难改变其固有的观念，而是应真诚地与之相处，用自己博大的胸怀去感化他们。在工作、学习、生活中，我们应真诚地、无微不至地去帮助他们，使他们被我们的行动所感化，比如，外出时，热情地拉上他们，坐车、吃饭、看电影、逛公园时争着付钱，对他们不要表现出一点儿不满和鄙视；平时，可向他们讲一些其所钦佩的人的宽宏大度、不计个人得失的事例，以使他们逐渐意识到自己的不足。

冰冻三尺，非一日之寒。贪小便宜不管源于哪一种心理，要他们一下子改掉这个习惯并不现实，只能对其潜移默化，而且要允许其出现反复。如果一个人去感化犹嫌力量不足，那么可动员几个要好的朋友来共同感化他们。当贪小便宜者真正理解你的诚意以后，他们会永远感激你，由此所建立起来的友谊，也一定是纯洁、牢固的。

七、热情对待性格孤僻的人

性格孤僻的人大多性格内向，而且整日郁郁寡欢、焦躁烦恼，缺乏生活乐趣。就算你很客气地和他们打招呼、寒暄，他们也不会做出你所预期的反应来。他们通常不会注意你在说些什么，甚至很可能并没有听进去。

性格孤僻的人，往往由于缺乏亲情、友情、爱情，才会如此。不管性格孤僻者的孤僻源于什么，我们与之相处，都应给予温暖和体贴，让他们通过友谊体验人间的温暖和生活的乐趣。因此，在学习、工作和生活的细节上，我们要多为他们做一些实实在在的事，尤其是当他们遇到自身难以克服的困难时，我们更应主动站出来，帮忙解决。实践证明，只有友谊的温暖，才能消融他们心中的冰霜。性格孤僻的人，一般不爱说话，有时候尽管他们对某一事情特别关心，也不愿主动开口。不谈话，是难以交流思想感情的，因此，我们与之交谈时，既要主动，又要善于选择话题。一般来说，只要谈话的内容能够触碰到他们的兴奋点，他们是乐意开口的。

性格孤僻的人，往往喜欢抓住谈话中的细节进行联想，胡乱猜疑，一句非常普通的话，有时也会使他们不高兴，并久久铭记于心，以致产生很深的心理隔阂，而这种隔阂，他们又不直接表露，而是以一种微妙的形式加以反映，使当事人难以察觉。因此，我们与之交谈时，要特别注意措辞谨慎。

在与性格孤僻的人有了初步的交往后，我们就应多引导他们读一些对他们有益的书籍，帮助他们树立正确的世界观、人生观和价值观，并在此基础上建立正确的友谊观、爱情观、婚姻观和家庭观，逐步使其人际关系变得和谐、融洽。

多引导他们参加一些活动，以使他们从自己的小圈子里走出来，这样他们的性格也会随之变得开朗起来。在活动时，最好让他们选择一些轻松愉快的主题，如听听轻音乐、唱唱歌、看看喜剧或体育比赛、游一游名胜古迹等。

性格一旦形成是很难改变的，因此，与性格孤僻的人打交道，要有耐心才能打开他们的心锁。

八、冷静迁就脾气暴躁的人

有的人脾气暴躁，思想比较简单，做事时往往欠考虑，喜欢感情用事，以致许多人不愿意和他们交往。其实，只要对这种人采取冷静迁就的态度，他们也是很好相处的。

脾气暴躁的人，容易兴奋、发怒，自我控制力差，动辄就发火，但这种人往往比较直率，不会搞什么阴谋诡计，而且他们重感情、讲义气，如果对他们以诚相待，他们便会视你为朋友。

和脾气暴躁的人相处，可以采取宽容的态度。当他对你发火时，不要在气头上与他争吵。例如，歌德有一次在公园散步，迎面碰到一个曾对他的作品提出尖锐批评的批评家。那位批评家性格急躁，他对歌德说："我从来不给傻子让路！"歌德幽默地说："而我相反！"于是便避免了一场无谓的争吵。

这种人一般比较喜欢听奉承话，因此，我们要不失时机，恰如其分地表扬他们。要多采用正面的方式，而谨慎运用反面的、批评的方式。与之交往，我们可以选择以下四种行为方式。

第一，保持冷静，一笑了之。遇上脾气暴躁的人冒犯你时，你一定得保持头脑冷静，或者置之不理，或者瞪他一眼，或者一笑了之。这种"一笑了之"的笑，可以是泰然处之的微笑，可以是表示蔑视的冷笑，也可以是略带讽刺的嘲笑……最好是泰然处之的微笑，它不仅可以使自己摆脱尴尬的局面，还可以让对方知难而退，避免事态恶化。

第二，暂时忍让，避开锋芒。当脾气暴躁者冒犯你时，如果你也是一个急躁的人，急躁碰上急躁，针尖对麦芒，很容易两败俱伤。这时你应当压住心头的怒火，暂时忍让，避开锋芒。待对方锋芒锐减时，再充分地、轻言细语地说服对方，也可摆事实、讲道理，消除对方的误会。

第三，宽宏大量，态度温和。只要你有宽阔的胸怀，你就会对别人的态度不加计较。他吵，你不吵；他凶，你不凶；他骂，你不骂；这样两人就吵不起来了。"宰相肚里能撑船"，你只要用温和的态度，有宽广的胸怀，就会使对方的火气消减、自感无趣，从而加以收敛。

第四，察言观色，防患于未然。脾气暴躁的人发火时，最容易对周围的人发泄怒气，如果你与他计较短长，反而会成为他的出气筒。所以，你一定得察言观色，揣摩对方的心理状态，先退一步，待他情绪稳定下来时，再进一步向他解释。

南怀瑾：教你一个不发脾气的简单诀窍。

有一位老朋友，脾气很暴躁，来台湾地区以后，我问他脾气好些没有，他说脾气更大了，问我有没有办法。

我说有一个办法很简单，你做到的话，包你有用处。当你要发脾气的时候，你赶快做个气功，把嘴巴一张先吐一口气，再用鼻子吸口气，再问自己要不要发脾气。

他照做了，过了一个多月来看我，他说："嘿！你的话真有效。当我要发脾气的时候，我把嘴一张，吐口气，再把气一咽，就没气了。"这是一个好办法，当你要发脾气时，你告诉自己停一秒，忍一下，忍不住的话，你干脆做个气功，嘴一张，呼一口气。那真有气耶！

人生气时，的确是有一口气，不是假的。人一生气，气机就变了，经脉也乱了。我常看年轻人爬楼梯，不过几层，上楼以后就坐那里气喘吁吁的，这是因为他不懂张嘴吐气这个窍门。爬高时不要闭嘴，嘴巴要微微张开哈气，才不会累。

这个窍门是当年学武艺时老师传的。爬山时，我们跟不上，在后面拼命跑，看见老师在前面健步如飞，我们怎么跑也跟不上。老师回过头来说："张嘴！"嘿！一张嘴果然轻松了。

九、宽厚平和对待尖酸刻薄的人

尖酸刻薄的人，往往爱取笑和挖苦别人，揭人隐私不留余地并加以冷嘲热讽，直到对方颜面丢尽才肯罢休。所以，在一个单位或集体中，是很少有人愿意与之交往的。

与尖酸刻薄的人交往，唯一的方法就是以宽厚来对待他。一般来说，有以下几种技巧可供使用。

（一）用微笑化解“刻薄”

遇到尖酸刻薄的人，最好别把他的话当真，一笑了之是最好的办法。比如，有人嘲笑一位农民说：“你这条裤子好像是在旧货市场买来的。”这位农民笑着说：“你的眼光可真准，我走了好几家旧货市场才挑了这么一件上等品。”把机智派上用场，持开玩笑的态度，的确是应对刻薄者的有力武器。同时，还应尽量和他保持距离，不要惹他。即使听到一两句刺激的话或闲言碎语，也要装作没有听见，千万不能动怒，否则可能会惹祸上身。

（二）勇敢面对

尖酸刻薄的人，天生一副伶牙俐齿，得理不饶人的样子。对于你来说，能够勇敢地对抗别人的侮辱而又不至于引来反唇相讥，实在不是一件容易的事。一个有效的办法是不要回避，而是要直截了当地反击；另一个办法是要求对方解释他的话，一旦嘲弄你的人知道你揭穿了他，也就自觉无趣，不会再骚扰你了。

（三）故意说反话

对待尖酸刻薄的人，有一个办法是他说什么你都不必动怒，反而顺着他的意思说下去，这也是一种回击之法。如他说：“你怎么今天穿得花里胡哨的？”你可以这样笑着回答：“我想做个小妖精，你看好吧？”像这样的应对，既可显出你的修养和素质，对方也不敢再得寸进尺地继续伤人了。

（四）存宽恕之心

当你听到尖酸刻薄的话时，虽然你知道那话是冲着你来的，但是如果你告诉自己，那句话实际上没什么大不了，你也就自然能平心静气地泰然处之了。记住，有一颗宽恕之心是重要的为人之道。

（五）做个“厚脸皮”

谁都无法避免尖酸刻薄者的冒犯，就算是最好的朋友，有时也可能出于各种原因说一些伤人的话。在这种情况下，最好脸皮厚一点，不必怒形于色，既然人人都有这种缺点，又何必去计较他人呢？

十、大度忍让心胸狭窄的人

心胸狭窄的人，往往生性多疑，容不下人和事，忌妒比自己强的人，却又看不起不如自己的人。那么，如何应对心胸狭窄的人呢？

我们不妨学习先贤诸葛亮对待心胸狭窄之人的智慧。《三国演义》中，周瑜是东吴的都督，诸葛亮是西蜀的丞相。他们为了抵抗曹操百万大军的南下，共商大计。周瑜见诸葛亮处处胜自己一筹，便妒火中烧，屡次加害；而诸葛亮则处处从联合抗曹的大局出发，不计较个人的得失与荣辱，从而保证了吴、蜀的军事联盟，打败了曹操的百万大军，为“三分天下”奠定了基础。

与心胸狭窄的人相处应做到以下两点。

（一）要有大度的气量

与心胸狭窄的人相处，难免会发生一些不愉快的事，如果缺乏气量，与之斤斤计较，就无法和睦相处。相反地，如果大度一些，胸怀开阔一些，就会使那些不愉快的感觉化为乌有。

诸葛亮之所以能对周瑜的忌妒和迫害毫不计较，是因为他目光长远，时刻想的是如何联合东吴打败曹操，保卫蜀国。所以，他能从计较个人得失的思想中解脱出来，重事业、轻小辱。朋友之间也应如此。如果对方因心胸狭窄，做出有损自己利益的事，我们应从有利于工作和友情的大局出发，能谅解的就谅解，能忍让的就忍让，不要为小事而斤斤计较、耿耿于怀。

净尘问禅师：“师父，当我与他人有矛盾时，我好心退让，他人不但不会看到宽容，相反还会觉得我很懦弱、好欺负，真让我难过。”

禅师问：“你宽容是为了让别人感恩你吗？”

净尘答：“也不是，我只是不想让人嘲笑自己懦弱。”

禅师微笑道：“表面的激烈是由于内心的单薄，真正的力量如同流水一般沉静。”

宽容并不是懦弱，懦弱是一株生于墙头的纤草，风来势倒，雨来茎垂，怯弱难以自保；而宽容更像是一棵古树，风雨欲来，岿然不动，自成一方天地。

如禅师所说，宽容不是懦弱，与他人发生矛盾时不必非得争得面红耳赤、拼个你死我活，真正的力量如流水一般沉静、从容。

（二）要有忍让的精神

若朋友因心胸狭窄做出了对不起自己的事，我们不妨忍让一点。忍让，绝不是软弱，而是心胸开阔、人格高尚的表现。忍让，并不意味着放弃原则。

一个人之所以心胸狭窄，关键是他习惯于孤立地、静止地看问题，因而目光短浅，不能认识事物的多维性。心胸狭窄的人极容易错误地估计形势，错误地对待人和事。因此，对心胸狭窄的人忍让，绝不意味着迁就他的错误。

大度对待心胸狭窄的人，并不是说对他们的错误思想和行为一味迁就，而是要把握好与之相处的分寸。

第三节 应对难处理的事

一、巧妙避开左右为难的选择

两难问题就是不论你回答“是”或“否”，都可能给你带来麻烦。很多时候，问这种问题的人总是别有用心，如果问题来自你不能得罪的人，或者在公众场合被问到，更会让你的回答难上加难。所以，在回答此类问题时，以下方法可作为参考。

（一）回避正题

在那些不宜完全根据对方的问题来回答的场合，可采取回避正题的模糊回答，它能让你巧妙地避实就虚，从而保护自己，让对方感觉到你既没有拒绝他的问题，但又没给他满意的答复。

（二）假装糊涂

两难问题中有一种复杂问语，隐含着某种假定。对这种问语，无论采取肯定还是否定的答复，结果都得承认问语中的假定，从而落入提问者的圈套。例如，一个人被指控偷窃了别人的东西，这时审问者问：“你以后还偷不偷别人的东西？”无论其回答“偷”还是“不偷”，都会陷入审问者问话中隐含的“你偷了别人的东西”这个假定中。对这类问题当然不能简单地承认或否认，可拒绝回答或指出对方问话的不合理，也可以假装糊涂，不予正面回答。

（三）自嘲圆场

有时我们被问及一些两难的小问题，无论怎样回答都会让人觉得颜面无光，此时不妨自嘲一下，给自己圆圆场。

某先生酷爱下棋，但又死爱面子。一次他与一高手对弈，连输三局。别人问他胜败如何，他回答道：“第一局，他没有输；第二局，我没有赢；第三局，本是和局，可他又不肯。”乍一听，似乎他一局也没有输：第一局他没有输，不等于我输，因为下棋还有个和局；第二局我没有赢，也不等于我输，还有和局嘛；第三局也不等于我输，本是和局，可他争强好胜，我让他了。

（四）迂回出击

在现实生活中，对于一些不能得罪的人提出的难题或者无理的要求，不要急于做出正面反击，可以采取迂回的方法，避免与对方发生正面冲突，在抓住对方漏洞的前提下，再不动声色地予以反击，从而反败为胜。

（五）巧用对比

有些问题如果直接回答会很难说清楚或不太妥当时，巧用对比不失为一个解决的好办法。最好能选用一些人们熟悉的事物进行对比，重要的是这些事物能恰恰说明自己的观点或态度。例如，如果有人嘲笑你的理想不切实际，问你："你这不是痴心妄想吗？"你可以回答他一句："燕雀安知鸿鹄之志。"

（六）以相似问题反击

面对两难问题，有时不必去苦思冥想，只要以相似的问题进行反击，以其人之道，还治其人之身，就可使自己轻轻松松予以化解。

对于非"左"即"右"的问题，切忌在对方问题所提供的选择中做单一选择，因为无论是"左"还是"右"，都会落入对方的圈套。

二、机智应对别人的有意刁难

人生在世，并非所有的事都称心如意，在生活或工作中难免会碰到一些刁钻古怪之人，他们会在一些正式或非正式场合对你有意进行刁难。如果你恼羞成怒，对刁难者进行指责，就会激起对方的反唇相讥，由此进一步引发言语冲突。但此时也不能表现得过于温和，否则会让对方觉得你是一个软弱可欺的人，没准还会找机会再刁难你。

面对别人的有意刁难，既要保住自己的面子，又要确保不至于因回敬过头而显得无礼，要想做到这一点，以下几种方法值得借鉴。

（一）请君入瓮

生活中，当对方蓄意刁难，说出令人难堪窘迫的话时，最好是采用请君入瓮的方法，巧用话语把对方也引入这种局面中，让对方作茧自缚、自食恶果。

（二）以相同思维反击

当别人有意刁难而你又不能直接回答时，不妨采用与对方一样的思维，照他那样的逻辑方式，如法炮制地再设一个相同句式的问题来反问对方，这样就能巧妙地把"球"踢还给对方。

（三）大智若愚

在日常生活和工作中，如果有人在一些问题上刁难你的话，你大可一笑了之，装作没听懂对方的话而让对方自讨没趣。

1992 年的美国大选，克林顿的对手在电视竞选时，攻击他不过是夫人的一个木偶，言外之意是克林顿做不了一家之主，更没有做一国之主的资格，这句话无疑潜伏着杀机，可谓刁难至极。克林顿回答："不知你是竞选总统还是竞选克林顿夫人？"一句反问，让故意刁难他的人无言以对。

克林顿这种带点傻气的话，其实是大智若愚的表现，既回避了他人对自己不能胜任一个大国总统的怀疑，又回应了对方对其夫人干政的攻击。

（四）巧用反问

巧用反问是应对有意刁难之人的一个普遍、实用的技巧。当对方的问题很难回答或发问的角度很刁钻，你肯定或否定的回答都可能出差错时，那就不要回答，你可以把问题再还给对方，巧用反问，将对方一军。

（五）化被动为主动

先有意放松、解除对方的戒备心理，为能牢固地把握主动权打好基础，等到对方上钩了，再予以反击，使对方措手不及。这在应对别人有意刁难时不失为一个好的办法。

三、及早逃离令人苦恼的是非之地

不管你是一个怎样的人，都不要轻易招惹是非上身，因为一旦惹上了，可能想甩都甩不掉。万一不幸陷入是非之地，就要明智地采取相应的措施，及早脱身离开，以免祸及自身。远离是非之地，设法脱离困境以保护自己，可以采用以下几种策略。

（一）适可而止，全身而退

在生活或工作中，有些人闹了矛盾而失和，但不久后又希望能化干戈为玉帛，以方便日后共事，但亲自出面又太唐突，于是便找你来当“和事佬”。本来使别人化敌为友是一件好事，但在做好事之余，要注意适可而止，给自己的行动划定一个界限，使自己最终能全身而退。最好是对双方的对与错不予置评，更不宜替一方辩解，应“晓之以理，动之以情”，然后由他们自己考虑好后再做决定。

对领导不满、对单位不满的也大有人在，遇到有同事来诉苦，指责某人有意为难他，或单位某方面对他不公平时，你既要做到关心同事的感受，又要适可而止、置身事外，让自己在卷入是非旋涡前全身而退。

（二）区别对待，步步为营

如果平日很要好的两个人，分别在你面前数落对方的不是，而两人表面上依然友好。这时候，你该怎么办呢？

有些人心胸狭窄，十分小气，又善妒，所以因为某些问题发生矛盾，这是不足为奇的，但在表面上又不愿与人翻脸，故向较亲近者倾诉心中不悦，是自然不过的事。这时，你夹在两人中间其实也并不难做，可用不置可否的态度对待两人的牢骚，当对方发现没有人同情时，必然不是滋味，就会掉头另找他人，那么你也就自动脱身了。

如果对方的动机不良，你也不必过分客气，不妨还以颜色，分别跟他们说：“对不起，我不愿听你说朋友的坏话，因为我根本不想评论你俩！其实，我的看法对你们并不重要呀！”利用这一招，他们必然也会知趣而退。

（三）走为上计

不惹是非最有效的策略莫过于“走为上计”。我们知道，“走”不是消极逃避，而是主动脱离一种极为尴尬的处境，待时机成熟，情况有所转变后，再对事情进行处理。

四、不失礼节地拒绝他人的请求

在日常生活中，我们在向别人提出要求时，都有被拒绝的时候，那种感觉当然不好受。同理，我们拒绝别人时也很为难。如果处理得当，就可以使自己不陷入两难的境地；如果处理得不好，就可能造成被人记恨等负面影响。因此，我们需要掌握拒绝他人的一些技巧，做到既可拒绝他人又不失礼。

（一）献可替否，转移重心

“献可替否”的意思是劝善归过，提出兴革的建议。当对别人所求的事不能帮忙时，应在讲明道理之后拒绝，然后再帮对方想一些别的办法作为未能直接提供帮助的替代性补偿。因为一般情况下每个人都会有一种补偿心理，即使你的办法不是很理想，但只要对方明白你已经尽力了，他也会觉得很欣慰，并在一定程度上减少失望感。而如果你的办法帮助他解决了问题，他就会更感激你。

（二）巧设“圈套”，诱导否定

我们还可以巧妙地给对方设置同样的情境，以此来引诱对方做出判断，从而让其明白我们的处境或意思，以巧妙地拒绝其要求。

有一次，一个人问艾森豪威尔将军一个有关军事机密的问题，艾森豪威尔将军对其做耳语状说：“这是一个机密问题，你能替我保密吗?”于是那个人就连忙说道：“我一定能的!”艾森豪威尔将军则回答道：“那我同样也能!”

（三）模糊语言，含糊回避

模糊语言，含糊回避是一种有效拒绝他人的方法，也是一种最常见的方法。它是在不便明确回绝的情况下，含糊回避他人。这样做既能给对方保留面子，又不会显得自己是个不肯帮忙的人。

（四）分析利害，以理服人

当别人的请求对自己来说确实无能为力或者有悖自己的原则甚至会违背法律规范时，哪怕对方是关系再好的朋友或者对方的态度诚恳至极，你也不能支支吾吾、半推半就，而应当讲明事理，彻底打消对方的念头。在日常生活中，很多人不明白其中的利害关系，更有一些人为了眼前的一点小利，不懂拒绝、不顾后果，最后，只能自食恶果。因此，在平时做事时要有长远眼光，要学会说“不”，同时也要顾及别人的面子，对其晓之以理、动之以情。

（五）以攻为守

在对方提出一些要求之前，如果我们已经通过别的途径得知此事或在谈话中已经知道对方的目的，但是自己无法做到时，我们就可以采用以攻为守的办法来拒绝对方的要求。如有熟人找你借钱并用来做一些不正当的事情（如赌博）时，你可以在对方说出请求之前率先提出自己的要求："这么巧呀！正好碰到你，我正准备去找你借点钱……"对方如果听到你这么说，自然就不会再向你开口借钱了。

（六）自我贬低

生活中我们一直为一些既没有什么实际意义又浪费时间与精力的社交活动而烦恼，拒绝参加这类活动也不是件易事。对此，我们可以采取自我贬低的方式，以开玩笑的方式拒绝他人，从而使自己全身而退。例如，如果朋友想邀你一起去游戏厅玩，你就可以说："我们都是好朋友了，说出来不怕你们笑话，我学了几年一直玩得不像样子，你们看了都会觉得扫兴，为了不影响你们的兴致，我还是不去为好。"

拒绝他人时，切忌用借口来拖延说"不"的时机，如果你觉得不便说"不"，就随便找些不值一驳的理由来搪塞对方，以求得一时的解脱，但如果对方死缠烂打，那么你最终很可能还是会答应。

五、用策略打破谈判中的僵局

其实谈判者害怕出现僵局也是有道理的，特别是当他们在为一家大公司工作时，一个坏的合约总比破裂的谈判易于向上司交差。更糟的是，当别的竞争者只要再稍作让步，就可能抢走生意时，僵局给谈判者带来的压力就变得更大了。

打破谈判中的僵局，可以采用以下几个办法。

（一）巧用幽默

利用幽默能减少人与人之间的紧张对立。谈判中，双方为了自己的利益，很难轻易地让步、求和，彼此间必有一番唇枪舌剑的苦战，甚至会到剑拔弩张的地步。这时，如果某一方代表说句幽默的话，或讲一个小笑话，大家一笑，紧张的气氛就可能被化解，使谈判得以继续下去，直至取得成功。

（二）抓住要害

打蛇要打七寸，才能给蛇以致命一击；反之，如果不得要领，乱打一气，反而有可能被蛇反咬一口。把这一思想运用到谈判中，就是要善于拨开笼罩在关键问题上的迷雾，找出问题的症结所在，抓住要害进行突破；否则，无休止地在表面问题上争执，既伤了双方和气，又使问题变得更加复杂，如果不小心，还会被对方抓住破绽，使自己陷入极其被动的境地。

（三）求同存异

求同存异是指双方在某一问题上争执不下时，可暂时绕过这一问题而先讨论另外一个容易达成一致意见的问题。例如，双方在价格条款上僵持住了，可以把这个问题先暂时放下，转而就双方易于沟通的其他问题交换意见。事情常常会这样，当另一些条款的谈判取得了进展以后，如某一方在付款方式、技术等方面得到了优惠，再回到价格条款上来讨论时，另一方的态度、要求往往会发生根本性的变化，谈判中友好磋商的气氛也就会变得浓厚起来。

（四）迂回攻击

谈判时，要避开对方正常的心理期待，从一个对方认为不太可能的方面进行突击，这往往可以让对方的思维、判断脱离预定轨道。等到对方的心理逐渐适应了你的思维逻辑，再转而实施正面突击，这样常常会使谈判出现转机。

（五）利用矛盾

谈判者要善于抓住谈判对手阵营中的矛盾，把他们的矛盾作为打破谈判僵局的突破口。有时出现僵局倒不是因为双方协调不够，恰恰是对方内部存在矛盾造成的后果。利用对方内部矛盾进行巧妙的谈判与斗争，使对方不得不为造成谈判僵局而付出代价。突破僵局的责任要由对方来负，就会促使对方寻找突破口，这样无形之中，僵局就会被慢慢地“消化”掉。

（六）忍者为赢

谈判时，如果双方发生意见分歧、一时难以达成一致，这时要善于忍耐。忍耐可以避免谈判中的直接冲突，不致因意见分歧、争论不休而伤了感情。可暂停一会儿，给对方留出一些适应时间，以便对方能慎重考虑你的意见。

如果你急于达成协议，而对方掌握了你的这种心理，就可能提出苛刻的条件；反之，如果你不急于要求达成协议，看来好像无所谓的样子，对方反而会有可能降低要求。

六、沉着应对别人的指责

因为很少有人能够真正了解自己，也很少有人能够坦然地面对错误，所以在面对指责时，我们通常都会下意识地为自己辩解或反击，这样就容易造成冲突。有的人总是忍受不了别人的指责，稍不中听就会恼羞成怒，和别人闹不愉快。

其实，对别人的指责应该理性地分析，首先要明白别人的这些指责并非全都出于恶意。即使对方的指责是错误的，你也应该给别人说话的机会，而自己则需要是清思路再予以回应，以展现自己的社交风度。更何况，别人善意的指责对你来说是一笔宝贵的财富。所以，面对别人的指责时，首先要做到的一点就是“保持冷静”。

被人指责总是不愉快的，面对使你十分难堪的指责时要保持冷静，不管你是否接受，都要待听完后再做分辩。因对方的一两句刺耳的话，就按捺不住，激动起来，和对方硬碰硬，不仅解决不了问题，还容易将问题扩大，变主动为被动。

威廉·麦金莱任美国总统时，曾因一项人事调动而遭遇许多议员、政客的强烈指责。在接受代表质询时，一位脾气暴躁的国会议员粗声粗气并且十分难听地讥讽总统。但麦金莱这个时候充分地显示了他的社交风度，在整个过程中他都非常冷静，任凭这位议员大放厥词，而他却一声不吭，直到议员说完后，他才用极其委婉的口气说：“你现在怒气该消了吧？照理你是无权责问我的，但现在我仍愿意详细解释给你听……”听到此话，那位气势汹汹的议员羞愧地低下了头。

面对别人的指责时，我们应该做到如下四点。

（一）学会倾听

不管别人的指责是否正确，我们都要耐心地倾听。尤其是当别人在情绪很差的情况下，千万不要抢着和他说话，那样很容易激起更大的争端。如上例的麦金莱总统，在别人对他极为无理地指责的时候，他能很耐心地等待别人把不满发泄出来。当然，倾听并非只是让人把话说完就够了，在倾听的过程中，你还应该将重点问题记在心里，这样你才能有针对性地向他解释。在面对别人指责的时候，一定要学会倾听，找到别人不满的原因所在；否则，你不知道别人的真正意图，自然也不能做出合理的解释。

（二）注意自己的行为举止

在受到别人指责的时候，要注意自己的行为举止，让自己保持清醒的状态，不要表现出困倦的样子。在交谈中须保持和讲话人的目光接触，不要做过多的小动作，因为这时候可能你的一点不敬都会让对方更加恼火，降低他对你的评价。因此，在面对他人指责的时候，要态度谦虚，且在自己的举止方面要更加注意。

（三）消除对方的怒气

受到指责，特别是自己确实有责任时，不要计较对方的态度好坏，最好要听完对方的话并向其表示自己接受他的指责。这样，对方就会消除怒气。作为权宜之计，即使你确信对方的指责并不合理，为了能使对方消除怒气，你也可以先暂时接受他的指责，之后，待对方冷静下来，你有更多的机会和时间进行解释，消除隔阂、猜疑和埋怨。

（四）平静地给恶意中伤者以回击

当然，并不是说对所有的指责我们都可一笑了之、一味地忍让，必要时也要予以回击。如果我们确认对方是出于不可告人的目的而对自己进行恶意中伤、寻衅挑战时，我们就应该坚定地表明自己的态度，不能迁就忍让，而应该果断地予以回击，摆事实、讲道理，站出来澄清事实。这样，会使我们显得更有气魄、更有力量。

七、恰当地安慰失意者

人生的道路不平坦，我们常常会遇到这样或那样的困难。当我们看见自己的朋友痛苦无助时，该如何安抚他的苦痛与焦虑？如何让他重新振作起来呢？这不仅是个沟通的难题，也是做人的一大难题。

给不幸者以安慰，是一种美德。当亲朋好友遭受不幸时，及时送上真诚的安慰，更是我们应尽的责任。但是有些人为了避免说错话，宁愿选择什么都不说，而错失表达关心的时机。

在别人失意的时候给以安慰，不仅能获得对方的感激和好感，更重要的是可以巩固双方的感情，使友谊更进一步，也更加有利于双方的交往。可是，在朋友失意的时候，如何安慰呢？

（一）倾听对方诉说苦恼

当我们试图去安慰一个人时，首先要理解他的苦恼。安慰人，听比说更重要。倾听不是简单的沉默，而是以真诚的态度全身心地投入。这样，被安慰者才会对你产生信任，感觉到温暖。在倾听的过程中，尽量不要插话，一定要让对方将情绪全部宣泄出来。实际上，在安慰人的过程中，所提供的任何解决方法都很可能会无效，故而有时不加干预、不给意见，只倾听、了解并认同其苦恼，是安慰人的最高境界。所以，不要追问事情的前因后果，也不要急于做判断，要给对方空间，让对方能够自由地表达自己的感受。

一般情况下，人们容易在倾听的过程中迫不及待地提出自己的见解。其实这种做法是很不合适的，因为对方需要的往往仅是一个可以倾诉的对象，而不需要任何建议。另外，对于被安慰者所讲的内容，全部要用支持性的话语，默认他说的全部是对的，错的地方也不要理会。在倾听的过程中，如他主动问到，你可以讲讲自己的经历。当然，一定要简短，而且你所讲的内容一定要比他的境遇更差一些，“我曾经……也慢慢过来了”。你如果能成功地让他说上 2 小时，那他也就基本没事了。

（二）陪对方走一段路

有时候，陪对方走一走也是一种安慰。对方会在你的陪伴下，觉得安全和温暖，于是开始向你倾诉，当他内心逐渐平静下来可以坦然面对自己的遭遇时，他会真心感谢你的陪伴。

（三）转移对方的注意力

有些人在遇到挫折后，会采取压抑自己的方式去面对，他会把所有的不如意压抑在潜意识中，自己想办法消化。如果积郁太久，就会对其心理造成极大的负担。所以，面对这种朋友，可以通过转移他的兴趣来打开其心扉。如果他喜欢唱歌跳舞，那么可以带他一起去歌厅，如果他喜欢文学艺术，那么可以带他一起去看书、看电影，转移他的注意力。

（四）不需“指教”他应怎么做

给予别人安慰并不是告诉别人“你应该……”或“你不应该……”就可以了，因为很多时候我们并不能帮他解决实际问题，而只能给他以安慰。所以我们能做的就是帮他调节情绪，让他不要耿耿于怀。

在安慰他人的过程中，用开放式的提问是非常重要的，认识到他的弱点的时候，我们可以采用旁敲侧击的方式让他明白自己的问题，那么他可能就会认识到需要调整自己的心态和期望值。让他满怀信心地走出阴影，是我们的最终目的。

（五）让对方回顾成功的体验

人的一生中都会有成功的时候。我们要让他回顾成功的体验，使他知道一次的失败并不能代表所有的失败，也不能泛化到所有的事情上。如果你知道他以前唱歌比较好，那么你可以说："听说你以前唱歌……你当时是什么感受?"让他讲述，这样就可能使他慢慢把不愉快的事忘掉，他又会觉得自己还是很优秀的。要让他意识到不能让暂时的迷雾蒙住双眼，从而看不清前进的方向，你要帮助他回味曾经的成功，重新树立信心。

● 能力测试

1. 阅读下面的一则案例，说说"我"应该如何圆满地解决这一问题。

我睡觉很轻，有一点光和声音就睡不着。这学期开学的时候，宿舍里拉了网线，有一位同学每天晚上都开着灯上网，直到凌晨一两点钟，上完网就接着"哗啦哗啦"地洗漱。为此，我跟她谈过很多次，她也只是口头上答应不再这样了，实际上却依然故我，没有一点改变。提的次数多了，她就开始对我不满，觉得我干扰了她的生活，从此对我一直很冷淡。我真不知如何才能妥善处理这件事情。

2. 阅读下面的一则案例，替何晓想一个两全其美的办法。

何晓从小就学画画，他的画曾在学校里、市里多次获奖。一次，他偶然在同学张萌的T恤上画了一幅山水画，同学们反响热烈。又恰逢张萌在学校里做创新思维的演讲，还拿身上的T恤举例，这样，何晓的画更是受到了大家的关注和好评。接下来就有很多同学找他要画，他既高兴又有些为难，因为马上要考试了，时间很紧，而且画料很贵，向大家要钱不好意思，不要钱自己承受又有困难。

父母劝他别多管闲事，以免因此影响学习。可何晓很为难，他希望既能拒绝同学的要求，又不伤友情。这件事该怎么办才好呢?

参考文献

[1] 麻友平．人际沟通艺术［M］.3版．北京：人民邮电出版社，2020.

[2] 龙璇．人际关系与沟通技巧［M］．北京：人民邮电出版社，2016.

[3] 郭霖．人际沟通与公众表达［M］．重庆：重庆大学出版社，2018.

[4] 贾启艾．人际沟通（案例版）［M］.4版．南京：东南大学出版社，2019.

[5] 阿德勒．自卑与超越［M］．李章勇，译．北京：中国华侨出版社，2015.

[6] 卡耐基．人性的弱点［M］．亦言，译．北京：中国友谊出版公司，2013.

[7] 杨睿宇，崔永鸿，毛媛媛。当代大学生人际关系学［M］．重庆：重庆大学出版社，2014.